公路工程施工技术与质量控制研究

王云东　王晓东　谢 灏◎著

吉林科学技术出版社

图书在版编目（ＣＩＰ）数据

公路工程施工技术与质量控制研究 / 王云东，王晓
东，谢灏著. -- 长春 ：吉林科学技术出版社，2024．6．
　ISBN 978-7-5744-1560-7

Ⅰ．U415

中国国家版本馆 CIP 数据核字第 2024LN7985 号

公路工程施工技术与质量控制研究

著	王云东　王晓东　谢　灏
出 版 人	宛　霞
责任编辑	潘竞翔
封面设计	南昌德昭文化传媒有限公司
制　　版	南昌德昭文化传媒有限公司
幅面尺寸	185mm×260mm
开　　本	16
字　　数	340 千字
印　　张	16
印　　数	1~1500 册
版　　次	2024年6月第1版
印　　次	2024年12月第1次印刷

出　　版	吉林科学技术出版社
发　　行	吉林科学技术出版社
地　　址	长春市福祉大路5788号出版大厦A座
邮　　编	130118

发行部电话/传真　0431-81629529 81629530 81629531
　　　　　　　　　　81629532 81629533 81629534
储运部电话　0431-86059116
编辑部电话　0431-81629510
印　　刷　三河市嵩川印刷有限公司

书　　号	ISBN 978-7-5744-1560-7
定　　价	72.00元

前　言

公路工程项目施工涉及面广，是一个极其复杂的过程。在公路工程施工的过程中，直接影响其质量的因素很多，如设计、材料、机械、地形、地质、水文、气象、施工工艺、操作方法、技术措施、管理制度等；而且公路工程项目位置固定、体积大，不同项目所在地点不同，不像工业生产有固定的流水线、规范化的生产工艺及检测技术，成套的生产设备和稳定的生产条件，因此影响公路施工项目质量的因素多，容易产生质量问题。如使用材料的微小差异、操作的微小变化、环境的微小波动，机械设备的正常磨损，都会产生质量变异、造成质量事故，因而公路工程项目施工过程中的质量控制，就显得极其重要。公路工程质量的形成受到所有参加工程项目施工的管理干部、技术人员、操作人员、服务人员共同作用，他们是形成工程质量的主要因素。因此，要控制施工质量，就要培训、优选施工人员，抓好质量教育。在培训和教育中，首先应增强他们的质量意识。按照全面质量管理的观点，施工人员应当树立五大观念：质量第一的观念，预控为主的观念，为用户服务的观念，用数据说话的观念以及社会效益、企业效益、综合效益的观念。其次是提高他们的技术素质。管理干部、技术人员应有较强的质量规划、目标管理、施工组织和技术指导、质量检查的能力；生产人员应有精湛的技术技能、一丝不苟的工作作风，应有严格执行质量标准和操作规程的法制观念。概括来讲，人员质量意识的增强和素质的提高，就能有效地保障工程施工的质量。

在公路工程施工过程中，运用全面质量控制的知识，对工程质量影响因素进行认真细致的分析，确定质量控制的措施和目标，使得工程质量控制有的放矢，达到事前认真预防、事中严格控制，扭转事后检测达不到标准的被动局面，从而提高工程质量控制的水平和效率。

本书主要就公路工程施工技术与质量控制进行研究，首先，对公路工程进行基本概述，讲述了公路的分级与组成、重点技术与项目管理，其次对公路工程路基、路面的施工技术与质量控制进行了详细论述；再次，分析了桥梁的上部与下部结构施工技术、隧道工程施工技术，交通安全设施与交通工程施工技术；最后，阐述了桥梁、隧道与交通安全设施的养护技术，对从事公路工程施工技术与质量控制的研究学者与工作者有学习与参考的价值。

《公路工程施工技术与质量控制研究》
审读委员会

吴　健　曾小广　程　勇

崔延平　张　韵

目　录

第一章 公路工程概述

第一节 公路的分级与组成

一、道路的组成

按所在位置、交通性质和使用特点，道路可分为：公路、城市道路、厂矿道路、林区道路及乡村道路等。

（一）公路的组成

1. 线形组成

公路线形是指公路中线的空间几何形状和尺寸。

2. 结构组成

公路的结构是承受荷载和自然因素影响的结构物，包含路基、路面、桥涵、隧道、排水系统、防护工程、特殊构造物及交通服务设施等。

（二）城市道路的组成

道路工程的主体是路线、路基（包括排水系统与防护工程等）和路面三大部分。

二、道路的等级划分

（一）公路的等级划分

根据使用任务、功能和适应的交通量划分为高速公路、一、二、三、四级5个等级。

1.高速公路

高速公路是具有4个或者4个以上车道，设有中央分隔带，全部立体交叉，全部控制出入，专供汽车分向、分车道高速行驶的公路。

2.一级公路

一级公路与高速公路设施基本相同。一级公路只是部分控制出入。

3.二级公路

二级公路是中等以上城市的干线公路。

4.三级公路

三级公路是沟通县、城镇之间的集散公路。

5.四级公路

四级公路是沟通乡、村等地的地方公路。

（二）城市道路的等级划分

按城市道路系统的地位、交通功能与对沿线建筑物的服务功能分为四类。

1.快速路

快速路主要为城市长距离交通服务。

2.主干路

主干路是城市道路网的骨架。

3.次干路

次干路配合主干路组成城市道路网，是城市交通干路。

4.支路

支路是一个地区（如居住区）内的道路，以服务功能为主。

三、路基

路基是按照路线位置及一定技术要求修筑的作为路面基础的带状构造物。

（一）路基基本构造

是指路基填挖高度、路基宽度、路肩宽度、路基边坡等。

（二）路基的作用

是路面的基础，是路面的支撑结构物。高于原地面的填方路基叫作路堤，低于原地面的挖方路基称为路堑。路面底面以下 80cm 范围内的路基部分称为路床。

（三）路基的基本要求

①路基结构物的整体必须具有足够的稳定性。
②路基必须具有足够的强度、刚度和水温稳定性。

（四）路基形式

1. 填方路基

（1）填土路基

填方路基宜选用级配较好的粗粒土作为填料。用不同填料填筑路基时，应分层填筑，每一水平层都应采用同类填料。

（2）填石路基

填石路基是指用不易风化的开山石料填筑的路堤。

（3）砌石路基

砌石路基是指用不易风化的开山石料外砌、内填而成的路堤。砌石路基应每隔 15～20m 设伸缩缝一道，当基础地质条件变化时，应当分段砌筑，并设沉降缝。

（4）护肩路基

坚硬岩石地段陡山坡上的半填半挖路基，当填方不大，但边坡伸出较远不易修筑时，可修筑护肩。护肩高度一般不超过 2m。

（5）护脚路基

当山坡上的填方路基有沿斜坡下滑的倾向，或为加固，收回填方坡脚时，可采用护脚路基，其高度不宜超过 5m。

2. 挖方路基

土质挖方路基，石质挖方路基。

3. 半填半挖路基

在地面自然横坡度大于 1∶5 的斜坡上修筑路堤时，路堤基底应挖台阶，台阶宽度不得小于 1m，高速公路、一级公路台阶宽度通常为 2m。

四、路面

（一）路面结构组成

一般由面层、基层、垫层组成。

1. 面层

是直接承受行车荷载作用、大气降水和温度变化影响的路面结构层次。应具有足够的结构强度、良好的温度稳定性，耐磨、抗滑、平整和不透水。沥青路面面层可由一层或数层组成，表面层应根据使用要求设置抗滑耐磨、密实稳定的沥青层；中间层、下面层应根据公路等级、沥青层厚度、气候条件等选择适当的沥青结构层。

2.基层

设置在面层之下，并与面层一起将车轮荷载的反复作用传递到底基层、垫层、土基等起主要承重作用的层次。基层材料必须具备足够的强度、水稳性、扩散荷载的性能。在沥青路面基层下铺筑的次要承重层称为底基层，基层、底基层视公路等级或交通量的需要可设置一层或两层。当基层、底基层较厚须分两层施工时，可分别称为上基层、下基层，或上底基层、下底基层。

3.垫层

路基土质较差、水温状况不好时，宜在基层（或底基层）之下设置垫层，起排水、隔水、防冻、防污或扩散荷载应力等作用。

面层、基层和垫层是路面结构的基本层次。为了保证车轮荷载的向下扩散和传递，较下一层应比其上一层的每边宽出 0.25m。

（二）坡度与路面排水

路拱指路面的横向断面具有一定坡度的拱起形状，其作用是利于排水。路拱的基本形式有抛物线、屋顶线、折线或直线。为便于机械施工，一般采用直线形。

高速公路、一级公路的路面排水，通常由路肩排水与中央分隔带排水组成；二级及二级以下公路的路面排水，一般由路拱坡度、路肩横坡和边沟排水组成。

（三）路面的等级与分类

1.路面等级

按面层材料的组成、结构强度、路面所能承担的交通任务和使用的品质划分为高级路面、次高级路面、中级路面和低级路面等四个等级。

2.路面类型

（1）路面基层的类型

按照现行规范，基层（包括底基层）可划分为无机结合料稳定类和粒料类。无机结合料稳定类有：水泥稳定土、石灰稳定土、石灰工业废渣稳定土及综合稳定土；粒料类分级配型和嵌锁型，前者有级配碎（砾）石，后者有填隙碎石等。

①水泥稳定土基层

在粉碎的或原来扩散的土中，掺入足量的水泥和水，经拌合得到的混合料在压实养生后，当其抗压强度符合规定要求时，称为水泥稳定土。可适用于各种交通类别的基层和底基层，但水泥土不应用作高级沥青路面的基层，只能作底基层。在高速公路和一级公路的水泥混凝土面板下，水泥土也不应该用作基层。

②石灰稳定土基层

在粉碎或原来松散的土中掺入足量的石灰和水，经拌合、压实及养生得到混合料，当其抗压强度符合规定要求时，称为石灰稳定土。适用于各级公路路面的底基层，可作二级和二级以下的公路的基层，但不应用作高级路面的基层。

③石灰工业废渣稳定土基层

一定数量的石灰和粉煤灰或石灰和煤渣与其他集料相配合，加入适量的水，经拌合、压实及养生后得到的混合料，当其抗压强度符合规定的要求时，称为石灰工业废渣稳定土，简称石灰工业废渣。适用于各级公路的基层与底基层，但其中的二灰土不应用作高级沥青路面与高速公路和一级公路上水泥混凝土路面的基层。

④级配碎（砾）石基层

由各种大小不同粒径碎（砾）石组成的混合料，当其颗粒组成符合技术规范的密实级配的要求时，称其为级配碎（砾）石。级配碎石可用于各级公路的基层和底基层，也可用作较薄沥青面层与半刚性基层之间的中间层。级配砾石可用于二级及以下公路的基层及各级公路的底基层。

⑤填隙碎石基层

用单一尺寸的粗碎石做主骨料，形成嵌锁作用，用石屑填满碎石间的空隙，增加密实度和稳定性，这种结构称为填隙碎石。可用于各级公路的底基层和二级以下公路的基层。

（2）路面面层类型

按照路面的力学特性，分为沥青、水泥混凝土和其他路面。

①沥青路面

是指在柔性、半刚性基层上，铺筑一定厚度的沥青混合料面层的路面。沥青面层分为沥青混合料、乳化沥青碎石、沥青贯入式、沥青表面处治。

沥青混合料可分为沥青混凝土混合料和沥青碎石混合料。

热拌热铺沥青混合料路面是指沥青与矿料在热态下拌合、热态下铺筑施工成型的沥青路面。热拌热铺沥青混合料适用于各种等级公路的沥青面层。

高速公路、一级公路沥青面层都应采用沥青混凝土混合料铺筑，沥青碎石混合料仅适用于过渡层及整平层。其他等级公路的沥青面层的上面层，宜采用沥青混凝土混合料铺筑。

当沥青碎石混合料采用乳化沥青作结合料时，即为乳化沥青碎石混合料。适用于三级及三级以下公路的沥青面层、二级公路的罩面层施工以及各级公路沥青路面的联结层或整平层。乳化沥青碎石混合料路面的沥青面层宜采用双层式。

沥青贯入式路面是在初步压实的碎石（或轧制砾石）上，分层浇洒沥青、撒布嵌缝料，经压实而成的路面结构，厚度通常为 4～8cm；沥青贯入式路面适用于二级及二级以下公路，也可作为沥青混凝土路面的联结层。

沥青表面处治是用沥青和集料按层铺法或拌合方法裹覆矿料，铺筑成厚度通常不大于 3cm 的一种薄层路面面层。适用于三级及三级以下公路、城市道路支路、县镇道路、各级公路施工便道以及在旧沥青面层上加铺罩面层或磨耗层。

②水泥混凝土路面

以水泥混凝土面板和基（垫）层组成的路面，也称刚性路面。

③其他类型路面

主要是指在柔性基层上用有一定塑性的细粒土稳定各种集料的中低级路面。

路面还可以按其面层材料分类，如水泥混凝土路面、黑色路面（指沥青与粒料构成的各种路面）、砂石路面、稳定土与工业废渣路面以及新材料路面。这种分类用于路面施工和养护工作以及定额管理等方面。

五、道路主要公用设施

（一）停车场

宜设在其主要服务对象的同侧，停车场的出入口，有条件时应分开设置，单向出入，出入口宽通常不得小于 7.0m，尽可能避免出场车辆左转弯。

为了保证车辆不发生自重分力引起滑溜，停放场的最大纵坡与通道平行方向为 1%，与通道垂直方向为 3%。出入通道的最大纵坡为 7%，通常以小于等于 2% 为宜。停放场及通道的最小纵坡以满足雨雪水及时排除及施工可能高程误差水平为原则，一般为 0.4% ~ 0.5%。

（二）公共交通站点

城市公共交通站点分为终点站、枢纽站和中间停靠站。

（三）道路照明

①照明标准。通常用水平照度和不均匀度来表示。

②道路照明灯具。

（四）人行天桥和人行地道

修建人行立交桥是人车分离、保护过街行人和车流畅通的最安全措施。在下列情况下，可考虑修建人行地道：①重要建筑物及风景区附近，修人行天桥会破坏风景或城市美观；②横跨的行人特别多的站前道路等；③修建人行地道比修人行天桥在工程费用和施工方法上有利；④有障碍物影响，修建人行天桥须显著提高桥下净空时。总之，要充分考虑设置地点的交通、道路状况及费用等。

（五）道路交通管理设施

道路交通管理设施通常包括交通标志、标线和交通信号灯等，广义概念还包含护栏、统一交通规则的其他显示设施。

（六）道路绿化

分公路绿化和城市道路绿化。按照其目的、内容和任务不同，又分为：营造行道树、营造防护林带、营造绿化防护工程、营造风景林。

第二节 公路建设的重点技术

一、施工特点和路面基层

（一）公路技术施工特点

①从工艺角度来看，进行混凝土的拌合操作时，既可以选择在施工现场的路面上进行直接的拌合，也可以在固定的搅拌站中进行，同时也可以通过路拌机在进行道路施工的同时进行拌合操作，无论哪种方式都能够确保施工的质量。

②实现了抗拉能力的提升。作为路面的基层填料，水泥稳定层中抗拉强度影响最大的是集料颗粒之间的黏结力以及摩擦力，并且其抗拉能力与其他的填料相比提高了很多。同时，还可以针对不同路面的需求进行配比方式的调整，进而调节抗拉能力的强弱。

③水泥稳定碎石基层的强度与刚度是由其龄期所决定的。通过对数据进行分析，随着龄期的增长，水泥稳定碎石基层的强度以及刚度会变大，增长期可能会超过两年。

④水泥稳定碎石的材料受到温度的影响。进行道路的施工时，环境因素有很多，而施工的温度是对施工影响最大的。水泥在高温下会发生化学反应，会直接影响其强度。通常情况下，温度越高，水泥的强度就会越大，当温度低于某一个值时，水泥甚至无法发挥其效用。

⑤在道路的施工过程中，需要遵守一定的道路施工规范。例如，石灰粉以及石灰土等工程材料不能作为道路的基层而使用，但是却可以应用在底基层中。这些规定主要是根据材料的物理特性来制定的，因此在施工中要严格地遵守施工规范。

（二）公路路面基层施工的要求

1. 技术方面的要求

（1）刚度以及强度要求

道路的基层要满足足够的强度以及刚度要求，在道路预定的作用下，基层不会受到车轮荷载的影响而变形，也不会产生道路的残余等问题。

（2）稳定性要求

当道路因为某些原因进入较多的水时，不会对道路的基层强度产生太大的影响，保证道路基层是稳定的。

（3）抗冲刷能力

当有行车作用在道路上时，会对道路各个结构中的自由水产生一定的压力，这种压力会造成材料中细料等被反复地冲刷，长时间的作用下可能会产生浆液，以使路面形成一定的裂缝,影响道路的功能。

2. 材料方面的要求

级配砂砾是基层路面的主要材料,但是在进行材料的选择时,需要根据质量的要求从众多的种类中选择合适的一种,否则就会影响路面的质量。因此,需要对工程的实际情况进行分析,根据路面的施工要求与标准进行材料的选择,从而保证工程的质量与施工要求。

3. 施工人员的要求

通常进行施工的人员数量很多,为了保证施工的进度,这些人员之间必须能够进行完美的配合,并且为了保证施工的质量,对人员的能力也有一定的要求。对于一些对质量等有特殊要求的岗位还需要进行人员的特殊安排,挑选专门的施工人员来完成。

4. 设备方面的要求

机械设备是保证现代化施工的重要组成部分,在公路的基层施工中同样需要使用多种设备。而在进行设备的选择与应用时,要在施工要求的指引下,充分地考虑到经济性。进行设备的选择时,首先要对施工的要求进行分析,当选择某一设备之后,在实际的开工前还需要进行设备的检验,确证项目开工之后能够顺利地进行。

(三)公路路面基层的种类

目前,我国的公路已经形成一定的体系结构,对路面基层的种类已经进行了合理的划分与管理。为了能够对实现各类公路的要求,需要针对公路的类型进行施工。

与国外相比,我国的公路发展较晚,但是我国在开始进行公路的建设之后,其速度是非常惊人的,并且也取得了突破性的进展。但是,当前我国在施工规定的建设方面还略有不足。近年来,随着经济的快速发展,公路的建设进程也在不断地加快,目前,我国对路面基层的材料等已经进行严格的规定与划分,主要包括以下几种类别:

①由级配材料以及沥青碎石等组成的柔性碎石材料。

②包括混凝土以及水泥等多种材料在内的半刚性的材料。

③由水泥混凝土以及碾压混凝土等组成的刚性材料。

④在公路的建设中,按照建设的需求可以在不同的基层部分采用不同的建设材料,这就形成了复合型的基层材料。

二、路面基层施工工艺和质量控制

(一)施工工艺

在施工过程中,进行工艺的控制可以从以下三个方面进行:首先,对施工的原材料进行严格的把关。当选择好原材料之后,对所采购的材料质量进行认真的检查,之后要对施工过程中所需要的设备等准备完毕。其次,进行材料的配比计算以及准备工作,将材料进行充分的拌合。再次,将准备好的混合之后的材料运输到现场,进行路面的施工,铺好材料之后，将下一步工作的压路机准备就绪。最后，对路面进行压实操作，并且对施工的结果以及效果进行验收，并且请相关的责任人进行项目的验收签字。

1. 级配碎石拌合

级配碎石是道路施工过程中的一项重要的材料，但是由于该材料的特殊性，需要对材料的含水率进行深入的考虑。在不同的天气情况下，该材料需要添加不同的水量，以中和天气因素对材料含水量的影响；同时，还需要对材料的运输以及施工设备等进行综合的考虑，在不同的情况下对水量进行一定的调整，进而保证工程的质量。

2. 级配碎石运输

由于级配碎石的特殊性，其在运输过程中会减少一部分的含水量，所以需要注意运输过程中的各种因素。例如，运输时车内的材料要尽可能地平铺，并且为了减少水分的流失，可以在材料的上方进行一定的覆盖或者是遮挡。

3. 级配碎石摊铺

当材料运输到施工地之后，需要将材料摊铺到马路上，摊铺的工具主要有两种，一种是推土机，一种是摊铺机。每一种工具都有其各自的优点，对于摊铺机来说，可以使得材料被摊铺得更加平整，而推土机则可以摊铺得更加迅速，所以在实际的工作中，可以同时使用两种工具。

4. 级配碎石碾压

首先，对摊铺好的材料进行振实操作，之后使用压路机对道路进行进一步的碾压，在不同的天气以及季节时，对碾压具有不同的要求，为了保证含水量在一个规定的范围之内，有时候还需要运用洒水车。

5. 级配碎石接缝处理

之后要对道路中碎石层的接缝进行进一步的处理。在进行材料的摊铺时，如果摊铺的道路过宽，一台机器无法摊平，则需要两台机器进行共同的作业。如果施工过程中无法保证两台摊铺机进行共同的工作，则为了避免缝隙的产生，一台摊铺机在进行工作时，需要对两幅操作之间的边部进行预留，之后再进行压实操作，从而保证道路的接缝处得到完美的处理。

（二）施工流程

1. 沥青混合料的运输与搅拌

进行物料的搅拌是路面基层施工工作的第一步，物料是否进行充分的搅拌会直接影响后面工序的顺利进行。所以，在进行物料的搅拌时，必须对其过程进行充分的监督，并且对物料的比例进行严格的控制。一般情况下，在进行大量的物料搅拌之前，会取部分样品进行试拌，进而保证物料的搅拌是正确的。在物料的搅拌过程中，也需要不断地观察是否搅拌得均匀，并且及时地进行搅拌操作的调整，保证物料搅拌得充分均匀。

在物料搅拌完成之后，要对物料的温度进行检测，为了减少物料的水分流失，需要选择专门的运输车进行物料的运输，同时要保证物料运输过程中水分不会由于操作上的失误而产生变化。

2. 沥青混合料的摊铺

当混合料运输到工地之后，需要在一定的速度要求之下均匀地进行摊铺工作。摊铺的速度不能过快，也不能过慢，否则会造成水分的流失。所以，摊铺的速度要结合材料的数量以及摊铺的要求等进行综合的考虑。同时，摊铺过程中还要保证材料的厚度以及宽度，这些都需要根据施工的要求来执行。

3. 路面夯压

完成了物料的摊铺之后，需要采用机械设备对混合料进行压实操作，进行压实操作时，要遵守一定的操作流程。首先要保证压路机的速度，并且要匀速地进行；其次，为了避免一条道路进行了重复的压实，需要在每一次操作之后进行标记；再次，不要将任何设备停放在刚刚压实的道路上，以免道路出现不平整的情况；最后，当操作完成之后，需要专门的检查人员对道路进行测量与检查。

4. 施工接缝处理

在施工的过程中，如果由于某些原因导致了施工过程的中断，则在进行再次施工时需要采用横缝操作。如果没有在超过两个小时未施工的道路上设置横缝，则需要铲除附近的全面混合料，并且重新进行压实的操作，之后还需要进行断面的设置。以上所做的操作都是为了避免道路中出现不必要的断缝隙，影响道路的质量与功能。

5. 检验

当施工完成之后，需要对施工的道路质量进行全面的检查，质量检查工作通常是由施工单位来进行的。在对施工的道路进行检查时，需要参考一定的检查标准，并且依据道路的建设要求，对施工的质量进行全面的检查。这时，施工单位可以聘请专门的质量检查单位来对施工的质量进行检测，进而保证检测结果的可信度。如果在对质量进行检查的过程中发现了问题，则需要及时地将问题反馈给施工单位进行进一步的处理。处理之后还需要进行重新检查，直到检查通过质量要求之后为止。

（三）质量控制

1. 运输过程的质量控制

物料的拌合是道路施工的第一道工序，物料的质量会直接影响道路的质量，而物料在进行运输的过程中可能会由于外界的原因而对物料的水分产生影响，因此，需要对物料的运输进行严格的质量控制。物料运输的控制手段主要有：减少施工现场与物料搅拌地之间的距离，同时确保同批物料能够同时装车与同时运输，在进行运输的过程中，为了防止水分的流失，可以对物料进行一定的遮挡。最后要对运输车的速度等进行有效的控制，防止物料的磨损等情况发生。

2. 搅拌过程中的质量控制

在拌合中要掌握好质量，就要做好下面的工作：一是按时检测集料级配，调整配比。二是检测拌合好的混合料是不是可以达到施工标准。三是在规定的时间检测混合料的含水量，按照条件的变化改变含水量。四是拌合站与试验室加强交流沟通，使试验数据能够得以快速的应用。

3. 摊铺过程中的质量控制

在摊铺的过程中，摊铺机要做到匀速前进，方能使摊铺的厚度一致，夯锤开度是不能随意进行改变的，只有技术人员调整相应摊铺速度才可以调整夯锤开度，使铺面达到标准的要求，在施工的过程当中，要时常检查钢丝的高度和铺面的厚度与均匀度。

4. 路面夯压质量的控制

在进行路面夯压的时候，也不能忽视施工的质量，具体方法有：所用机械要准备齐全，具备强大的压实能力，为了达到混合料的压实效果，在施工现场中要准备各种型号、吨位、数量的压路机，以达到压实的标准。在进行碾压操作时，要按照规定的流程来严格执行，以便在终凝前顺利完成，在实施碾压时要检查基层的含水量，含水量过低就要进行洒水来增加含水量，操作完成后要重点检测衔接位置，发现错误第一时间纠正。

5. 养生质量控制

当路面基层工作完成之后，要经过一定的时间来休整，才能使基层保持平稳的状态。在这一段时间内，要保持基层的含水量要运用下面的方法：依据外界条件使用薄膜、土工布盖在上面，要有专门的人员按时检查，根据含水量的变化采取必要的措施，每完成一个路段及时地进行保温处理，在基层休整时要禁止大型车辆经过。

三、混合料配合比

（一）上面层混合料拌合与配合

（1）控制室要使用打印机打印出所使用的各种料的用量与拌合温度，在规定时间对使用的仪器进行校核。

（2）试拌决定拌合时间。每盘料的拌合时间大于45s，才能使所有用料拌合均匀。

（3）在操作当中要及时注意混合料是否达到标准，对出现的不正常及时解决。若是质量方面的原因，要及时改正。

（4）定时对拌合机混合料进行试做来进行验证，并同时检测各个指标数据，使其达到标准要求，增加对相对密度的试验，并和理论数据对比。

①油石比误差范围 –0.1% ~ +0.2%。

②矿料级配关键筛孔与生产配合比设计标准级配的允许差值为：a.0.075mm ± 1%；b. ≤ 2.36mm ± 3%；c. ≥ 4.75mm ± 5%。

（5）控制沥青和集料的加热温度和沥青混合料的出厂温度。集料温度比沥青温度高 10 ~ 15℃，热混合料成品经过储存后，其温度下降应该小于10℃，贮料仓的储料时间要小于 72 小时。

（6）工作完成后，进行各料的总结。抽查矿料级配，得出平均施工级配与油石比，并和标准要求对比，用产量来算出平均厚度，并和标准厚度比较。

（7）每一个星期都要对检测的成果进行分析，按照各个指标的数据，来看生产是不是在正常范围内。

（二）下面层混合料配合比

1. 级配及原料配比

按照要求，高速的底基层、基层综合稳定土的颗粒配比，应该使用施工规范 P10 表级配在理论上运用较为合理，通过试验得出，级配合理的材料具有更好的强度。根据所做的试验，级配不合理的材料如果要达到标准，水泥的量大于 6%，而级配合理的，水泥的量只要 4%，所以级配是很重要的。

2. 混合料的拌合

对于下面层的施工，使用加隆 5000 型拌合站。

① 控制室逐盘打印各科用量和拌合温度，定时检测计量与测温。

② 拌合时间为 45s，这个时间经过试验拌合最均匀。

③ 目测混合料，对不正常的进行分析，出现问题要及时改正。

④ 在规定的时间对拌合机的混合料展开检验，检测油石比、矿料级配。

3. 对沥青和集料的加热温度及沥青混合料的出厂温度进行控制

应将集料温度控制在沥青温度之上 10 至 15℃，热混合料成品的储存温度的下降幅度应控制在 10℃ 以内。

4. 每日都要进行总量控制

根据各部门具体情况对其进行检查；对平均施工级配和油石比对相关工作进行修正；统计平均厚度并根据设计厚度进行校准。

四、工程方案

（一）工程施工方案

1. 级配碎石底基层、水泥稳定碎石基层方案

由于底基层是级配碎石底基层，为了消除路基等部分发软的隐患，在底基层工作开始实施后需要迅速铺设水泥来稳定。如果遇到下雨等特殊天气，应及时采取防雨、限制交通等措施，另外还应保持中分带排水畅通。

技术准备。参照相关法律法规对原材料进行检测，设计和申报。

测量放样。路线中每隔 10m 确定一桩，取摊铺宽度两侧 0.3m 设为导线桩，敷设导线；同时对其检查和修正。

混合料的生产。采用 WBS700 或 WBS800 稳定土拌合设备集中拌合，由装载机上料，摊铺前要对拌合设备进行修正，得出各材料所需要使用的量。

混合料生产中对拌合站分配 5 名普通工人，5 名工人中一名带班组长负责管理，两名工人负责清理碎石下料和杂物，一名工人负责对车辆的装料，一名工人负责清除下料皮带杂物。

对混合料的含水率严格把控，要将拌合含水率控制在最佳含水率之上，以完成规定的压实度为目标，以既定方法进行严格操作。为确保水泥质量应对水泥的生产过程进行严格把关和检测。

混合料的运输。按既定的操作方法，利用大吨位的自卸车对混合料进行装车、运送。为了保证质量，混合料的运送速度应在合理的范围内适当地提升，为减少混合料中水分的蒸发，在运输过程中应进行覆盖操作。对于摊铺机的设置，应按照实际的情况进行配备。

摊铺。利用 1 台具备自动调平功能的摊铺机按双导线控制标高的方式、按规定的松铺厚度半路幅一次性摊铺。为保证摊铺质量，对摊铺速度进行合理的调整。松铺系数由试验路的情况确定。

摊铺工作设置两名负责指挥工作和监测工作的技术员和 15 名负责相关具体工作的普通工人。

碾压。摊铺工作完成后应及时碾压，碾压时采取先轻度碾压再重度碾压，先碾压两侧再碾压中间，碾压速度由快到慢的方法，具体操作根据设计结果和实际情况而确定。

对于直线道路都是由两边逐渐向中间滚动的方式，弯曲的道路则是由内部逐渐向外部滚动的方式。滚动过程中会覆盖二分之一的轮宽，后轮要超出两段的连接地，后轮把整个路面滚动完就是一遍。在一定的时间里完成所有操作，并且还要做到规定的标准不能遗留后轮印记。车轮在滚动路面有时会出现起皮和松散的情况，针对这种情况使用相应的办法进行解决和处理，达到规定的质量标准。禁止在施工的道路上掉头和紧急刹车，确保施工的路面没有损坏。进行施工时，路面要一直呈现湿润的状态，如果没有达到湿度标准就要采取应对措施，比如洒水。施工完毕后要进一步进行相关检测，如果没有达到规定的要求，进行再次施工。

接缝处理。（1）要遵循相关的规定《公路路面基层施工技术规范》进行接缝。（2）完成每天机械工作后，出现横缝需要用手工进行操作。全部工作完成后对路面进行检测，包含路面平整和高度，删除没有达到标准的地方。次日，摊铺机工作过程中，需要在机器下方垫一块薄木板，木板厚度要结合实际压实量确定。按照一定的方向和速度进行路面碾压，然后根据规定的密实度和平整度进行纵向碾压。（3）碾压过程中受到某种因素影响造成间断 2 个小时以上，就要采取横向施工缝。

裂缝处理。处在底层的水泥碎石裂缝之间的距离要超过 5m，在 50m 范围内裂缝数不能超过 6 条，沥青进行乳化倒入缝隙，铺设玻璃纤维格栅进行巩固。

水泥稳定碎石基层养生。（1）相关部门验收完毕后，对路面进行一定时间的养护，在养护过程中每天对路面进行洒水保持一定湿度，不允许各种车辆行驶，如有特殊情况，禁止重型车辆行驶，其他车速应该控制在 30km/h 以内。（2）沥青经过车辆的碾压基本成型后，没有达到硬化标准就要再次喷洒沥青。第一次喷洒的沥青标准含量为 35%，慢慢渗透到路面基层。第二次喷洒的含量比第一次高，沥青乳液实施分裂然后撒入 5 ~ 10mm 碎石形成下封层，施工车辆就可以在路面行驶。

开放交通。道路养护完成后，开放交通，限制车辆行驶速度。

交工验收。完成施工后，对路面压实度，平整度和宽度进行严格的检查并把检查数据记录存档。

（二）沥青路面施工方案

技术准备。严格遵循相关技术规定和图纸要求，提供高质量原材料，每个操作流程相互配合。

1. 拌合设备

①按照规定的标准，使用 5000 型间隙式拌合机，达到了 300T/h 以上的生产力。配备了布袋式除尘器，烟尘排放浓度 ≤ 50mg/m³，严禁利用回收粉尘替代矿粉。

②拌合设备在工作时，一定要对沥青和其他材料的用量和温度做好详细记录。

③拌合设备根据矿料种类选择振动筛筛孔，对矿料具有的可筛分性、振动能力进行试验来确定安装角度。

④拌合设备生产力和摊铺机进度相结合，根据要求进行调试，直到满足要求。

⑤进行试验前，使用的计量工具要得到相关部门的检验和相关证书。

2. 运输设备

①运输车辆必须具备覆盖设备，可以保证一定的温度和防尘，在其他合适地方插入温度计进行测量。

②根据实际情况，确保施工现场的车辆数为 2 到 3 辆。

3. 摊铺及压实设备

①利用具有红外线激光的找平仪，满足生产操作要求。

②摊铺混合料过程中，摊铺机要按照规定的行驶速度，和供料速度相互配合。

③按规定和相关参数对压实设备进行配备，工作过程按既定规范进行。

4. 混合料的拌合

①根据设计方案和实际情况进行调试，考核和验收。

②一般需要有 2 名测试工、2 名操作手、8 名普工协助配合生产，测试工随时随地观测沥青混合料、沥青温度、出厂温度的生产。

③当没有施工配合通知单时是严禁施工的，没有负责人的批准不允许开盘，因天气恶劣等原因时不允许开盘工作。

④对沥青混合料的施工温度进行严格的调控。

⑤间歇式拌合机每盘的生产周期不应该少于 45S，应该对于改性沥青拌合适度增加拌合时间。

⑥对于过度加热，也就是说当沥青混合料出厂温度超过190℃时该料应该被废弃；拌合的沥青混合料应该均匀相同，没有结块的出现或者是细粗料分离的现象，达不到标准的不应该被使用，应该做出及时调整。

⑦对燃油、沥青、矿料等做好储量调查，当每天使用时，观察是否适合该工程的标准指标。

⑧对拌合机零件、油路、仪表等仪器进行检查维护，并且对操作室进行清洁，在每天工作结束之前完整地做好设备的运转记录。

5. 对于混合料的运输情况

①在工程实施前对拌合机零件、油路、仪表等仪器进行设备检查维护，并对操作室实施清洁，按时完整地做好设备的运转记录等。

②对运货车辆要清理干净，并且要在车箱底部以及侧面涂隔离油，涂液不能积聚在车箱底部。在装料的时候要将汽车前后移动，降低混合料的损失。

③在运输沥青混合料时，车身务必进行覆盖，进行防尘、防雨、防污染等措施。

④运输车辆在摊铺机前30cm处停放，不能撞击摊铺机，并且要有专门人员进行指挥下料途中运输汽车挂空挡，靠摊铺机缓慢前进。

6. 混合料的摊铺

①下承层准备：在摊铺前对下承层面进行适当的清洁，使表面其他的杂物、浮尘清理出去。重复检查施工图纸，确保摊铺宽度满足要求，中线位置不能有偏。观察下承层整齐度、高程，不符合要求的地方要及时处理。在摊铺上面层时，把下面层污染的其他物质清除干净，都需要洒上粘层油，之后才能施工。

②使用福格勒摊铺机半路幅整幅摊铺，沥青在石头上基层使用双导线控制标高、平整性。其他沥青在下面层、上面层摊铺均通过调整非接触式红外线激光使厚度和平整度符合标准。

③适当调整拌合设备的拌合能力和运输车的运料能力，保证摊铺机摊铺速度适当。摊铺流程中不能随便变换速度。若因为故障而使得停机造成混合料不符合碾压温度标准时就要弄成平接缝。

④摊铺机履带前的道路一定要有专门人员负责清洁，确保摊铺机安全前进。

⑤摊铺机的使用不可以使混合料顺着料斗的两边堆积，任何导致冷却不能达到标准温度以下的混合料都应该被舍弃。

⑥摊铺机的操作员工应该要注意3点，分别是螺旋输料器尾端供料状况、整体转向状况和倾向指示变动状况。这3个点中只要有一点出现不好状况，就一定要赶紧解决，此外要有专门人员管理螺旋输料器尾端混合料的分离情况。

⑦摊铺机料斗要让刮板不要出现，如果有10cm厚的热料时开始拢料，并且做到在料斗两翼将要恢复原位时让下一辆运输车开始卸料，不允许送料刮板外露的情况出现。

7. 混合料的压实及成型

①要派专门人员负责碾压，并且要对压路机操作者进行技术指导。

②沥青混合料的碾压方法是：刚开始的压路要用钢轮压路机静压 2 遍左右，复压：要使用胶轮压路机软压，速度为 3.0 ～ 4.0km/h 或者钢轮压路机振动硬压，速度为 4.5 ～ 5.5km/h。第二次压也可以使用以上机械复合碾压，碾压不少于 5 ～ 6 遍。在第二次碾压过程中要准时用 4m 直尺检测碾压的平整性，出现有平整度不符合标准的，要马上处置。最后碾压要使用钢轮压路机静压 2 ～ 3 遍，速度为 2.5 ～ 3.5km/h。除了上述方法以外，还需要配备 2 ～ 3 名工人，采用人工手扶小型振动压路机和人工用热夯等方式进行辅助，以此来处理边边角角。详细的碾压仪器组合和碾压方法以试验路确定的方案为标准。

8. 横接缝的处理

横接缝应使用下列方法进行：

①在每天摊铺结束后或者由于超过标准时间需要做横向接缝时，对已经压实完成的沥青混合料，用 3 ～ 5m 工程标尺进行检验，要是有厚度不足或者不平整的部分要全部清除，一直找到合适的平接茬为止，完成一个和摊铺方向一直成直角的横向接缝。确保接缝密切、连接平稳，不准产生明显的接缝分离，接茬可使用毛茬。

②摊铺机启动前，要在凉茬上预热至 100℃ 左右以上。

③开始摊铺的首车料，使用刚运到工地的最后一车，这个车就是温度最高的一车。

④摊铺机启动时速度要慢，并且要及时检查它的厚度改变情况。

⑤碾压接缝时，用一台钢轮压路机进行横向碾压，首先从凉茬开始，每次向热茬方向移动 30cm 左右，直到压路机完全在新铺层后再改成纵向碾压。振压过程中，用 2 ～ 6m 直尺调整平整度，有不合格部分（超 1mm 的部位）要使用重型压路机使其平整。

开放交通：

压实结束后，等待沥青混凝土完全冷却，混合料表面温度低于 50℃ 后，就可以通车了。要是提前开放交通时，可以洒水冷却降低混合料温度，这样就可以通车了。

铺筑好的沥青层应该实时控制好交通，保持干净，不可造成其污染破坏，不允许在沥青层堆放施工杂物，不允许在已经铺沥青层上制作水泥砂浆等其他东西。

（三）施工现场管理质量控制

1. 设立专业的管理机构和完善的质量保证体系

依据工程需要，寻找有经验的技术人员在施工现场监工，合理配置工程仪器，提高对作业区、作业人员的管理，保证管理机构稳定运营。

2. 实行分级管理的质量责任制

根据工程质量责任人终身追究的原则，确立项目经理、项目副经理、总工程师、现场负责人、工程技术负责人、工程生产部门、材料部、设备部的质量责任制，设立各工程质量责任到人卡。

3. 人员素养培训制度

使用不同方式，如专题培训、技术交底会、演示等，提升施工人员的专业素养，掌握高级公路施工的新技术、新观念。

4. 明确"三工检查"和"三自管理"制度

在施工中要自纠、自检和自控，通过提升自工作质量来保证工程质量，通过自查、自纠质量将安全隐患消灭在初始状态。规定好纠错预防措施，把"三工检查"实施好。

5. 实施项目风险准备金制度，并且把工程质量状况与工资、奖金进行连接

经理部门以上实施风险准备金制度，以下实施工程质量奖罚责任制，把质量管理目标详细化，责任到人，按项目和工程顺序落实到位，与每个人的工资相连接。

6. 实行工程质量一票否决制

当工程进度和质量发生冲突时，必须先工程质量后工程进度。当发生工程质量问题时，扣负责人当月奖金并赔偿损失。

五、路面基层施工对策和建议

（一）完善安全责任制

①项目部每季度开展 1 次安全大检查，并对检查出的问题采取纠正措施。根据上级机关的规定，对重大节假日进行专项安全检查；

②每月至少组织召开 1 次安全生产会议，认真学习贯彻有关规章制度，并开展好施工人员的安全教育和培训；

③项目部专职安全员要经常性地开展巡查，一旦发现隐患，立即发放整改通知书，要求各作业点限期整改到位；

④安全检查主要做到对思想、管理、隐患、整改及事故处理等全方位的检查；重大事故隐患排除且经监理单位审查同意后，才可进行施工。

（二）加强劳务队伍建设

1. 劳务队伍管理

①严格按照有关标准和要求，择优引进合格合法劳动力。

②强化队伍管理，强化劳务分包项目进度、质量、安全等方面的监督监管。

③确定聘用劳务队伍时，必须签订劳动合同，规定劳动范围、劳动计划和劳动价值评估方法。

④严格履行有关合同。

2. 农民工工资管理

①所有劳务必须登记造册并详细备案。

②严格履行合同，按时按规定足额将工资发放到农民工手中。

③设置权益公示栏，公开农民工权益、维权途径、工资管理制度等。

④积极配合有关单位针对劳务队伍管理的有关检查。

3. 强化施工各方的协调与配合

①强化与业主的沟通交流，促进业主满意度提升。

②强化与设计单位的沟通联系，获取设计方最大限度的支持。

③强化与监理工程师的协作，保障监理工程师认真履行职责。

④强化与地方政府及有关部门之间的沟通合作。

4. 季节施工与文明施工同步

降雨对施工质量和工程进度有一定的影响，按照本地区降雨较多的特点，采取如下措施：

①强化与气象部门的沟通联系，争取提前掌握旬、月气象变化，第一时间对施工计划进行调整，避免因天气原因导致的工程质量隐患；尽量做到在雨前碾压密实，如果混合料被雨水打湿，一律全部铲除。

②摊铺底基层、基层、沥青混凝土面层时，集中力量分段施工，强化现场与拌合站的协调沟通，严格控制好混合料产量，规避混合料浪费等现象。在基层的施工现场合理配备防雨彩条，避免降雨带来的不便。

③在沥青拌合站的堆料场搭设防雨棚，避免碎石材料被雨打湿后，吸入大量水分导致含水率增加，对拌合产生不利影响，在混合料的运输过程中，均用防雨篷布进行遮挡；

④为保证下一道工序施工前，路床面、底基层或基层能够维持合格状态，必须在施工结束后严格限制车辆通行，如有破坏必须整修处理；

⑤严禁雨中进行透层、粘层、底基层、基层以及沥青混凝土路面等施工作业。

⑥完善拌合站、碎石堆放场排水设施，确保排水畅通。

5. 防汛措施

①强化职工雨季施工的安全教育，提高思想认识；强化组织领导，建立健全防汛组织机构，形成上有专人抓、下有专人管的良好氛围。强化暴雨天气的值班备勤，要求各场站必须安排 2 名值班人员，对可能发生的问题第一时间采取必要措施进行处理，同时保证人身、机具以及材料安全。

②对及时排除施工区内的积水，完善生产、生活设施，对施工现场周围要提前挖好排水沟。

③危险品库及沥青拌合站要设置避雷针，严防雷电。

④提前采购足够的塑料布或大苫布，以备急用。

⑤严禁车辆带病作业，强化车辆保养，针对发现的问题必须第一时间进行检修，保证车辆行车安全，以备不时之需。

6. 冬季施工

①时刻关注天气预警，严防寒流等带来的不利影响，并做好应急预案。

②在天气温度允许的情况下，积极开展面层施工，在必要的情况下，采取覆盖保温

措施。

7. 高温季节施工

①及时做好防暑药品和其他保护用品的发放工作，切实做好防暑降温工作。

②对有关作业可轮流作业。

8. 夜间施工

①要在施工现场设置符合操作的照明设施，照明范围要保证施工安全；

②要在现场施工区域设置好警示牌。

整个施工过程，要强化业主和监理工程师的统一领导，坚持文明施工，以建立安全标准化工地为目标，加强与有关单位的沟通协调，精心组织，统筹安排，保质保量、按期安全完工，进一步维护在当地人民心中的良好企业形象和社会信誉，为公路事业做出更大贡献。

第三节 公路项目管理

公路具备自身的技术特点和经济特性，包括投资大、建设周期长、线长面广、受环境因素影响复杂以及具有准公共物品特性、社会公益性、自然垄断性等。这些特点使公路建设项目管理模式与一般的建设项目管理模式相比，既有共性也有个性。建设项目管理制度通常和一个国家的社会制度紧密地联系在一起。我国过去在公路建设项目管理改革过程中，忽视对公路建设项目管理模式的理论研究，习惯于简单照搬国外建设项目管理制度和国内其他行业的建设项目管理模式，以致各种公路建设项目管理制度相互矛盾和交叉重叠，至今难以很好地规范；同时，在我国公路建设项目管理过程中，政府、项目法人、中介机构等在项目管理中的地位和作用问题，就是项目管理模式是涉及公路建设项目管理质量和效率、公路建设管理市场化改革等内容的重要课题，历来为全社会所关注。我国改革开放以来所推行的建设工程监理制度、项目法人制度、招标投标制度、承包合同制度以及最新提出的项目代建制度，实际上都是围绕建设项目管理模式这一课题而展开的，至于它的实用性有待进一步研究。

一、建设单位管理项目的方式及方法

从项目管理的角度来说，建设单位和监理都是项目的管理者，一般而言，建设单位担任宏观管理角色，施工监理担任微观管理角色，这就是我们常说的建设单位（项目法人）的"组织、协调、监督、服务"职能。荀子曰"君子性非异也，善假于物也"，高明的管理者，应当能充分利用被管理者的自主性或者说是事物发展的自组织功能。建设单位（项目法人）在总体把握大局的前提下，应根据施工企业履行合同的程度、监理职能的到位程度确定自己介入项目管理的程度，对具体管理活动，要尽可能做到"少干预、多协调、做好服务"，以充分发挥两个积极性。

反思以往建设单位（项目法人）项目管理的情况，笔者认为在以下两方面有待提高，一是规范化管理，二是量化管理。目前，参加项目建设的设计、施工及监理等单位都积极进行 ISO900 质量体系认证，笔者认为，建设单位（项目法人）的项目管理机构通过这个体系认证，能促使项目管理向规范化、制度化和程序化迈进，很有益处。目前，信息技术广泛地向各行各业渗透，建设单位（项目法人）在项目管理中加大计算机等信息技术的应用，使项目管理的质量、工期和投资控制由原来的定性管理达到定量管理，亦可较大地提升项目管理水平。

另外，我们在项目管理中常用的"重奖重罚""优质优价""样板示范""劳动竞赛"和"质量责任制"等方法，也是一些比较有效的办法。

二、监理在项目管理中的职能和作用

监理制度是社会化分工不断细化的产物，由于我国经济发展水平及市场经济不完善，监理还不能独立承担全方位、全过程管理项目的职能，在现阶段，它的主要职责或者说中心职责是质量控制，根据各个监理单位的不同情况，在项目管理的其他方面如计量支付、合同管理等方面，也能起到一定作用。虽然如此，但作为国际惯例和发展方向，还是应该高度重视监理在项目管理中综合作用的发挥，放心、放手、放权让监理单位相对独立地行使职责，建设单位应当好"后台老板"，加强考核奖惩。能够预见，随着监理市场的规范及相关法规体系的完善落实，监理将会在项目管理中起到越来越重要的作用。

施工企业是以效益为中心的管理，在满足合同基本要求的情况下，尽可能降低成本，他可能达到的目标就是合格工程。而监理是以质量为中心的管理，他要求质量达到优良，甚至精品，这是一对矛盾，也像是拔河，监理用的劲大，工程质量就优良、精品方向靠拢多；监理用的劲小，工程质量就可能向一般，甚至不合格方向靠拢。笔者认为，工程质量能否达到合格，主要依靠施工企业的自检体系，但要上一个台阶，得主要依靠监理加强管理。

三、项目管理中的监理管理

当前由于我国的经济社会发展现状，监理在项目管理中也犹如一把"双刃剑"，好的监理，对项目建设起到促进作用；不好的监理，对项目建设弊大于利。有人说，国内个别项目，不是施工单位"干"坏的，而是被管理者"管"垮的。在一个公路项目，特别是较大项目中，监理费用往往比建设单位管理费多得多，监理人员比建设单位（项目法人）管理人员多得多，大量具体的项目管理任务需要他们承担。"管事必先管人"，依据实践情况和这一管理思想的要求，建设单位（项目法人）必须对监理进行严格有效的管理，使其"严格监理，热情服务，秉公办事，一丝不苟"。在监理的管理中，要下大力气提高监理的综合素质，增强质量意识和责任意识，要综合运用行政、合同、经济等手段，要求监理建立严格的组织体系，强化纪律，加强职业道德教育；积极推行监理试用期制度；注意把监理的业绩和监理费用有效挂钩，这样方能较好地发挥监理的作用。

四、管理模式的类型

公路建设项目组织管理模式是指业主（项目投资者）在公路建设项目建设管理过程中所采用的组织管理模式。按业主在公路建设项目管理中的作用不同，可分为自行管理模式、委托管理模式以及总承包管理模式。自行管理模式是业主自身对公路建设项目的质量、进度和造价进行控制，设计与施工单位进行组织、协调的一种项目组织管理模式，其项目管理工作有业主和承包商（包括设计和施工单位）参加，但主体是业主。业主可根据工作需要聘请咨询公司作为顾问或者协助承担部分项目管理工作。公路建设项目自行管理模式按项目业主（投资主体）不同又可分为政府管理模式和项目法人管理模式。委托管理模式是指具有项目管理经验和能力的咨询单位（本文又称为项目管理公司），接受项目业主（政府或项目法人）的委托，对项目建设（设计、招标、施工）进行组织、协调，对项目的投资、质量和进度进行控制的一种项目管理模式。总承包项目管理模式又称为设计一建造交钥匙合同模式，该管理模式中，总承包商承担建设项目的全部设计、施工与管理，按总承包合同的质量、造价和进度要求对项目进行组织、协调与控制。

五、FIDIC 项目管理模式

FIDIC 项目管理模式是由国际咨询工程师联合提出，应用于施工项目管理的一种委代建型项目管理模式。该模式中，项目的监督与管理由第三方的监理单位来承担。它以独立、公正的施工监理为核心（即以监理工程师项目管理为核心），项目管理中，业主、承包商、监理三家既互相合作、相互联系，又互相监督、互相制约。当前，我国的公路建设项目管理已建成与 FIDIC 项目管理模式基本适应的公路施工监理制度，并且，进一步完善了招标投标制度和承包合同制度，公路建设市场管理的法律法规体系正在逐步形成。总结 FIDIC 在公路建设中的优越性，主要表现在以下几点：① FIDIC 项目管理模式有助于促进资源使用效率的提高；② FIDIC 项目管理模式为承包合同履行的公平、公正性提供了有效的保障机制；③ FIDIC 项目管理模式实现了项目管理工作的专业化、社会化和市场化；④ FIDIC 项目管理模式具有与市场经济体制相适应的良好特性；⑤ FDIC 项目管理模式能更好地适应公路建设项目的技术经济特征与要求；⑥公路建设项目中采用 FIDIC 项目管理模式能更好地促进公路建设项目管理模式的统一和规范。

六、管理方法

（一）项目管理办公室职能

项目管理办公室在业主领导下，对本工程项目的施工质量、施工进度、计量支付、安全文明施工等进行全面管理。使工程达到质量优良、进度适当、费用合理、无施工安全事故的目标。

1. 安全环保部

主要负责施工安全管理、施工环保管理、文明施工管理及交通导改配合等。

2. 技术质量工程部

工程质量管理、工程进度管理、试验检测等管理工作。3.计量合约部：合同管理、计量管理、信息资料管理等。

（二）管理办人员岗位职责

1. 管理办公室负责人岗位职责

①负责本工程项目管理的全面工作。对质量管理、工程进度管理、计量支付管理、安全文明施工管理、合同管理等负全面责任，对监理和施工单位展开管理协调。

②抓质量管理工作，通过抓监理、施工单位的质保体系的良好运转，抓《监理规划》《施工组织设计》的贯彻实施，严格管理、严格按图施工、按程序办事、按标准验收，保证工程质量目标。

③抓施工进度管理。以合同工期为目标，强化进度管理。通过对总体进度计划，阶段工期计划、目标计划的控制，确保工期目标的实现，如发现进度滞后采取措施保证工期。

④抓工程计量与支付管理。从清单核算入手，抓现场工程数量的确认及验收，强化计量管理，保证费用合理支出。

⑤抓安全文明施工管理。贯彻"安全第一，预防为主"的方针，依据国家有关安全法规，全面抓好本工程安全文明施工及施工环保，确保工程顺利进行。

⑥协调好在管理办每个成员的作用，各尽职责，全力抓好本工程的管理工作。

2. 项目工程师岗位职责

①负责工程技术管理及协助项目管理负责人作全面工程管理工作。

②对现场施工负责技术管理工作，严格按图施工、按标准验收，经常检查施工现场。

③参加结构首件验收和工程抽查验收工作。

④组织试验段的实施和验收工作。

⑤参与设计交底与图纸会审。

⑥负责上报的施工方案的审查把关，若有不合格应返回总监办重做。

⑦遵循"人人管生产、人人管安全"的原则，施工管理与安全管理一把抓，同时有保证安全的责任。

⑧检查监理、施工单位施工资料和竣工资料为交工验收作基础工作，参与竣工验收。

⑨完成上级领导交派的其他工作。

3. 计量支付岗位职责

①负责工程计量支付过程的管理工作，为合理计量支付把关。

②对工程量清单复核负责把关，参与变更项目的现场确认。

③督促监理单位按照规定时间完成计量上报工作。

4. 安全环保岗位职责

①贯彻"安全第一、预防为主"的方针，作好安全管理工作。

②经常检查施工单位的施工现场安全工作情况；检查施工安全制度、规程执行情况；检查施工单位内、外业的资料完整情况，使安全环保工作正常开展。

5. 信息资料管理岗位职责

①负责信息传递工作，完成往来文件传递和及时报送各种报表工作。

②负责资料管理与检查工作。

（三）设计审查配合工作

①设计单位应按合同约定完整、及时、准确地向建设单位提供全部设计文件和图纸。项目管理办要加强对设计文件的管理，建立设计文件的收发制度。未经建设单位同意，设计单位严禁将图纸及电子文件提供给任何单位和个人。

②项目管理办应及时组织设计交底测量交桩工作，做到交底透彻、交桩明确。

③项目管理办认真组织相关单位进行图纸的会审工作，对审查出的各种问题反馈设计及时解决，并以书面形式下发给总监办和施工单位。

④设计单位积极参加工程中重大施工方案的讨论和质量问题的处理，并提出合理化建议。

⑤设计单位应派 1~2 名设计代表驻场，及时解决工程中出现的设计问题。凡涉及设计变更问题，均由业主书面通知设计单位，设计人不得以任何理由直接受理施工单位和监理人员的变更设计要求，设计人主动提出的设计变更应事先征得业主的同意，设计变更做到及时、准确，技术可行、经济合理。

⑥对变更后的图纸审查，由项目管理办负责，重点审查变更前后的衔接，以免出现前后矛盾的问题。

⑦对于设计图纸中涉及的"新技术、新材料、新工艺、新设备"，设计单位应提供必要的技术支持。

⑧设计人员要依照工程建设管理的要求积极参加施工过程中的检查和验收工作。在交（竣）工验收阶段，设计单位应对工程质量使用功能是否满足设计要求提出评价意见。

第二章 路基施工技术与质量控制

第一节 路基施工技术

一、路基工程概述

（一）路基工程的基本结构

因为自然的地面高度不同，还会有一定的起伏，路基布置与标高自然也会不同。但是不管怎样变化，都需要按照路线的平、纵、横设计来设定。这样就能够为路面提供足够宽度的平整基面。

路基会承受在上面行驶的车辆的重量，它通常会在路基顶面以下的 1.5m 的范围内。这部分路基可以根据它所发挥的作用成为路面的基底层。强度与稳定性的要求需要根据路基面综合设计情况来设定。路基的质量直接关系到路面的强度与稳定性，还可以适当减薄路面厚度，因此可以看出路基路面的综合设计在整个路基工程的施工阶段中具有重要意义。

路基的设计应该符合当地的实际情况，根据当地的自然条件，设计出合适的施工方法。还要严格遵守相关规定与技术标准。这样才可以保障施工活动的科学性与合理性，保证资金合理使用。

在路基设计之前应该有充分调查研究，工作人员对于施工的地点与路线要有清晰的认知，包括地形、地貌、气象、水文、洪水位等，对于建筑的材料的特点、性质等也要有充分了解。实地勘察也必不可少，这样结合收集的资料相关工作人员就可以对现有的施工方案加以改进，不断增强施工方案的可行性。不但要考虑技术上的可行，还要考虑经济上的可行，这样经过优化之后的方案才可以得以最终实行。

在路基整体的结构中还要加固与防护每一项附属设施，如基本的路基排水，甚至还包括取土坑、护坡道以及错车道等。

路基的几何尺寸由三项构成，即宽度、高度与边坡坡度。由于路基的标高与所处的地面的标高并不相同，再加上所经过的地方的路基岩土性质的不同，各处的附属设施的布置也就不同，这就造成了路基在不同地段的横断面形状各异。

对于超过规定范围的深挖路基，还有地质与水文等特殊条件的路基，为了确保路基具有一定的强度与稳定性其横断面形式还需要进行特殊设计与验算，这是不可以避免的。

（二）路基工程的特点

路基会跨越不同的地形与地貌，是绵延千里的线性建筑物，其处于岩石之上，更处在风云变幻的大自然之中，主要特点为以下三个。

1. 建筑在岩土地基上的岩土结构

岩与土属于两种介质，还都属于不连续介质，具有空隙性与多项性。路基就是建立在岩土地基上的岩土结构。公路经过的不同地形与地貌，不同的地质条件就会产生不同的性质，即使是同一种岩土，也会在不同的自然条件中发生变化，这些都会影响路基施工。路基施工与圬工建筑物相比，它的稳定性更容易受到影响。

2. 完全暴露在大自然之中

公路所经过的地方，路基也会经过，路基会遇到各种不同的工作环境与自然环境。不管在什么时间都会受到这些自然环境的影响。能够说路基是完全暴露在大自然之中的。路基的设计、养护与施工，都会与自然环境相联系，不能将它们分离。

3. 同时受静荷载和动荷载的作用

路基上的道路重量是静荷载，行驶车辆的荷载属于动荷载。一般引起路基变形与损害的主要是动荷载。如果是以饱和的粉细砂与软土为基底的路基其损害会更加严重。在动荷载的作用之下，机床上抗剪强度会降低，很有可能会导致饱和沙土液化，软土变硬，使路基的强度与稳定性发生改变，最终被破坏。在路基的设计中，不但要考虑上述的因素，还要考虑到静荷载与动荷载影响。

除此之外，路基工程与其他的工程相比，具有工程数量大、投资大、占地面大等特点，还与城市规划、环境保护具有密切联系。

二、土质路基施工

（一）填料选择

填筑路堤时，为确保路堤的强度和稳定性，通常会取用当地强度比较高、稳定性较好、透水性好的土石作为填料，常见的有碎石、砾石、卵石和粗砂等，之所以会优先选用这些石材，主要有以下几方面原因。

①强度较高且不易变形，水稳性好。

②在填筑过程中不需要考虑含水量影响。

③分层压实后容易达到规定的施工质量。

若不得已要用透水性不好，甚至不透水的土做路堤填料时，则需要特别注意以下几点。

①如所用土为黏土，则必须要在达到最佳含水量的前提下，进行分层填筑并充分压实。

②切记不可用水稳性和冰冻稳定性都比较差的粉质土作为路堤填料，尤其是一些季节性冰冻地区。

③低于 5m 的路堤，可用黏质土或高液限黏土作为填料，前提是必须要采用水平分层填筑方式，并按照规定的密实度进行压实处理。

（二）基底处理

所谓路堤基底，就是指被清理后的路堤所在的原地面，它属于自然地面的一部分。在对路基进行处理时，应充分考虑基底的土质、水文、坡度、植被及路基高度等因素，以确保路基的整体强度和稳定性。因此，在处理路基时，以下几方面需要尤其注意。

①务必要将原地面的临时排水工作做好。对于易积水的地方，用土填平后还应按规定压实。排出的雨水不能冲刷到路基，也不得流入农田和耕地，更不能引起淤塞。

②如果路堤基底的原状土已经无法满足强度要求，则应立刻进行换填处理，所挖深度应大于 30cm，并分层找平压实。

③在填筑矮路堤时，填筑高度应与路基工作区接近或者相等。为了进一步增强路基的强度和稳定性，应对矮路堤进行挖除种植土、换土、挖松压密加铺砂砾石垫层等处理。

（三）填筑方式及机械配置

1. 水平填筑

在填筑土质路堤时，通常会将路堤划分成若干水平层次，之后再依次向上填筑，这种填筑方式即为水平填筑。在填筑时，应从底层开始填筑，每填筑完一层都要进行压实处理，直到压实度达到要求之后再进行下一层填筑。如果需要用不同土质来进行填筑，则必须要严格遵守填筑工艺要求。水平填筑主要包括以下几方面要求。

①如果用透水性不是很好的土来填筑路堤底层，则应在表面做成 4% 的双向横坡。

②为了使路堤内部的水分得到充分蒸发，则在填筑路堤时，应在中上层使用透水性

较好的砂砾类材料。

③透水性不同的土不能混在一起进行填筑。

④对不同土质的层位进行合理安排，比较优良的土应填筑在路堤上层，强度较低的土填在下层。

⑤当用不同土质填筑公路纵向的路堤时，必须要在不同土质的交接处做成斜面，以免发生不均匀变形。除此以外，部分透水性比较差的土应该填筑在斜面下方。

2. 竖向填筑

所谓竖向填筑指的就是在施工时将填料沿路线纵向在坡度较大的原地面上倾填，形成倾斜的土层，碾压密实之后，再逐层向前推进。

当出现以下情况时，可以考虑采用竖向填筑。

①原地面纵向坡度大于12%。

②路线所经过的地段跨越深谷或者局部地面有比较陡的横坡。

③地面高差比较大。

3. 混合式填筑

所谓混合式填筑路堤主要是指下层用竖向填筑，上层用水平填筑的一种填筑方式。这种填筑方式可以有效确保上部填土的密实度。其作业方式主要是根据填料运距、填筑高度、工程量等因素来确定。

①对于取土填土高度小于3m的路堤，可用推土机推填、平地机整平，达到最佳含水率之后，再用压路机压实。

②若所填筑路堤的填方量比较集中，当填料运距大于1km时，可用松土机翻松，用挖土机或装载机配合自卸汽车运输，料运到作业面后用平地机整平，配合洒水车和压路机压实；当填料运距在1km范围内时，可用铲运机运土，辅以推土机开道、翻松硬土、平整取土段清除障碍及推土。

（四）路堑开挖

1. 横挖法

对于一些短而浅的路堑，需要使用横挖法，即从路堑的一端或两端，在横断面范围内向前开挖。当路堑比较浅时，一次挖到设计标高的开挖方式称为单层横挖法。若路堑较深，为增加作业面，以便容纳较多的施工机械形成多向出土以加快工程进度，而在不同高度上分成几个台阶同时开挖的方式称为多层横挖法，各施工层面具有独立的出土通道和临时排水设施。

采用人工的方式开挖路堑时，施工台阶高度应为1.5 ~ 2.0m。采用机械开挖路堑时，台阶高度通常为3 ~ 4m。如果运距比较近，可用推土机开挖；如果运距比较远，可用挖掘机与自卸汽车相互配合进行开挖，也可以用推土机堆土后，再安排自卸汽车运土。需要注意的是，在开挖时，还同时需要配备人工或者平地机来进行分层修刮和边坡整平。

2. 纵挖法

所谓纵挖法指的就是开挖时沿路堑纵向将开挖深度内的土体分成厚度不大的土层依次开挖。

（1）分层纵挖法

该方法适宜于路堑宽度和深度均不大的情况，在路堑纵断面全宽范围内纵向分层挖掘。

当遇到以下情况时，宜使用推土机作业：第一，开挖地段的横坡较陡；第二，开挖长度小于 100m；第三，开挖深度小于 3m。

如果开挖路堑的长度大于 1000m，则需要用铲运机或者同时配合使用推土机来进行作业。

（2）通道纵挖法

该方法适宜于路堑较长、较宽、较深而两端地面坡度较小的情况。开挖时先沿纵向分层每层先挖出一条通道，然后开挖通道两旁，通道作为机械运行和出土的线路。

如果开挖的路堑很长，可在一侧适当位置将路堑横向挖穿，把路堑分为几段，各段再采用纵向开挖的方式作业，这种挖掘路堑的方法称为分段挖掘法。这种挖掘方式可增加施工作业面减少作业面之间的干扰并增加出料口，进而大大提高工效，适用于傍山的深长路堑的开挖。

用推土机开挖路堑时，每一铲挖地段的长度应以满足一次铲切达到的满载为佳，一般为 5 ~ 10m。铲挖时宜下坡进行，对于普通土，下坡坡度不宜小于 10%，但不得大于 15%；傍山卸土时应设向内稍低的横坡，但同时应留有向外排水的通道。当采用铲运机开挖路堑时，铲运机在路基上的作业长度不宜小于 100m，宽度应能使铲斗易于达到满载。当采用铲斗容量为 4 ~ 8m³ 的拖式铲运机或铲运推土机时，运距一般为 100 ~ 400m；当铲斗容量为 9 ~ 12m³ 时，运距宜为 100 ~ 700m。

3. 混合式开挖法

混合式开挖法是将横挖法与纵挖法混合使用。首先会采用纵挖法沿路堑开挖通道，之后就会采用横挖法，从通道开始沿着横向坡面挖掘。这样做的目的就是增加开挖坡面，从而可以使每个坡面都能够容纳一个施工作业组或者一台施工机械。

路堑开挖应严格按照自上而下的方式进行，不得超挖、滥挖。在对边坡稳定性不产生任何影响的前提下，为了进一步提高开挖效率，也可采用小型爆破的方式。

在开挖的过程中一旦发现土质变化，应立刻修改施工方案和边坡坡度。路堑路床的表层土若为有机土、难以晾干或其他不宜作路床的土时，应用符合要求的土置换，然后按路堤填筑要求进行压实。

（五）路基压实

1. 压实质量要求

路基压实的压实质量通常是通过土的密实度来衡量的，用压实度来表示路基的压实标准。合理确定压实度，对保证路基的强度和稳定性、技术的可行性、工程经济性都有非常重大的意义。但是在实际施工中，压实度基本上无法达到百分之百。

在达到最佳含水量的情况下才能进行路基压实，并且不同土质的各种指标值也要在施工前半个月进行测定，选取有代表性的土样进行试验，并且每种土都至少要取一组土样。如果在施工过程中土质发生了变化，则应立刻取土样补做试验。

路基不同层位压实度要求也有所不同，相比于下部，上部的压实度要求会更高。一些等级较高的路面，压实度要求也就越高。

2. 土质路堤碾压

在选择碾压机械时，应对各方面因素进行综合考虑，主要包括工程规模、场地大小、填料类别、压实度要求、气候条件、工期要求及土质等。

如果填料为细粒土、砂类土或砾石土，施工时应通过摊开晾晒或适当洒水等方式使土的实际含水量达到最佳含水量的 ±（1% ~ 2%）之后再进行碾压。

如果需要人工洒水，则应对洒水量进行估算。洒水工作完成后，须等到水分完全渗入到土中之后再进行碾压。

另外，应根据土的种类、实际含水量、压实度要求等来确定压实遍数。对于高速公路和一级公路，在进行碾压时宜使用振动压路机或者 35 ~ 50t 的轮胎压路机。

（六）路基整修、检查验收与维修

1. 路基整修

（1）土质路基的整修

在整修土质路基表面时，切土、补土工作通常是在人工和机械相互配合的情况下完成的，同时用压路机碾压。对于加深的路堑边坡，切记不可在边坡上贴补，应自上而下进行削坡整修。超出设计标高的填土应用平地机刮平，陆地两侧超出涉及高度的部分也要切除。

（2）边坡加固与整修

应在边坡加固地段预留加固位置和厚度，如果边坡被冲刷成沟槽，则应从下往上分层挖台阶进行填筑和夯实。若在非加固边坡地段，可用种植土进行填补并种植花草。如果出现冲沟和坍塌缺口，则应从下往上进行加宽填补、压实，并按设计坡面修坡。

2. 检查验收及质量标准

（1）中间检查

中间检查应按照设计文件和施工规范来进行，每完成一个分部分项工程都需要进行中间检查，比如在处理完路基原地面之后，要对基底的处理情况进行检查等。

需要注意的是，以下工序完成后必须要进行中间检查验收，合格之后才能开始下一工序的施工。

①路基渗沟回填土前。

②路基换土工作完成后。

③各类防护加固工程基坑开挖后。

（2）竣工验收

对路基进行竣工验收时，应对以下项目展开检查、验收。

①路基的平面位置、路基宽度、标高横坡和平整度。

②边坡坡度及加固设施。

③边沟等排水设施的尺寸及沟底纵坡。

④防护工程的修建位置和各部尺寸。

⑤填土压实度及表面弯沉。

⑥取土坑、弃土堆、护坡道、截水沟、渗水井等的位置和形式。

⑦隐蔽工程施工记录等。

（3）质量标准

①土方路基

土方路基施工应符合下列质量要求。

a. 路基必须分层填筑压实。

b. 表面平整坚实。

c. 无软弹和翻浆现象，路拱合适。

d. 排水良好。

e. 土的压实度、强度和路床的整体强度符合设计要求。

②路肩

在进行路肩施工时，应当做到以下几点：第一，表面平整、密实、无积水；第二，边缘顺直；第三，曲线圆滑。

③地表排水设施

边沟、截水沟或排水沟应线条顺直曲线圆滑，沟底平整，排水畅通。浆砌片石加固体，砂浆应密实饱满，配合比符合设计要求。边沟勾缝平顺，缝宽均匀，无脱落现象。沟渠断面应均匀平整无凹凸不平现象，沟底无积水。

3. 路基维修

路基施工完成以后，在以下情况下，如果路基发生损坏，则施工单位应该负责维修。

①路面施工前。

②公路工程初验后至竣工验收终验前。

此外，施工单位还应确保路基排水设施完好，若排水设施中出现淤积物和杂草，则应及时清理。对于已经停工很长时间，或者暂时不打算做路面的路基，应保持排水通畅，复工前还应整修路基的各分项工程。要确定路基表面光滑、保持规定的路拱，才能开始路面施工。如果路堤遭到雨水冲刷，要及时进行修补和加固；如果发生沉降，则应查明原因，采取恰当的处理措施，并进行记录。

另外，还应及时清理路堑边坡塌方。未经加固的高路堤和路堑边坡及潮湿地区的土质路基边坡上的积雪应及时清除，以免危害路基。路基构造物应时刻保持稳定，一旦出现变形要及时修复。如果在路基完工后遇到持续大雨、暴雨天气，或者正处于积雪融化期，则应禁止施工机械和车辆在土质路基上行驶，在不得不通行的情况下，则应及时排干积水，并进行整平、压实。

三、石质路基施工

（一）填石路堤施工

1. 填石路堤材料选择方面要求

（1）石料强度值要求

一般情况下，在选择填石堤时所需石料的强度值应大于 15MPa，而对于护坡过程中所需要的石料强度值应大于 20MPa。

（2）石料最大粒径要求

填料最大粒径不宜超过分层压实厚度的 2/3。

（3）石料性质要求

当石料性质存在较大差异时，应将不同性质石料进行分层或分段填筑（以现场实况为准）。除此之外，还可使用挖出的混合石料填筑，但这种情况仅限于所利用的隧道弃渣岩石或路堑挖方岩石为不同岩种互层时。需要注意的是，即便是使用混合石料进行填充，也要注意粒径及石料强度要求。

被暴露在大气中多时且风化速度较快的石料不可用于填石路堤中，若不得不用这些石料或是软质岩石作为填石路堤材料的情况下，需要对其进行 CBR 值检测，若 CBR 值检测的结果符合填土材质标准，便可以使用，但在使用过程中需要根据土质筑堤的技术要求进行施工。若 CBR 值检测结果没有达标，则禁止使用。

（4）高速公路、一级公路石料要求

对于其他公路填筑材料要求而言，高速公路和一级石路所需要的石料要求会更高一些，首先需要以高速公路和一级石路填石路堤床顶为准，向下延伸 50cm 的范围内，都需要使用符合路床要求的土进行填筑，这里所需土的大粒径要控制在 10cm 以内，填筑过程中，需要进行分层压实。

其他公路在进行填石路堤的过程中，首先需要以该公路路床顶为准，向下延伸的 30cm 范围内，都需要使用符合路床要求的土进行填筑，其所需要的填料大粒径应当控制在 15cm 以内。

2. 填筑工艺

在对石路进行填筑的过程中，填石路堤与土质路堤的基底处理是相同的。对于高速公路、一级公路及铺设高级路面的其他公路的填石路堤，需要进行分层式填筑和分层式压实。在陡坡段，当施工困难或大量爆破开挖进行填筑时，铺设中、低等级路面的路堤下部可用倾斜充填方式填筑，但路床底面以下 1m 范围内应改为水平分层填筑、分层压实。

要想确保路堤边坡的稳定性，就需要在倾填之前做好铺垫的前期准备工作，并且铺垫材质的选择是极其重要的，其粒径应大于 3cm，且应使用硬质石料码砌路堤边坡。当码砌宽度大于 2m 时，路堤边坡的高度应高于 6m；当码砌宽度大于 1m 时，路堤高度应在 6m 以下；高速公路和一级公路填石路堤填料的分层松铺厚度应小于 50cm，其他公路则需要小于 1m。

在进行层状堆填时，石料运输路线首先，需要按照由低到高的施工组织计划安排，其次需要进行先两侧后中央卸料，并用大型推土机水平分层，摊铺平整；最后其他个别不平处用人工以细石块、石屑找平。

在施工过程中，难免会遇到填料级配较差的情况（填层较厚、粒径较大、石块间的缝隙较大等），因此为了确保填石路堤的稳定性和强度，可采用水沉积法填筑路基。当然，这种方法只能在水源较为丰富的情况下进行使用。这是因为工人将石渣、石屑、中粗砂等扫入石块间空隙中后，须用压力水把这些细材打入到填材料层下部，这样反复多次，直至填满石材的空隙。

3. 压实及质量控制

施工时应通过压力试验确定压实至所需压实度所需的压实次数（夯实次数）。压实试验应使用大于 12t 的振动压路机进行压实试验，若压实层的顶面稳定且不再下沉，表面无凹凸，则可确定已被压实。对于适宜压实厚度是否符合具体施工需要，实际工程中一般会采用试压来做进一步确定，它的最大厚度通常小于 50cm。但如果所采用的是重型振动压路机压实的话，其厚实度可允许在 1m 以内。

在进行压实作业过程中，应先从路堤两侧开始进行碾压，而后再压中间部分；压实路径平行于纵向反复进行碾压，碾压轮迹应重叠 40 ～ 50cm；前后相邻施工段的衔接处应重叠碾压 100 ～ 150cm。采用夯锤夯实时，需要达到规定密实度后，向后移动一个夯锤位置，因此需要呈弧状布点。

填石路堤压实到要求的密实度所需碾压（夯实）遍数应通过试压确定。石料的紧密程度可用 12t 以上振动压路机进行压实检验，若压实层顶面稳定，不再下沉，表面无轮迹，则可判定为已碾压密实。

用重型夯锤夯实时，以重锤下落时不下沉而发生弹跳现象为达到密实度要求。高速公路及一级公路填石路堤路床顶面以下 50cm（其他公路为 30cm）范围内的压实度要求与土质路堤相同。

（二）石质路堑开挖

1. 爆破法开挖

该方法主要是利用炸药的爆破能量将土石炸碎，以便于后期的挖运，也可以借助爆破的方法来改变土石位置。用这种方法开挖石质路堑具备工效高、速度快、劳动力消耗少、施工成本低等优点。

对于岩质坚硬，不可能用人工或机械开挖的石质路堑，通常采用爆破法开挖。

根据炸药用量的多少，爆破法分为中小型爆破和大爆破，其中使用频率最高的是中小型爆破，大爆破的应用则受多种因素限制。例如，开挖山岭地带的石方路堑时，若岩层不太破碎，路堑较深且路线通过突出的山嘴时，采用大爆破开挖可有效提高施工效率。但如果路堑位于页岩、片岩、砂岩、砾岩等非整体性岩体时，则不应采用大爆破开挖。尤其是路堑位于岩石倾斜朝向路线且有夹砂层、黏土层的软弱地段及易坍塌的堆积层时，禁止采用大爆破开挖，以免对路基稳定性造成危害。

爆破对山体破坏较大，对周围环境也有较大影响，所以必须按有关施工规范和安全规程进行作业，严格按设计文件实施。通常事先应进行试爆分析，用试爆分析结果作为指导施工的依据。

2. 松土法开挖

松土方法的开挖的过程是，首先，用推土机将岩体返送；其次，用推土机或装载机与自卸汽车合作，将松散岩体运输至指定位置。

松土法挖掘从根本上避免了爆破作业的危险性，除此之外，还能在一定程度上稳定挖方边坡和确保附近建筑设施的安全。由此可见，若可以使用松土法进行挖掘，就应避免使用爆破法施工。

随着大功率工程机械的使用，松土法在石质路堑开挖中的应用越来越多，开挖效率也呈逐渐上升趋势，使用松土法施工的范围被逐渐扩大。

岩体破裂面情况及风化程度直接影响到松土法开挖的效率。当岩体已裂成小石块或呈粒状时，松土只能劈成沟槽，效率较低；岩体被破碎岩石分隔成较大块体时，松开效率较高。

沉积岩的沉积层，比如砂岩、石灰岩和页岩，是相对容易释放的岩石，沉积层越薄就会松动。释放的程度取决于破裂表面的发育程度。花岗岩、玄武岩、安山岩等岩浆岩不呈层状或带状，松开比较困难。

多齿松土动装置适用于松散破碎的薄层岩体，单齿松土动装置适用于松散厚层岩体。松土器型号及松土间隔应根据岩石的强度、裂隙情况、推土机功率等选择，最好通过现场松土器劈松试验来确定。遇到较坚硬的岩石，松土器难以贯入，引起推土机后部翘起或履带打滑时，可用另一台推土机在松土器后面顶推。坚硬完整的岩石难于翻松，可先进行适当的浅孔松动爆破，再开展松土作业。

3. 破碎法开挖

破碎法挖掘是利用破碎机对岩块进行凿岩后，进行组装、搬运等作业。该方法的原理是将凿子安装在推土机或挖掘机上，通过活塞的冲击作用在钻岩中产生冲击力，打碎岩石。破碎岩石的能力取决于活塞功率的大小。破碎法主要用于岩体裂缝较多、岩块体积小、抗压强度低于100MPa的岩石，考虑到挖掘工作的效率，该方法可以在无法使用上述两种方法的地方使用。

（三）坡面防护工程施工

路基石质差时，在雨水、风力、温度变化、冻结等自然因素的作用下，会出现风化、剥落、脱落等病害，严重时甚至会出现较大的滑动、变形、塌陷等损伤，因此路基边坡的保护技术及措施不可忽视。通常的保护措施将按当地气候、水文、土地、地质条件和建筑材料的分配来选定。

1. 抹面与捶面

（1）抹面与捶面定义

抹面是人工将水泥灰浆或多接合土等材料置于坡面最终将边坡进行封闭，从而对坡面起到一定保护作用的方法；捶面是将多合土及其他相关材料，经过一系列捶击、拍打后，最终使其贴至于坡面上，形成一个紧密的保护层来保护路基边坡的方法。

（2）抹面与捶面使用年限

①抹面使用年限

抹面的使用年限为 8 ~ 10 年，厚度为 3 ~ 7cm，施工时应分两次进行，底层抹全厚的 2/3，面层抹全厚的 1/3。

②捶面使用年限

捶面的使用年限为 10 ~ 15 年，厚度为 10 ~ 15cm，等厚式截面是它使用较为频繁的方式。如果遇到较高的边坡时，可采取上薄下厚的截面形式。在施工过程中，应均匀捶打使多合土与坡面贴紧、粘牢，最终要达到厚度均匀、表面光滑的程度。

（3）适用的岩石边坡

没有被严重风化的、软质的岩石边坡是抹面较为适用的，该方法除了对坡面的干燥度有要求外，对边坡的坡度是没有限制的；捶面与抹面正好相反，捶面适用于比较容易被风化剥落的岩石及土质边坡，且要求边坡的坡度应小于 1 ： 0.5。

（4）抹面与捶面使用须知

抹面与捶面的面积较大时，对缝隙有一定的要求，其缝宽度应控制在 1 ~ 2cm，缝距应控制在 10m 以下；在进行抹面与捶面施工过程中，需要将没有受到防护接触的边坡四周进行封闭，坡脚一般会用一道高 1 ~ 2m 的浆砌片石来防护墙壁。

（5）施工前期准备

在进行抹面或者捶面施工前，需要将被施工坡面清理干净，确保表面是平整的、湿润的、密实的。

2. 喷浆及喷射混凝土

（1）喷浆及喷射混凝土定义

将水泥砂浆或混凝土喷洒在边坡上，用喷涂设备进行保护，使其形成砂浆或混凝土保护层，以防边坡风化，这便是喷浆及喷射混凝土。

（2）适用的岩石边坡

这两种方法适用于易风化、坡面不平、裂隙和节理发育的岩石边坡。对于高陡、上部岩层破碎、下部岩层相对来讲比较完整的边坡及需要大面积防护的边坡而言，使用该方法进行防护是最为经济的。

（3）喷浆及喷射混凝土使用须知

喷浆防护所用的砂浆强度不应低于 M10，厚度为 5 ~ 10cm。喷射混凝土强度不应低于 C15，混凝土中集料最大粒径不超过 15mm，厚度为 10 ~ 15cm，分 2 ~ 3 次喷射，喷层厚度应均匀。喷射混凝土护坡与无防护边坡的接缝应当严格封闭，以免因水入渗而对保护层造成破坏，坡脚还要做一道 1 ~ 2m 高的浆砌片石护坡。

（4）施工前期准备工作

在喷射或喷浆混凝土施工前期，应当先将岩体表面冲洗干净，防止太多泥土或灰尘，如果边坡上有比较大的裂缝或是凹陷时，需要将其进行修补，且修补须牢固。将菱形金属网或强度聚合物土工格栅放置在边坡上制备喷射混凝土时，要用锚杆将混凝土保护层的土工格栅固定在边坡上，从而提高混凝土保护层的整体强度，增强喷射混凝土与边坡连接，提高防护效果。

使用时首先需要将锚杆孔内冲洗干净，然后再将锚杆插入其中，最后注入水泥砂浆。菱形金属网或土工格栅与锚杆之间的连接应牢固可靠，与边坡保持规定距离的同时，还要注意不可外露。该项工作不得在大雨或冰冻季节进行喷射作业。

3. 灌浆及勾缝

（1）灌浆及勾缝定义

灌浆是在开挖坚硬岩石边坡后，及时将水泥砂浆或混凝土灌入裂缝之中。勾缝是指用砂浆将相邻两块砌筑块体材料之间的缝隙填塞饱满。在灌浆或勾缝过程中，应尽量避免水分渗入岩石裂隙，防止最后造成病害，与此同时，这样有助于外观改善。

（2）适用的岩石路堑边坡

裂缝较深较大且十分坚硬的岩石路堑边坡是灌浆所适用的施工对象；不容易被风化、裂缝多且细、节理发育、坚硬度为中等值的岩石路堑边坡是勾缝所适用的施工对象。

（3）施工前期准备

对岩体坡面进行灌缝或勾缝时，应先将缝内冲洗干净。灌浆用水泥砂浆的配合比为 1：4 或 1：5，裂缝很宽时可用体积比为 1：3：6 或 1：4：6 的混凝土灌注并振捣密实，灌至缝口并抹平。

勾缝时用 1：2 或 1：3 的水泥砂浆或 1：0.5：3 或 1：2：9 的水泥石灰砂浆。施工后坡面应平整、密实、线形顺适。

4. 护面墙

（1）护面墙主要作用

防护墙能防止和控制严重的边坡变形，适用于易腐蚀的土质边坡和软岩开挖边坡。护面墙可采用现浇混凝土作为护面墙，除此之外，还可以使用片石、块石、混凝土预制构件以砂浆砌筑。

（2）护面墙使用须知

砌筑砂浆强度不应低于 M5，寒冷地区不应低于 M7.5；混凝土强度不应低于 C5。护面墙基础应设置在稳定的地基上，埋深应按照地质条件确定，在冰冻地区应设置在冰冻线以下不小于 0.25m 处，墙趾应低于边沟铺砌底面。

（四）路基石方爆破

1. 爆破原理

开挖石质路堑最有效的方法要属爆破法，即用炸药自身爆炸时候的能量，将岩体破碎或岩块抛移到理想的施工位置。爆破所使用的炸药称为药包，放置在岩体内部或外部，根据药包的形状和集结程度的不同，可将其分为三种类型，即分集药包、集中药包、延长药包。药包爆破岩石的原理：假定药包在无限介质（岩体）内爆炸，炸药在瞬间转化成气体状爆炸产物，体积增加数千倍甚至上万倍，形成高温高压，产生的冲击波以每秒数千米的速度自药包中心按球面等量扩展，传递到周围介质，在介质内产生各种不同程度的破坏和振动作用，这种作用随距药包中心距离的增大而逐渐消失。

药包在有限介质内爆炸后，在临空面的表面会出现一个爆破坑，一部分被炸碎的土石将被抛出坑外，一部分仍回落到坑底，爆破坑形状类似漏斗，故称爆破漏斗。

炸药用量应与爆破的岩石体积相适应，炸药用量不足，将达不到预期的爆破效果；炸药用量过多，除造成经济上的浪费外，还会影响路基边坡的稳定性和施工安全。因而，爆破前应将爆破范围内的地形、地质情况调查清楚，合理选择爆破方法。

2. 常用爆破方法

爆破方法一般分为中小型爆破和大爆破。中小型爆破包括裸露药包法、炮孔法（钢钎炮、深孔炮）、药壶法（葫芦炮）、猫洞炮等。大爆破为洞室炮，炸药用量在 100kg 以上应根据工程量的大小和集中程度、地形、地质及路基横断面形式等因素确定经济适用、安全可靠的爆破方法。

（1）裸露药包法

这种方法是将药包置于爆破岩石表面，或放入整理好的石缝中，药包表面在被草坪、土或橡胶条网覆盖后爆破。这种方法存在着一定局限，由于炸药的使用率相对来说不是很高，因此这种方法大多数情况下会被用于大块岩石的二次爆破或是用来爆破一块单独的石头。

（2）药壶法（葫芦炮）

药壶法俗称葫芦炮，该方法在钻孔时经一次或多次烘膛后扩大成葫芦形，爆破时先将少量炸药装入炮孔底部，这样炸药将基本集中于炮孔底部的药壶内，使爆破效果大大提高。药壶法炮孔深度常为 5 ~ 7m，装药量为 10 ~ 60kg，适于开挖均匀致密的黏土（硬土）、次坚石、坚石。药壶炮每次可炸岩石数十方到百余方，是中小型爆破中最省炸药的方法。通常布置在有较大较多临空面、地面横坡较陡的地段，但不宜靠近设计边坡布设，药室至设计边坡线的水平距离不可小于最小抵抗线。炮孔烘膛后应将药室内的碎渣淘尽。

（3）猫洞法

将集中型药包放置在深度为 2 ~ 6m、直径为 20 ~ 50cm 的水平或略微倾斜的炮洞底部进行爆破，这便是猫洞法。这种方法的特点是充分利用岩体的崩坍作用，能用较浅的炮洞爆破较高的岩体，适用于硬土、胶结良好的古河床、冰渍层、软石和节理发育的次坚石等，爆破也可以利用硬石的裂缝形成一个孔或者装药室。

3. 选用各种爆破方法的原则

爆破方法各有特点，应因地制宜、利用地形地质等客观条件，充分发挥各种爆破方法的优势，尽可能综合使用各种爆破方法，达到爆破方量大、炸药用量少、路基边坡稳定的最佳效果。选用爆破法应按以下原则进行。

（1）全面规划，重点设计

对拟爆破的路基石方应根据工程量大小和集中程度、微地形变化、横断面形式及地质条件所允许的爆破规模等，结合各种爆破方法的特点进行全面规划，合理确定各地段应采用的爆破方法和实施方案。对石方较集中的地段应进行重点设计。

（2）做好爆破顺序设计

前期进行的爆破应在后续爆破中产生条件，增加临空面，提升爆破效果。

（3）综合利用小群炮，进行分段或分批爆破

①路线横切山坡时，可用炮孔炮三面切脚，改造地形后，再在中间用药壶炮进行爆破。

②斜坡地形的半填半挖路基，可采用沿路线纵向布置的一字排炮进行开挖。对于自然地面坡度较缓的地形，可先用炮孔炮切脚，改造地形后再用一字排炮。

③对于路基较宽、阶梯较高的地形，可采用上下互相配合的小炮群。

④对拉槽路堑，从两头开挖时，可采用竖眼揭盖、水平炮扫底的梅花状方式布置炮孔。

⑤爆破后采用机械清方的挖方作业，如遇坚石，使用眼深 2m 以上的炮孔炮组成 20～40 个的多排多层群炮或深孔炮进行爆破，从而使岩石破碎程度满足清方要求。此外，采用微差爆破和间隔爆破也很容易满足机械清方要求。若遇软石或节理发育的次坚石，可采用松动爆破。

（五）施工安全

爆破施工安全包括施爆区内参与爆破施工的人员安全和施爆区内的物资安全，还有警戒范围内的其他人员和物资安全。为了避免发生事故，组织爆破施工时应遵守相关标准，并特别注意以下几点。

①应根据实际地形、地质及路基横断面等条件采取合理的爆破方案，正确进行爆破设计并上报有关部门审批。

②所有的爆破作业均应由操作熟练、受过专业培训并取得爆破资格的人员进行。

③严格各种爆破器材的储运和管理，各工序必须严格按操作规程作业。

④严格在爆破区域进行安全警戒和安全检查，及时疏散危险区的人员、牲畜、设备和车辆，对不能疏散的建筑物采取保护和加固措施。

⑤起爆后应由专业人员开展安全检查，确认无拒爆、瞎炮后方可解除警戒。

⑥实施大爆破施工作业时，应由专门设立的机构全面负责组织、指挥、协调和安全等方面的工作。

第二节　路基施工质量控制

一、路基施工的质量控制与验收

（一）土方路基的检查内容

1. 土质路堤的检查内容

（1）压实标准

通常情况下，土质路堤使用压实度来检测路基的压实程度。压实度也称压实系数是指施工工地的干密度和室内标准试验下得到的最大干密度的比值。检测路基的压实程度首先需要明确压实标准，压实标准通常要通过室内标准击实试验确定最大干密度和最佳含水率。

击实是指土瞬间被多次施加机械功，使土更加紧密的过程。研究土的压实性能的室内试验一般选择击实试验作为基本方法。在具体的填方工程中，击实试验有两种作用，一是击实试验能够判断土在击实作用下的击实性是否良好及可能达到的最佳密实度范围与相应的含水率，进而帮助施工人员确定填筑含水率和填筑密度；二是击实试验能够在制作试样和研究施工现场填土的力学特性时帮助施工人员确定科学合理的密度和含水率。

（2）施工含水率

压实效果在很大程度上会受到土中含水率的影响。

当土中含水率高时，土粒之间的引力更大，同时土粒之间可能有毛细管压力，这些力使土的状态疏松或使其保持凝聚结构，土中的孔隙相互连接，并且土中含有大量的空气。在这种情况下，土受到压实作用，空气从孔隙中排出，使土的密度增大。但是水膜的润滑作用不明显，压实作用也不能抵消土粒之间的引力，土粒的位置不容易移动，所以压实效果较差。土中的含水率越高，水膜越厚，土粒之间的引力越小，在水膜的润滑作用下，外部的压实作用越容易使土粒的位置发生移动，压实效果就越好。土中的含水率过高时，土粒之间的孔隙有自由的水，这些自由的水能够抵消一部分压实效果，进而使压实效果降低。

（3）最大干密度

填方路堤的最大干密度和最佳含水率要在取土的地方提取土样，然后通过实验室的重型击实试验获得。试验要验证填土的最大干密度的可靠性要满足两项要求，一是要保证用于做实验的土样的可靠性；二是要确保击实试验的可靠性。通常情况下，击实试验的可靠性能够保证，但如果填土的最大干密度有问题则是土样有问题。这是由于取土的地方的土质不均匀，提取土样的地点不同会致使击实的结果不同。当土层发生变化时，即使在相同的地点提取土样，标准击实结果会由于提取土样的深度不同而不同。

因此，要有专业的监理人员监督标准击实试验的土样提取，提取土样时要提取不同深度的土样，做好记录后送到实验室以备试验。专业的监理人员也要监督试验过程，以确保击实试验的公正性和可靠性。施工单位的实验人员在提取土样时要提取有代表性和广泛性的土样。

（4）施工质量控制

土质路堤的填土要符合施工质量要求，取土的场地要保证没有杂草，在实验后才能取土。取土场要具备防水和排水系统，土质路堤的填土不能选择淋雨的土和冰冻的土。

在进行施工质量控制时，填土松铺厚度要根据实验路段的资料确定。

施工过程中应经常检测填土的含水率，宜控制在最佳含水率2个百分点内。当填土的含水率越接近最佳含水率时，其压实度越高，碾压达到要求的可能性越大。土的含水率在最佳含水率的 ±2% 的范围内时压实效果最好。通常情况下，取土场土的含水率，基本接近于最佳含水率。因此，在上土后需要马上摊铺并碾压，否则土的含水率会降低，从而给施工造成影响。

施工时要根据施工路段的施工工艺施工，严格把控施工路段的碾压遍数。如果在碾压过程中有碾压不实的现象，工作人员要立即通知施工技术负责人及时处理。在雨季施工时，如果出现弹簧现象，需要彻底清除含水率大的土，或者是将其翻开晾干，使其含水率接近最佳含水率能够压实时再进行碾压。

压实度的检查要以密实度的检测频率或加密作为依据，还要检查压实度是否符合填土所在地的压实标准。如果自我检查符合要求，则须报监理工程师验收，自我检查也可以和监理工程师抽检同时进行，以保证施工进度。但通常情况下不能采取这种方法，如果情况特殊，在与监理工程师提前约定的情况下才可以采取这种方法。在监理工程师签字确认后该层的填土完成，可继续下一层的填土工作。

为确保填土层的施工质量，土质路堤在雨季施工时要预留路堤横坡度，安装好排水设施，避免出现雨水冲刷和浸泡压实的土层问题。另外，在冬季不得对土方路施工。

压实机械的选择要以填土性质作为依据。

施工时要合理安排工期，不能追赶工程进度，要保证高填土路堤有充足的预压时间。

防护工程的施工要与填土路堤的施工同步进行，尤其是高填土路堤，高填土路堤的施工时间长，在施工的同时修建防护工程能够有效避免雨季施工高边坡被冲毁的问题。

2. 土质路堑的检查内容

①弃方的处理在要指定地点进行，不允许随意堆放弃方破坏环境，不得影响农田、水利和河道的正常使用。

②刷坡时要将设计坡度作为依据，如果在施工过程中出现挖方土质变化问题、设计坡度不能满足边坡稳定时，施工单位要以书面的形式提出修改意见。

为避免雨水冲刷已经修建的边坡，在开挖路基的同时要开挖截水沟，做好排水工作。如果边坡上有地下水要在上报批准后采取措施进行排水和防水，在未批准前要做好临时排水工作，避免路基被地下水浸泡，边坡上有地下水的施工项目要减慢施工进度。

③边坡防护工程的施工要根据施工季节的不同进行适当调整，避免雨水冲刷已施工的边坡。

④挖土方路基施工接近设计高程时，要根据实际情况确定是否要预留开挖高度。如果不需要预留开挖高度，则需要在边沟和路拱施工完成后开始碾压，使压实度达到设计要求。如果路基表面及以下 30cm 的土质强度不符合要求时，施工单位要上报补强或换填措施。若需要将施工完成的路基作为施工便道使用则要将其表面硬化，同时要保证高程误差符合验收标准。

⑤如果填方用土使用挖方路基的土时，为保证填土的含水率需要把控开挖速度。如果挖方地段的土质指标不统一，则需要采取分开开挖的方式确保填方的施工质量。

⑥如果挖方地段的土质不够疏松，需要放炮将其震松时要选择远离边坡的位置，以确保边坡的稳定程度。

（二）石方路基的检查内容

填石路堤施工的组织管理工作和土方路堤的组织管理工作是一致的，其施工过程的质量控制也与土方路堤相似，以下是其主要内容：①填筑的石块的粒径要小于等于 25cm；②分层填石的厚度通常不高于 50cm；③填石路堤在施工时要使用功率大的振动压路机；④填石路堤的压实标准是没有明显的轮胎痕迹。在实际的施工过程中可以使用重型三轮压路机静压，在轮胎痕迹小于 3mm 时即表明其已经达到了压实标准，然后对其进行振压不会影响高程。

1. 填石层厚控制

填石路堤的铺筑和压实应当分层进行，并且要对每层的压实质量填写施工记录。压实会受到填石层厚度影响，施工时要严格把控填石层厚度。在实际的施工过程中，可采用每层测高程立标杆的方法，标明填石松铺厚度，按标杆的标志上料摊铺。

2. 填石质量检测

由于岩石种类和岩石级配不同，虽然平均压实干密度波动大但是孔隙率指标具有一定规律。主堆石区平均填筑干压强大致为 $20 \sim 23kN/m^2$，其孔隙率大致在 24%（18% ~ 28%）。主堆石区控制标准为坚硬石料压实孔隙率的 23% ~ 28%，易风化石料的压实孔隙率为 19% ~ 24%；一般情况下，多使用孔隙率把控填石料的质量。这种方法在不测试填料最大干密度的情况下也能较好把控填石料的压实质量。

堆石坝高度远远高于填石路堤填方高度，但填石路堤和堆石坝非常相似，填石路堤可以将孔隙率作为质量控制指标。近些年，国内一些高速公路在修建填石路堤时，使用了花岗岩、石灰岩、红砂岩等填石料用孔隙率为质量控制指标的压实质量标准、相应施工工艺及质量控制方法，通车运行几年来，路基路面基本稳定。

在以上研究成果和施工经验的基础上，质量控制指标一般将孔隙率或固体体积率作为压实质量标准。

已经有实验得出结论，现阶段只使用一种检测压实质量的方法控制填石路堤质量的效果并不好，压实质量在很大程度上会受到填石路堤施工参数的影响，因此施工时必须要监控填石路堤的质量。采取双控方法能够较好地控制填石路堤的质量，双控方法是指同时使用施工质量控制和压实质量检测控制的方法，使用压实沉降差或孔隙率标准可以检测填石路堤压实质量，使用大坑和水袋法可以检测填料压实干密度或孔隙率。

采用压实沉降差也可对填石路堤进行检测。压实沉降差与碾压遍数及填石料的压实与密度有很好的相关关系，如果确保压实机具相同，压实遍数的实际控制则会取得良好效果。为更好地控制填石路堤的压实质量，一般同时控制压实沉降差和施工工艺参数。

国内的实验工程总结了大量关于压实沉降差的控制经验，通常情况下，压实沉降差为采用施工碾压时的重型振动压路机（建议 14t 以上）按规定碾压参数（强振，4km/h 以下速度）碾压两遍后各测点的高程差。压实沉降差平均值应不大于 5mm，标准差不大于 3mm。

在摊铺料质量确定的前提下借助测定沉降量可以得到密度变化。

二、路基工程的试验检测

（一）简易试验方法

现场的简易试验，通常只适用于颗粒粒径小于 0.5mm 的土样，其方法如下。

1. 判断土的可塑状态

将土样调到可塑状态，根据能搓成土条的最小直径来确定土类。

①搓成直径大于 2.5mm 的土条而不断则为低液限土。

②搓成直径为 1 ~ 2.5mm 的土条而不断则为中液限土。

③搓成直径小于 1.0mm 的土条而不断则为高液限土。

2. 干强度

对于风干的土块，根据手指捏碎或掰断时用力大小，可区分为以下几种。

①手指很难捏碎，抗剪强度大的土块的干强度高。

②手指稍微用力能够捏碎的土块的干强度为中等。

③手指能够轻易捏碎或者能够将其搓成粉粒的土块的干强度低。

3. 湿土揉捏感觉

将湿土用手揉捏，可感觉颗粒的粗细。

①低液限的土有砂粒感，带粉性的土有面粉感，黏附性弱。

②中液限的土微感砂粒，有塑性和黏附性。

③高液限的土无砂粒感，塑性和黏附性大。

4. 韧性试验

将土调到可塑状态，搓成 3mm 左右的土条，再揉成团，重复搓条。按照能否将其再次搓成条可以将其分为以下几种。

①能再次搓成条并且用手指不能将其捏碎的则韧性高。

②能再次搓成团，手指稍微用力即可捏碎的则为中等韧性。

③不能再次将其揉成团，手指稍微用力即可捏碎或者不捏即碎的则为韧性低。

5. 摇震试验

摇震试验是指将软塑至流动的小块揉成小球放在手中多次摇晃，同时用另一只手掌击震摇晃的手掌，土中的自由水会从土球的表面渗出，使土球的表面呈现出光泽，但若用手指捏土球，其表面渗出的自由水会消失。

将土球中的自由水渗出和消失的速度作为判断依据可以将其分为以下几种。

①土球中的自由水渗出和消失速度快则为反应快。

②土球中的自由水渗出和消失速度中等则为反应中等。

③土球中没有自由水渗出则为无反应。

（二）野外对土的基本描述和鉴别

如果在野外仅凭肉眼鉴别土，工作人员需要按照土的类型对其相关内容进行描述。

碎石类土需要描述的内容为名称、颜色、颗粒成分、粒径组成，颗粒风化程度、磨圆度，充填物成分、性质及含量、密实程度、潮湿程度等。

砂类土需要描述的内容为名称、颜色、结构及构造、颗粒成分、粒径组成、颗粒形状、密实程度、潮湿程度等。

黏性土需要描述的内容为名称、颜色，结构及构造、夹杂物性质及含量、密实程度、潮湿程度等。

（三）土基回弹模量试验检测

在公路设计中，必须要确定土基的回弹模量。针对不同地区和不同的土质，我国已经明确了回弹模量的推荐值。如果土基的回弹模量发生改变，路面设计的厚度将会受到影响。所以，在施工过程中可直接测量土基的回弹模量，并且根据施工质量不断提高。同时，控制施工质量的内容包括检验回弹模量。

通常情况下，回弹模量的测量方法有承载板法、贝克曼梁法和其他间接方法，以下主要介绍承载板法。

1. 测量目的

承载板法是在施工现场的土基表面，使用承载板对土基进行加载和卸载的方法测量与各个荷载相对应的土基回弹变形值，再计算土基回弹模量的方法。

使用这种方法确定的土基回弹模量能够用于路面设计参数。

2. 试验器具

①加载设施包含重物、后轴重大于等于 60kN 的汽车和附设加劲梁。

②现场测试装置包括千斤顶、测力计和球座。

③厚 20mm 的刚性承载板。

④路面弯沉仪。

⑤ 80 ~ 100kN 的液压千斤顶。

⑥水平尺。

⑦秒表。

3. 试验前准备工作

①按照测试的实际需要确定测点。

②确保土基表面的平整性，在土基的凹陷处使用细砂将其填平。

③安装承载板，使用水平尺对其进行校正。

④将试验车置于测点上，将垂球挂在加劲梁的中部，使垂球在承载板的正上方，然后将垂球收起。

⑤将千斤顶放置在承载板上。

⑥放置弯沉仪，将弯沉仪的测头放在承载板立柱的支座上，将百分表调零。

4. 试验步骤

（1）预载

使用千斤顶开始加载，使用测力计对其进行测量直到预压为 0.05MPa，稳压 1min，使承载板接触土基，并检查百分表是否在正常工作，再放松千斤顶油门卸载，稳压 1min 后，将指针对零或记录初始读数。

（2）测定土基的压力

使用逐级加载卸载法，当荷载低于 0.1MPa 时，逐级增加 0.02MPa，当荷载高于 0.1MPa 时，逐级增加 0.04MPa。

当加载到预定荷载后需要稳定 1min，然后马上对弯沉仪百分表进行读表并记录，然后慢慢放开千斤顶油门卸载至 0，在卸载稳定 1min 后再次对弯沉仪进行读表，每次卸载后百分表不再归零。

若两台弯沉仪百分表读数平均值的 30% 大于其差值则取平均值；如果两台弯沉仪百分表的读数的平均值的 30% 小于其差值则重新测定。回弹变形值大于 1mm 时则可以停止加载。

（3）各级荷载的回弹变形和总变形的方法计算

回弹变形 $L=$ 弯沉仪杠杆比 ×（加载后读数平均值—卸载后读数平均值）。

总变形 $L'=$ 弯沉仪杠杆比 ×（加载后读数平均值—加载初始前读数平均值）。

（4）测定汽车总影响量

在最后一次加载、卸载循环结束后可以取走千斤顶，对百分表进行重新读数后将汽车开到 10m 外的位置，读取终读数，两只百分表的初、终读数差的平均值即为总影响量 a。

（四）压实度的试验检测

路基路面压实质量是道路工程施工质量管理最重要的内在指标之一。通常情况下，工程中使用压实度表示现场压实质量。压实度在路基路面施工质量监测中十分重要。在表征现场压实后的密实状况中，压实度越高密实度越大，材料的整体性越好。因此，在路基的施工过程中，碾压工艺对施工质量控制来说非常重要。

压实度的测定主要包括室内标准密度（最大干密度）确定和现场密度试验。

1.室内标准密度（最大干密度）确定

通过室内试验测量的标准密度是评定压实度的基础，对压实度的评定结果的可靠程度有直接决定作用。因此，通过室内试验评定标准密度时要保证试验原理的科学性，要重视试验数据，同时还要注意操作的简便性，室内试验条件要尽量接近实际压实条件。目前的路基施工中大量使用振动压路机，为接近这种压实条件，室内试验测量标准密度时多使用振动击实、大型马歇尔击。

不同类型的筑路材料，通过室内试验测量标准密度时会选择不同的实验方法。

（1）路基土标准密度（最大干密度）确定试验方法

路基土标准密度的试验方法主要有击实法、振动台法和表面振动压实仪法。

在我国，路基土标准密度的测量主要使用击实试验。击实试验一般分为轻型击实试验和重型击实试验。这两种试验的实验原理和试验的基本规律有一定的相似性，但重型击实试验的击实功比轻型击实验高 4.5 倍。振动台法与表面振动压实仪法都是采用振动方法测定土的最大干密度。

（2）路面基层材料标准密度（最大干密度）确定试验方法

路面基层材料分为半刚性基层和柔性基层。其中，柔性基层主要是粒料类基层和稳定类基层。粒料类基层主要是指级配碎石，沥青稳定类基层主要是沥青稳定碎石。

①以级配碎石为代表的粒料类基层材料

测量粒料类基层的标准密度的试验多采用振动法和重型击实法，筛除大于 37.5mm 的颗粒，然后使用公式计算标准密度。在使用振动法测量粒料类基层的标准密度时可以将粗粒土和巨粒土的振动法作为参照，使用振动台法或表面振动压实法测量标准密度。现阶段国内外多使用重型击实试验测量标准密度。

②半刚性基层材料

半刚性基层材料往往将《公路工程无机结合料稳定材料试验规程》标准击实法作为依据测量标准密度。如果粒料含量达到 50% 以上，特别是采用骨架密实结构时，由于击实筒空间的限制，现行方法就不能得出真正的最大干密度。为与施工方法相一致，理论计算法、振动击实法等更为科学的最大干密度确定方法被研究应用。理论计算方法是在半刚性基层材料体积组成的基础上，使用结合料和粒料级配组成与密度测量混合料的标准密度。无机结合料稳定粒料类材料标准密度确定多使用这种方法。

③沥青混合料标准密度确定方法

确定沥青混合料标准密度通常以沥青拌合厂取样试验的马歇尔密度或者试验段密度

作为标准。通常情况下，马歇尔密度的标准密度比试验段密度高。但使用这两种方法时都需要确定试件密度。在进行密度试验时可以针对混合料的自身特点使用以下方法。

a.水中重法。密实的 I 型沥青混凝土试件适合使用这种方法，吸水性大的集料的沥青混合料试件不适合使用这种方法。

b.表干法。表面比较粗糙但比较密实的 I 型或 II 型沥青混凝土试件适合使用这种方法，吸水率高于 2% 的沥青混合料试件不适合使用这种方法。

c.体积法。孔隙率较大的沥青碎石混合料及大空隙透水性开级配沥青混合料试件适合使用这种方法。

d.蜡封法。吸水率高于 2% 的 I 型或 II 型沥青混凝土试件及沥青碎石混合料试件适合使用这种方法。

2. 现场密度确定

现场密度确定主要使用环刀法。传统现场密度的测量方法多使用环刀法。国内环刀法使用的多是容积为 $200cm^2$，高度为 5cm 的环刀。

环刀法只能测量环刀内土样所在深度范围内的平均密度，不能测量碾压层的平均密度。碾压土层的密度一般自上而下逐级减小。如果使用环刀法时只在碾压层的上部取土样，则测量结果偏大；如果使用环刀法时只在碾压层的下部取土样，则测量结果偏小。

在检查路面结构层和路基土的压实度时，需要测量碾压层的压实度。因此，在使用环刀法测量土的密度时要保证测量得到的密度能够代表碾压层的平均密度。但这在实际测量中不容易实现。因为只有环刀取的土样是碾压层的中间土时，测量结果才大致准确。此外，环刀法的适用范围比较小，含有粒料的稳定土及松散性材料不能使用环刀法。

三、路基施工的质量通病与防治

（一）回填压实的质量通病及防治

1. 超厚回填

超厚回填现象是指路基填方或沟槽回填土的虚铺厚度不符合有关规定，乃至一些不符合要求的项目使用推土机直接将沟槽填平。

超厚回填会导致所铺层厚内的松土不能全部符合有关要求规定的密实度。道路的超厚回填会致使路基结构沉陷和路面结构沉陷。管道的超厚回填会导致管道胸腔部位的密实度不符合有关规定要求，使管顶土压力和地面荷载大于胸腔部位的土压力，使管体上部破裂，甚至管道被压扁。

超厚回填是由于施工技术人员和施工工人没有充分认识到超厚回填危害或没能进行有效质量控制引起的。

超厚回填的几种治理方法如下。

①在施工前对施工技术人员和施工工人进行技术培训，使其对分层压实的作用有充分了解。

②在施工时向施工工人做好技术交底工作，确保路基填方和沟槽回填的虚铺厚度符合有关规定要求。

③在施工过程中遵守操作要求，对施工质量进行严格管理。

2.倾斜碾压

倾斜碾压是由在填筑段内施工时没有将底层铺平就进行填筑，或是沟槽内的填筑高度不统一时就使用碾轮在纵坡上实施碾压等原因形成的。

倾斜碾压会导致碾压轮的压实重力产生的分力在纵坡上流失，使碾轮不能将压实功能最大程度发挥出来。

倾斜碾压的治理方法是填筑路基时在路基总宽度内使用水平分层方法。如果路基地面的横坡或纵坡大于 1：5 时要将其做成台阶。

（二）边沟、排水沟质量通病及防治

1.排水边沟沟底纵坡不顺，断面大小不一

排水边沟沟底纵坡不顺，断面大小不一的现象是指沟底不平坦，乃至存在反坡，导致一些位置出现积水。

排水边沟沟底纵坡不顺，断面大小不一的原因是未按设计纵坡和断面开挖修整边沟，相关人员忽视对附属工序质量检验。

排水边沟沟底纵坡不顺，断面大小不一的危害是边沟积水将渗入路基，降低路基土的强度和稳定性。

排水边沟沟底纵坡不顺，断面大小不一的治理方法是要严格按照设计要求的开挖断面和纵断面高程对其进行开挖修整，认真做好工序质量检验。

2.路基排水无出路

路基排水无出路是指边沟尾间无出路、边沟变成渗水沟等现象。

路基排水无出路是由两种原因引起的，一种原因是工程设计单位在进行工程设计时不认真，没有设计排水出路；另一种原因是施工单位没有认真学习施工图纸，没有及时发现设计图纸中的问题，或是工程设计单位对排水问题有特殊说明但被施工单位忽视。

路基排水无出路会导致边沟的积水浸泡路基，使路基土的强度和稳定性下降，损害道路使用寿命。

路基排水无出路有以下两种治理方法。

①施工单位在施工过程中要仔细学习设计图纸，如果设计图纸中的排水出路有问题要及时向有关部门提出。

②施工过程中不但要解决路基边沟排水问题还要解决边沟尾间排水沟的挑挖修整问题。

（三）路肩、边坡的质量通病及防治

1.路肩、边坡松软

路肩松软的表现是若车轮碾压路肩，路肩会向下凹陷出现车辙；边坡松软是指一旦受到外力的作用边坡土就会下滑。

（1）路肩、边坡松软的原因

路肩、边坡松软是由三种原因造成的，一种原因是施工过程中没有充分碾压填方路基，路肩和边坡的密实度不符合有关规定；另一种原因是填方宽度不足，使用松土贴坡，或使用松土填垫路肩而且没有压实；三是使用沙性土或松散的粒料进行填方，导致边坡稳定性不足。

（2）路肩、边坡松软的危害

①路肩、边坡松软会降低路面边缘结构的稳定性，路面容易产生损坏。

②路肩松软会使路面上行驶的机动车轮下陷，甚至发生翻车。

③边坡松软会导致路基变窄。

④路肩、边坡松软会导致高填方路段容易发生滑坡。

（3）路肩、边坡松软的治理方法

①在施工过程中对填方路段进行分层碾压，在填方路段的两侧预留出 20 ~ 30cm 的超宽，在修正路基时进行削坡，避免出现贴坡现象。如出现严重的贴坡现象，则需要将先前的边坡修筑成台阶，对其进行分层填补夯实。路肩的密实度需要达到轻型击实密实度的 90% 以上。

②如果使用沙性土或松散性粒料进行路基填方，则需要在边坡栽种植物进行保护，或提高边坡坡率。

③在施工完成后要对填补的路肩亏土进行压实处理，使其密实度达到轻型击实密实度的 90% 以上。

④使用石灰土或砾料石灰土稳定路肩。

⑤在路肩外侧使用石块或者混凝土预制块对其进行砌筑。

⑥在边坡使用条形草皮或方块草皮对其进行防护。其中，一般路堤边坡使用条形草皮，坡长大于 8m 的高填方边坡使用方块草皮。

⑦在边坡表面铺砌片石或卵石。

2.路肩积水

路肩积水的现象是指路肩横向反坡，或路肩在与路面接茬处形成沟槽，导致积水。

路肩积水是由两种原因造成的，一种原因是路肩碾压不实，路肩和路面连接的部分长时间受到车轮碾压出现下沉现象，形成沟槽；另一种原因是施工单位在施工过程中对路肩进行了碾压，但是没有修整路肩，路肩不平坦则会出现横向反坡。

路肩积水会导致路肩发生下沉或出现反坡，使路面的边缘位置出现积水浸泡路基结构和路面结构，使其受到损坏。

路肩积水的治理方法有以下几种。

①在施工过程中严格控制路肩的工程质量，对其进行碾压和修整，使其密实度达到轻型击实密实度的90%以上。

②避免路肩出现积水现象。

③将路肩修筑成反坡，使雨水汇集到一处再排出路外。

（四）土路床质量通病及防治

1. 路床整修碾压的质量标准

①符合市政工程外观检验评定标准。

②路床不得有翻浆、弹簧、起皮、波浪、积水等现象。

③用 12 ～ 15t 压路机碾压后，轮迹深度不得大于 5mm。

④符合实测实量检验评定标准。

2. 路床的质量通病及防治

（1）不按土路床工序作业

①现象

不按照土路床工序作业的现象有两种，一是在没有压实的土路床上直接铺筑路面结构；二是在没有严格控制压实程度的土路床上直接铺筑路面结构。

②原因分析

其原因有以下几种。

a.施工单位施工技术不强，对不做土路床的危害认识不足。

b.施工单位在施工时不按要求施工。

c.在施工过程中追赶进度，没有根据要求把控质量。

③危害

在没有压实的土路床上直接铺筑路面结构相当于在软地基上铺筑路面结构。软地基的空隙比较大，雨季雨水渗入软地基，冬春两季水分聚集到软地基中都会降低土基的稳定性，使路面受到损坏。

④治理方法

a.对施工技术不强的施工单位或施工人员在施工前进行培训，要求其按照有关要求施工。

b.监理工作人员对路床工序的工程质量进行严格检查。

（2）土路床的压实宽度不到位

土路床的压实宽度不到位是指路床的碾压宽度普遍或局部小于路面结构宽度。

土路床的压实宽度不到位是因为施工单位没有准确控制边线或线桩位置发生移动、线桩丢失等原因引起的。

土路床的压实宽度不到位会导致路面结构宽度大于土路床的碾压宽度，使路面结构的边缘落在软基上。如果软基干燥并具有支撑力，结构层将会成活；如果软基被雨季的雨水浸泡或冬春两季的水分聚集在软基中时，软基的稳定性下降，则导致路边下沉。

　　土路床的压实宽度不到位的治理方法有以下两种。

　　①在填土路段修筑路基或挖方路段修筑路基时，测量人员要确保边线桩位置准确，在施工过程中及时检查其位置是否发生变动，如果有变动要及时补桩或纠正其位置。

　　②路床碾压边线要超过路面结构宽度。

第三章 路面施工技术与路面施工质量控制

第一节 路面施工技术

公路工程等基础设施施工技术的持续发展，为我国经济发展提供了强有力支撑，也满足了人们日常出行需求。随着城市化进程不断深入，城市发展对交通提出了更高的要求，公路施工项目也不断增多。路面作为公路的主要工程结构物，应不断完善施工技术，提高公路质量。

一、路面的类型与要求

（一）路面的类型

1. 柔性路面

在柔性基层上铺筑沥青面层或者用具有较强塑性能力的细粒土稳定集料的路面结构称为柔性路面。柔性路面的强度和刚度较小，在行车荷载作用下容易变形。土基的强度、刚度和稳定性对路面结构的整体质量有较大影响。荷载通过各种结构层传递到土基，土基受到较大单位的压力。

2. 刚性路面

刚性路面主要指用水泥混凝土作为面层或基层的路面结构。刚性路面比柔性路面的强度和刚度高，具有较强的抗弯拉性。在刚性路面中，水泥混凝土通常处于板体工作状态，依靠水泥混凝土板的抗弯拉强度承受车辆荷载作用。通过水泥混凝土的扩散作用，传递到基础上的单位压力较小。

3. 半刚性路面

铺筑在半刚性基层上的沥青路面称为半刚性路面。半刚性路面介于柔性路面和刚性路面之间，在前期时具有柔性路面的力学性质，后期的强度和刚度均有增长，但比刚性路面的强度和刚度弱。半刚性路面的材料主要包含炉渣、水泥土、石灰土、稳定粒料等。

4. 复合式基层路面

上部使用柔性基层，下部使用半刚性基层的基层称为复合式基层，它是受力特点处于半刚性基层和柔性基层中间的一种结构，可以提高柔性路面的承载能力，在加铺沥青面层之后被称为复合式路面。

半刚性基层的整体性好，但易形成温度裂缝和干缩裂缝，并经反射造成沥青面层开裂，水渗入后在行车荷载的作用下出现唧浆现象，进而形成公路路面的早期损坏。将半刚性基层用作下基层，上覆以柔性基层，成为复合式结构，该结构不仅可以提高基层承载力，也可以扩散半刚性基层裂缝产生的水平应力，进而截断反射裂缝向上传递的途径。同时，柔性基层多采用级配碎砾石结构，具备一定的排水功能。进一步完善基层边缘排水设计，应能起到预防路面早期破坏的效果。重交通量和多雨潮湿地区目前已开始复合式基层路面的研究和实践。

（二）路面的基本要求

1. 足够的强度

行驶在路面上的车辆，通过车轮将水平力和垂直力传给路面。另外，路面还受到车辆冲击力、震动力以及车身后真空吸力的作用。受上述外力的作用，路面结构内会产生多种应力作用。路面结构的强度不足，路面就会出现磨损、开裂、沉陷、波浪等病害，进而造成路面大面积破坏，造成中断交通。因此，路面应具有足够强度，以抵抗行车荷载作用。

2. 足够的刚度

刚度是指路面结构整体或某一部分抵抗变形的能力。刚度与强度既有联系，又有区别。即使路面的强度足够，但其刚度不足时，路面也会发生变形。设计人员在设计路面时，应保持路面足够的刚度，分析荷载和变形关系，让路面整体结构及其组成部分的变形量在容许范围内。石灰、水泥稳定类等材料的刚度过大时，容易产生裂缝。因此，施工时应考虑路面材料的组成比例。

3. 足够的稳定性

路面结构袒露在自然环境之中，经受水和温度等影响，使其力学性能和技术品质发生变化，路面稳定性包括以下内容。

（1）高温稳定性

在夏季高温条件下，沥青材料若没有足够的抗高温的能力，其就会发生泛油、面层软化，在车辆荷载的作用下产生车辙、波浪和推挤，水泥路面则可能发生拱胀开裂。

（2）低温抗裂性

冬季低温条件下，路面材料如没有足够的抗低温能力，会出现收缩、脆化或开裂，水泥路面也会出现收缩裂缝，气温骤变时出现翘曲而破坏。

（3）水温稳定性

雨季路面结构应有一定的防水、抗水或排水能力，否则在水的浸泡作用下，强度会下降甚至出现剥离、松散、坑槽等破坏。

4. 良好的平整度

路面应具备良好的平整度，以减少行车振动作用的冲击力，保证行车速度，提高行车的安全性和舒适性。道路等级越高，对路面的平整度要求越高。不平整的路面会使车辆产生附加振动作用，导致行车颠簸，造成车辆磨损，增大油量消耗。这种振动作用会对路面施加冲击力，加剧路面损坏。此外，不平整的路面还会积滞雨水，加剧路面破坏。路面的平整度与路面的强度和刚度有关，强度和刚度较弱的路面，不能承受车辆荷载的反复作用，容易出现磨损、开裂、推挤、沉陷等病害，破坏路面平整性。

5. 良好的抗滑性

路面应具有良好的抗滑性。如果路面光滑，车轮与路面之间的附着力就会减小，容易出现打滑、空转现象，增加油耗量，降低行车速度和安全性。在雨雪天气高速行车、紧急制动或突然启动时，车轮极易出现打滑或空转，严重时会引起交通事故。路面上的行车速度越高，对路面的抗滑性要求越高。

6. 良好的耐久性

阳光的曝晒、水分的浸入和空气氧化都会对路面结构和材料产生作用，尤其是沥青材料会出现老化，并失去原有技术品质，导致路面开裂、脱落，甚至大面积松散破坏。因此，在修筑路面时，应选择耐久性较好的路用材料，延长路面使用寿命。

（三）路面施工的方法

1. 人工路拌法

20世纪80年代以前我国路面程施工主要采用这种方法。人工摊土（石料）、人工拌合、简易机械压实，基层施工主要有人工翻拌法、人工筛拌法等，沥青面层施工主要有沥青灌入式和人工冷拌沥青混合料、使用炒盘人工拌合沥青混合料等。其主要的特征是用工数量大，劳动强度大，工作效率低，工程质量受人为因素影响大，且质量不稳定，安全生产和防护措施比较严格，安全生产难度大。

2. 机械路拌法

20世纪80年代以后，我国开始引进德国生产的宝马牌路拌机，路面基层施工开始以机械路拌法为主，其操作是以人工或机械分层摊铺各种路用材料，然后用路拌机械拌合整形后碾压成形，这也是目前路面底基层和二级以下公路路面基层常用的施工方法。其主要特点是用人工数量大大减少，混合料拌合质量较好，但如不严控拌合深度，易出现素土夹层。对于高速公路和一级公路除直接和土基相邻的路面底基层外，不宜采用机械路拌法施工，而应采取厂拌机铺法施工。

3. 厂拌机铺法

随着高速公路的快速发展，无机结合料稳定粒料路面基层得到了广泛应用，这种结构多使用厂拌机铺法。另外，沥青碎石和沥青混凝土路面的施工，水泥混凝土路面的施工，也采用厂拌机铺法，即用专门的厂拌机械拌制混合料，用专门的摊铺机械摊铺路面的施工方法。其主要特点是机械化程度高，混合料配比准确，厚度控制、高程控制比较直观，但需要大量的自卸运输车辆。

二、路面基层施工技术

（一）路面基层概述

1. 路面基层的概念

在路面结构中，位于面层之下的主要承重层为基层，基层之下的次要承重层为底基层。基层是路面结构的重要组成部分，其可以抵御环境因素的影响，承受一定的行车荷载作用。因此，基层通常使用高质量的材料铺筑，以具有足够的强度、耐久性和稳定性。

2. 路面基层的特点

路面的基层（底基层）可分为无机结合料稳定类和粒料类。无机结合料稳定类又称半刚性基层，一般包括水泥稳定类、石灰稳定类和综合稳定类。粒料类包含级配碎（砾）石、填隙碎石、泥结碎石、天然砂砾（石）。

粒料类中的泥（灰）结碎石、填隙碎石属于嵌锁型基层（底基层），其强度和稳定性取决于碎石之间的内摩阻力及黏结力，即其很大程度上取决于石料的强度、尺寸、形状、密实度等。

粒料类中的级配碎（砾）石、符合级配的天然砂砾属于级配型基层（底基层），其强度和稳定性取决于粒料之间的内摩阻力和黏结力，即很大程度上取决于碎（砾）石的类型、最大粒径、细料含量、塑性指数、密实度等。

在目前国内的一级公路及高速公路施工中，底基层一般采用石灰土底基层、二灰土底基层和级配碎石底基层；基层一般采用二灰碎石基层和水泥稳定级配碎石基层。

（二）水泥稳定土施工

1. 水泥稳定土形成原理

在水泥稳定土中，因为水泥用量很少，水泥的水化完全是在土中进行的，土在这一过程起着很大的作用。水泥和土拌合后，土中的水分和水泥的矿物发生水化和水解反应，形成各种水化物，一些水化物与有活性的土进行反应，一些则硬化形成水泥石骨架。水泥稳定土强度主要依靠离子交换、团粒化作用、硬凝反应及碳酸化作用形成。

2.水泥稳定土的材料要求

（1）土质

所有被经济粉碎的土，都可用水泥稳定。土的质量要求有压碎值、最大粒径、颗粒组成、液限、塑性指数、有机质含量、硫酸盐含量等。

（2）水泥

宜选择终凝时间大于 6h 以上的水泥。如果终凝时间不能满足时间要求，可加入适量缓凝剂进行调节。可使用普通硅酸盐水泥、矿渣硅酸盐水泥及火山灰质硅酸盐水泥，不可使用受潮变质水泥、快硬水泥及早强水泥。

（3）石灰

应使用生石灰粉或消石灰粉。生石灰粉的有效钙加氧化镁含量消石灰应大于 55%，镁质生石灰应大于 60%、钙质生石灰应大于 70%。如果使用消石灰，应提前将消石灰充分消解成粉状，并设棚存放。

（4）水

施工用水应洁净，不含有害物质。凡是饮用水（含牲畜饮用水）都可用于水泥稳定土施工。

3.水泥稳定土的施工流程

在路面基层稳定土混合料的搅拌合摊铺施工中，广泛采用路拌法和厂拌法施工工艺，具体选用哪种方法，应根据公路施工技术规范要求及施工单位拥有的机械设备来决定。路拌法施工仅适用于二级及以下公路和高速公路、一级公路直接铺筑在土基上的底基层。这里叙述其施工工艺流程时，以水泥稳定土为例，其工艺流程如下。

（1）准备下承层

当水泥稳定土用作基层时，应准备底基层；当水泥稳定土用作底基层时，应准备土基。底基层和土基都应按照规范进行验收，若已经遭到破坏，应采取以下措施进行处理，达到标准后才能铺筑水泥稳定土层。

①用 12 ~ 15t 的三轮压路机或碾压机碾压土基。在碾压过程中，如果发现土过于湿润，应采取挖开晾晒、掺石灰或粒料、换土等措施；如果发现土过于干燥，应适当洒水。

②应按照具体路段的底基层检查结果，采取针对性解决措施，如加厚底基层、补充碾压、挖开晾晒、更换材料等。

③应填补底基层上的坑洞，压平基底层上的低洼，刮除车辙和搓板。对于底基层上的松散处，应重新耙松、碾压。

④逐一断面检查底基层或土基是否符合设计要求。

（2）测量放样

施工时一般进行水平测量，在两侧指示桩上用红漆标出水泥稳定土层边缘的设计高。

①在验收合格后，施工摊铺前，在底基层或土基上恢复中线。一般来说，直线段每

隔 15 ~ 20m 设一桩，平曲线段每隔 10 ~ 15m 设一桩。

②每 200 ~ 300m 增设一个临时水准点，用红漆在指示桩上标出设计标高作为施工控制标准。

③测量放样后，清扫下承层，并在上料前洒水湿润，使下承层潮湿而无积水。

④确定合理的作业长度。

（3）洒水闷料

若已整平的土层中含水量过小，应在土层上洒水闷料，保持水分合适均匀。水泥稳定土应预先闷料。

（4）备土集料

①采用老路面或土基上部材料做铺筑材料时，应首先清除垃圾、石块等杂物，翻松老路面或土基上部至路基顶面标高，并使土块破碎到要求粒径，初步按设计路拱和预计的松铺厚度整形。

②采用料场的土（含细粒土和中、粗粒土）时，应首先将料场的草皮、树木和杂土清理干净，筛除超粒径的颗粒，使之满足最大颗粒要求，塑性指数大于 15 的黏性土，可视土质和机械性能确定其是否需要过筛。

③计算土或集料用量，计算每车料对应的卸料距离或卸料面积，在同料场供料的路段内，由远到近将集料根据计算距离或面积，卸置于下承层表面的中间或两侧。

④当集料采用多种不同的规格的碎石须按比例掺配时，可计算出不同规格的碎石在每延米的体积，备料时各规格碎石分别运铺，运到后首先码成一个三角形断面或梯形断面的料带。断面尺寸根据该规格材料用量，该材料的松方干重及材料料堆自然休止角（决定三角形断面的坡度）计算求得，然后机械或人工摊铺在道路的全断面上铺完一种规格，用小型压路机或链轨车稳定 1 ~ 2 遍，再运另一种规格的碎石，直到全部材料运铺完成。

（5）整平轻压

土层预湿后，应整形成要求的坡度和路拱，并用压路机碾压 1 ~ 2 遍，使表面整平并具有一定的密实度。

（6）摊铺水泥

①根据水泥稳定土层的宽度，计算摆放水泥的行数及每行水泥间距。根据计算结果，在现场划出标记。

②根据每袋水泥的摊铺面积和每行水泥间距，计算每袋水泥的纵向间距。

③按每袋水泥的纵横间距，用石灰线划格网，标出摆放位置。

④将水泥运到摊铺路段后，按事先做好的标记摆放水泥，并且应检查有无遗漏和多余。将水泥袋拆开，倒出水泥后，用刮木板将水泥均匀摊开。

（7）拌合

对于二级及以上公路，应使用稳定土专用拌合机进行拌合，并设专人跟机检查拌合质量。拌合深度检查宜开挖检查，每 5 ~ 10m 应挖检查坑。有些单位使用钢钎插检拌合深度，这样不能发现素土夹层，是不可取的。一般拌合应在 2 遍以上，对发现素土夹层的部位，可使用多铧犁紧贴下承层表面翻拌一遍，然后使用专用拌合机复拌。

对于三级及以下公路，也要尽量使用稳定土专用拌合机进行拌合。如果没有专用拌合机，可使用农用多铧犁、旋耕机或平地机配合拌合。应注意检查拌合的均匀程度，土颗粒的最大粒径等。拌合过程中，应及时检查混合料含水量，含水量应该均匀，并控制在略大于最佳含水量。

（8）整形碾压

在直线段和不设超高的平曲线段，使用平地机从道路两侧向中间刮平；在设超高的平曲线段，由道路内侧向外侧刮平，然后使用链轨拖拉机或压路机在路面上进行碾压、整形。整形后再使用前述方法再次碾压，对于局部低洼处，应先耙松表层5cm以上，再用新混合料找平，之后再次稳压找平。每次整形都应达到规定的坡度和路拱。

碾压过程中，应维持表面湿润，如果出现起皮、松散等现象，应及时翻松并重新添加适当的稳定材料，重新拌合，然后一起压实。碾压完成前，应迅速检测标高和横坡，对于高出设计标高的部位，可用平地机刮除，对于局部低洼处，留待铺筑其上层次时处理。

水泥稳定类混合料从掺拌水泥到碾压完成的时间，称为延迟时间。虽然在配合比设计和施工时选用了终凝时间较长的水泥，但是水泥是一种速凝性材料，施工时应在试验确定的延迟时间内完成碾压。碾压完成后，混合料基层应达到要求的压实度，且在表面没有明显轮迹。

（9）接缝处理

横向接缝：同日施工的路段衔接处，应采用搭接，即前一路段整形后，留5～8m不进行碾压，后一段施工时，将未碾压的部分与后一段一起碾压。第二天完成拌合作业之后，移去方木，用人工补充拌合靠近方木未能拌合的那段，并且用混合料回填不足的部分，与正常施工段一起整形。

纵向接缝：稳定土基层施工时，应该避免纵向施工，确因无法封闭交通等原因必须纵向施工时，纵缝应垂直相接。

（三）石灰稳定土施工

1. 石灰稳定土形成的原理

在土中掺入适当的石灰，并在最佳含水量下压实后，就发生了一系列的物理力学作用，也发生了一系列的物理化学作用，进而使土的性质发生了根本改变。石灰稳定土强度形成主要依靠离子交换作用、火山灰作用、碳酸化作用、结晶作用。

2. 石灰稳定土的材料要求

（1）土质

各种成因的亚黏土、亚砂土、粉土类土、黏土类土都可以用石灰来稳定。但要选用强度高还要易于粉碎，便于碾压成型的土质。实践证明，黏质土的强度较好，稳定效果显著。

（2）石灰

石灰消解后不能在空气中存放过久，以免碳化降低活性，要尽量缩短石灰的存放时间。在野外堆放时，应堆放成高堆，并使用篷布覆盖，避免风吹日晒。高速公路和一级公路应使用磨细生石灰粉。

（3）水水应洁净，不含有害物质

通常人或牲畜饮用的露天水源均可用于石灰土施工。水是石灰稳定土的重要组成部分，具有以下作用：①使石灰与土发生反应，从而提高强度。②土的粉碎、拌合压实的必要条件，在最佳含水量下可达到最佳压实效果。③养护时要保持一定湿度。

3. 石灰稳定土的施工流程

（1）准备工作

①准备下承层

当石灰稳定土用作基层时，应准备底基层；当石灰稳定土用作底基层时，应准备土基。底基层与土基都应按照规范进行验收，达到标准后，才能在上方铺筑石灰稳定土。

②测量

恢复底基层或土基的中线，直线段每隔 15 ~ 20m 设一桩，平曲线段每隔 10 ~ 15m 设一桩，并在对应断面的路肩外侧设指示桩，在两侧指示桩上用红漆标出石灰稳定土层边缘的设计高度。

③备料

a. 集料。应在预定采料深度范围内自上而下采集集料。若分层采集，应将集料分层堆放在场地上，然后从前到后，将集料运到施工现场。

b. 石灰。石灰宜选在公路两侧宽敞而邻近水源且地势较高的场地集中堆放。堆放时间较长时，应设棚存放。应在使用前 7 ~ 10d 充分消解石灰。消解后的石灰应保持一定的湿度，并尽快使用。

（2）运输

运输中应保持预定堆料的下层适当湿润；保持每辆车的运输数量基本相等；控制卸料位置，将集料按照计算距离进行卸置；掌握卸料程度，避免料过多或不足；料堆每隔一定距离应留缺口。

（3）摊铺

摊铺是将集料层与土层摊铺均匀，并进行碾压、整形，再将石灰均匀摊铺在集料层或土层上。摊铺宜使用人工摊铺石灰，路拌机械不能使石灰在混合料中分布均匀。

（4）拌合

应使用稳定土拌合机拌合集料，拌合深度应达到稳定层底部，并设专人跟随拌合机，随时检查拌合情况。一般情况下，应拌合两遍以上，避免素土夹层。

（5）洒水

在拌合过程中，应及时检查含水量，保证水分合适均匀。水量不足时，使用喷管式洒水车进行洒水。在洒水过程中，应及时清除超尺寸颗粒和局部过湿之处。洒水车不应停留在拌合路段，避免局部水量过大。

（6）整形

混合料拌合均匀后，应用平地机初平。在直线段，使用平地机从道路两侧向中间刮平；在平曲线段，由道路内侧向外侧刮平。然后用轮胎拖拉机、压路机或平地机碾压。

（7）碾压

当混合料处于最佳含水量时，应马上使用压路机进行碾压。碾压遵循先慢后快、先轻后重的原则。一般需要碾压 6 ~ 8 遍，以达到设计要求的密实度，表面无明显轮迹。禁止压路机在已完成的或正在碾压的路段上急刹车或掉头，以免稳定土表面受到损坏。碾压结束前，应使用平地机终平。

（8）养护

在石灰稳定土养护期间，应保持合适湿度。养护时间应大于 7d。应根据具体情况采用洒水、覆膜、覆土、覆沙等养护措施。每次洒水时，应用压路机将表层压实。未采取覆盖措施的石灰稳定土层，除洒水车外，应封闭交通，采取覆盖措施；不能封闭交通时，通过时车速应小于 30km/h。

三、沥青路面施工技术

（一）沥青路面的选择

沥青混凝土是适合现代交通的一种优质高级面层材料。铺筑在坚硬基层上的优质沥青混凝土面层可使用 20 ~ 25 年，国外的重交通道路和高速公路主要采取这种面层形式。高速公路、一级公路的表面层、中面层、下面层应采用沥青混凝土；二级公路的表面层宜用沥青混凝土。

密级配沥青混凝土混合料（AC）适用于各级公路沥青面层的任何层次；沥青玛蹄脂碎石混合料（SMA）适用于铺筑新建公路的表面层、中面层或旧路面加铺磨耗层；设计空隙率 6% ~ 12% 的半开级配的沥青碎石混合料（AM）仅适用于三级及三级以下公路、乡村公路，并且沥青混合料拌合设备缺乏添加矿粉装置和人工炒拌的情况；设计空隙率 3% ~ 6% 的粗粒式及特粗式密级配沥青稳定碎石混合料（ATB）适用于基层；设计空隙率大于 18% 的粗粒式及特粗排水式沥青稳定碎石混合料（ATPB）适用于基层；设计空隙率大于 18% 的细粒排水式沥青稳定碎石混合料（OGFC）适用于高速行车、多雨潮湿、不易被尘土污染、非冰冻地区铺筑排水式沥青路面磨耗层。开级配排水式沥青混合料基层（ATPB）的下卧层应具有排水和抗冲刷能力，工程上必须通过试验，取得成功的经验，并经过论证后使用。特粗式沥青混合料适用于基层，粗粒式沥青混合料适用于下面层或基层，中粒式沥青混合料适用于中面层和表面层，细粒式沥青混合料适用于表面层和薄层罩面。砂粒式沥青混合料适用于非机动车道或人行道路。对高速公路及一级公路，除沥青稳定碎石基层外，一般选用公称最大粒径为 13.2 ~ 26.5mm 的沥青混合料。沥青层较厚的公路，首先应保证路面各层的组合不发生早期破坏，其次考虑各层服务功能，具体包含以下几方面内容。

①表层面应具有良好的耐久、密水、抗压、抗滑等能力。在寒冷地区，表面层应具备良好的低温抗裂性能。

②双层式面层的下面层和三层式面层的中面层应具有抗高温、抗车辙性能。三层式面层的下面层除高温抗车辙性能外，还要具有抗裂、抗疲劳性能。

③高速公路的紧急停车带（硬路肩）沥青面层宜采用与车道相同的结构，但表面层宜采用密级配沥青混凝土混合料铺筑。

（二）沥青路面施工要求

1.施工测量

施工前及时进行工作面高程、横坡等测量，按设计给定的面层高程、厚度、横坡等指标进行测量，按照测量结果钉桩挂基准线，每 10m 钉一个桩，事先确定不同横坡段及渐变段，小弯道及超高部位每 5m 钉一个桩。拟定施工质量控制措施，并经测量专业工程师确认。

2.工作面清理

在对路肩破损砼方砖处理完毕后，必须对工作面进行清理，达到工作面干净无杂物的要求。

3.交通封闭

工作面清理完毕后必须断绝交通，除运料车辆外，完全封闭。然后组织专门人员对须做局部处理的地方进行处理。

4.透层油喷洒

摊铺前对以验收的基层进行清扫，清除杂物后开始喷洒透层油，油量为 $1.0kg/m^2$，在透层油上撒铺石屑小料，实施滚动轮压，封闭交通 48h，开始沥青砼摊铺。

5.机械调配

摊铺机的全部操作应自动化，摊铺机应能自动找平，可通过传感器根据基准线测出横、纵坡度。施工时应至少配备三台摊铺机，两台使用，一台备用。基层和中低层施工宜使用多台同机型的摊铺机梯队联合作业，全宽一次完成，确保路面平整度

6.混合料运输

混合料运输可使用载重为 20t 左右的自卸汽车运输，每车必须备有苫布。运输车辆数量要保证施工现场有运料车等候卸料，供料连续，车辆型号尽量统一。车厢应涂刷适量的防粘剂，经外观和温度检验合格后方可运往摊铺现场。

7.卸料的监管

卸料必须由专人指挥，混合料卸料揭开苫布前，经监理现场外观和温度检验合格后，方可进行摊铺。卸料车应缓慢倒车向摊铺机靠近，停在距摊铺机 0.3~0.5m 处，由摊铺机前行与之接触，两机接触后即可卸料，卸料车挂空挡，由摊铺机推动向前行驶，直至卸料完毕离去。每车料从生产到卸料时间应控制在 8h 内。

8. 混合料摊铺

在进行大面积正式铺筑前，通常要选择长度不小于200m且与铺筑路段条件相同的或相近的路段进行试验段施工。其目的是检验施工组织、施工工艺、机械设备与组合是否适宜，同时通过实验路段的铺筑确定摊铺系数、摊铺与碾压温度及碾压遍数等施工参数，还有验证沥青混凝土配合比质量。

9. 初期保护

铺筑层在碾压完毕尚未冷却到50℃以下前应暂不开放交通。如必须提前开放交通时，须洒水冷却强制降温。在开放交通前，应禁止重型施工机械，尤其是重型压路机停放。在开放交通初期，应禁止车辆急刹车和急转弯。

（三）沥青表面处治施工

1. 材料规格和用量

沥青表面处治可采用道路石油沥青、乳化沥青、煤沥青铺筑，沥青标号应按相关规定选用。沥青表面处治的集料最大粒径应与处置层的厚度相等。

2. 施工程序与工艺

沥青表面处治施工应保证各工序紧密衔接，每个作业段长度应根据施工能力确定，并在当天完成。人工撒布集料时应等距离划分段落备料。三层式沥青表面处治的施工工艺应按下列步骤进行。

（1）清扫基层

在清扫干净的碎（砾）石路面上铺筑沥青表面处治时，应喷洒透层油。在旧沥青路面、水泥混凝土路面、块石路面上铺筑沥青表面处治路面时，可在第一层沥青用量中增加10%～20%，不再另洒透层油或粘层油。

（2）撒布沥青

沥青表面处治应使用沥青洒布车和集料撒布机配合作业。沥青洒布车在喷洒沥青时，应控制喷洒速度和数量，保持喷洒均匀。小规模喷洒可使用手工沥青洒布机洒布沥青。洒布设备的喷嘴应适用于沥青的稠度，确保其能形成雾状，不应出现花白条。

（3）撒布集料

主层沥青撒布后，应马上采用人工撒布或集料撒布机撒布第一次集料。应做到将集料撒布均匀，保持厚度一致，全面覆盖，不露出沥青，不重叠集料。集料过多的部分应及时扫出，缺料的部分应适当找补。沥青搭接处，第一层撒布应保留100～150mm宽度不撒布石料，待第二层一起撒布。

（4）压路机碾压

撒布集料后，应立即使用6～8t的钢筒双轮压路机由道路外侧向内侧碾压3～4遍，起始碾压速度不应超过2km/h，之后可适当增加。每次碾压轮机重叠约30cm。

（5）循环喷洒

第二层和第三层的施工程序及施工要求与第一层相同，可使用8t以上的压路机碾压。

（四）沥青贯入式路面施工

1. 材料规格和用量

①沥青贯入式路面的集料应选择有棱角、嵌挤性好的坚硬石料。当使用破碎砾石时，其破碎面应当符合铺筑要求。

②沥青贯入层的主层集料中大于粒径范围平均值的粒料数量应大于 50%，最大粒径应与沥青贯入层厚度相当。当使用乳化沥青时，主层集料的数量应按照压实系数 1.25 ~ 1.30 计算，最大粒径应按照厚度的 0.8 ~ 0.85 倍计算。

③可使用乳化沥青、石油沥青及煤沥青作为贯入式路面结合料。

④应按照施工气温和沥青标号等规定条件，确定沥青贯入式路面中各层的沥青使用量。当施工气温较低时，沥青针入度较小，此时用量宜用高限。当施工气候较为潮湿，使用乳化沥青贯入时，上层应适当增加沥青用量，下层应适当减少沥青用量，保持总用量基本不变。

2. 施工程序与工艺

（1）施工准备

①施工前，路面基层应清扫干净，如须安装路缘石时，应先安装路缘石，安装后应进行遮盖。

②如果路面厚度不超过 5cm，应浇洒粘层或透层沥青。乳化沥青贯入式路面必须浇洒粘层或透层沥青。

（2）施工方法

①摊铺集料。使用摊铺机、平地机或者人工摊铺集料。集料摊铺后，使用 6 ~ 8t 的轻型钢筒式压路机由道路两侧向中间碾压。

②浇洒沥青。在使用乳化沥青贯入时，可先撒布一部分嵌缝料，防止乳液下漏严重，再浇洒沥青。

③撒布嵌缝料。使用集料撒布机或人工撒布嵌缝料。在使用乳化沥青贯入时，嵌缝料撒布应在乳液破乳之前完成。

④碾压。宜用 8 ~ 12t 的钢筒式压路机碾压 4 ~ 6 遍嵌缝料。如果因气温较高造成难以推移时，应停止碾压。

⑤循环洒、撒、压。按照上述方法浇洒第二层和第三层沥青，撒布嵌缝料，进行碾压。

⑥撒布封层料。使用撒布机或人工撒布封层料。

⑦最后碾压。使用 6 ~ 8t 的压路机最后碾压 2 ~ 4 遍。

⑧初期养护。开放交通后，应按照规范控制交通。

在铺筑上拌下贯式路面时，贯入层不撒布封层料，贯入部分使用乳化沥青时，应等待成型稳定后再铺筑拌合层。拌合层应该紧跟贯入层施工，使上下层成为一体。当拌合层与贯入层不能连续施工时，贯入层应增加嵌缝料用量，在拌合层之前浇洒粘层沥青。

四、水泥混凝土路面施工

（一）水泥混凝土路面材料要求

1. 水泥

选用水泥时，应与混凝土进行适应性试验，选择最合适的水泥品种。采用滑模摊铺机铺筑时，宜使用散装水泥。高温期施工时，散装水泥的入罐最高温度不宜高于60℃；低温期施工时，水泥进入搅拌缸前的温度不宜低于10℃。

2. 粗集料

混凝土粗集料种类根据岩石产状分类有叶岩、板岩、砂岩、块状岩石等。从粒形上分为碎石、破口石和卵石，有角状、片状、针状等形状。按岩石的表面结构可分为玻璃质、光滑、粒状粗糙、结晶、蜂窝状等。

再生粗集料可单独或掺配新集料后使用，但应通过配合比试验验证，确定混凝土性能满足要求后方可使用。粗集料与再生粗集料应根据混凝土配合比的公称最大粒径分为2~4个单粒级的集料，并掺配使用，严禁使用不分级的统料。粗集料的压碎值、坚固性、针片状颗粒含量、含泥量、碱集料反应等物理力学指标应符合相关规定。

3. 细集料

水泥混凝土路面对粗集料的要求比沥青路面低，通常国内外所做的水泥混凝土路面不对粗集料的磨光值提出要求。对普通混凝土路面、钢筋混凝土路面与钢纤维混凝土路面表面的基本要求是不裸露粗集料，要求表面砂浆层充分包裹。细集料本身的硅质含量、细粉含量、颗粒度、稳定性的要求比其他土建工程结构要严格得多。机制砂宜采用碎石为原料，并用专用设备生产。

4. 混凝土用水

饮用水可直接用作混凝土用水。非饮用水应进行水质检验，并符合《公路水泥混凝土路面施工技术细则》的有关规定。

5. 粉煤灰

混凝土路面（包括碾压）应掺用Ⅰ、Ⅱ级干排或磨细粉煤灰，不得使用Ⅲ级粉煤灰。贫混凝土、碾压混凝土基层或复合式路面底层应掺用Ⅲ级以上粉煤灰，不得使用等外粉煤灰。

①在混凝土路面或贫混凝土基层中使用粉煤灰时，工作人员应明确了解所用水泥中已经加入的掺合料种类和数量。

②混凝土路面或贫混凝土基层中不得使用湿排粉煤灰、潮湿粉煤灰或已结块的湿排干燥粉煤灰。

③路面混凝土中使用粉煤灰必须有适宜掺量控制。在高速公路水泥混凝土路面上要根据所使用的水泥种类决定掺灰量。

④粉煤灰在混凝土配合比计算中应采用超掺法，超掺系数应根据所用的粉煤灰登记

确定。超掺的意思是大于 1 的部分应代替并扣除砂量。

6. 外加剂

滑模摊铺机施工的水泥混凝土面层应采用引气高效减水剂。高温施工混凝土拌合物的初凝时间短于 3h 时，宜采用缓凝引气高效减水剂；低温施工混凝土拌合物终凝时间长于 10h 时，应使用早强引气高效减水剂。

有抗冰（盐）冻要求时，各级公路水泥混凝土面层基暴露结构物混凝土应掺入引气剂；无抗冻要求的二级及二级以上公路水泥混凝土面层宜掺入引气剂。

路面水泥混凝土往往需要掺减水剂，以满足施工规范规定的最大单位用水量要求。减水剂应与水泥进行化学成分适应性检验。若化学成分不适应，必须更换减水剂品种。剂量不适应，则应开展减水剂不同掺量的混凝土试验，找到所用水泥的减水剂最佳掺量。

7. 钢筋

混凝土路面、桥面和搭板所用钢筋网、传力杆、拉杆等钢筋应符合国家有关标准的技术要求，钢筋应顺直，不得有裂纹、断伤、刻痕、表面油污和锈蚀。传力杆钢筋加工应锯断，不得挤压切断，断口应垂直、光圆，用砂轮打磨掉毛刺，并加工成 2 ~ 3mm 圆倒角。

（二）水泥混凝土路面小型机具施工技术

1. 模板架设

（1）模板的技术要求

①钢制模板

公路混凝土面板的施工模板应优先挑选钢制模板，其通常具备足够的刚度，不易变形。模板厚度与面板厚度相同，长度为 3 ~ 5mm。每个模板需要设置 1 处支撑固定装置。

②木制模板

低等级公路水泥混凝土路面板施工时，边模可用木制。模板厚度为 4 ~ 8cm，但在弯道和交叉路口路缘处，可减薄至 1.5 ~ 3.0cm，以便弯成弧形。模板高度应与混凝土板厚相等。对企口式纵缝，模板应做成相应的凸榫圆槽，待拆模后将拉杆回直，再浇筑另一侧混凝土板。

③端头模板

横向施工缝端模板应为焊接钢制或槽钢模板，并按设计规定的传力杆走向和间距，设置传力杆插入孔和定位套管。横向施工缝端头模板上的传力杆设置精确度要求较高，施工定位精确度不足时，传力杆将损坏水泥路面。

（2）模板架设与安装

①测量放样

在支模前，应先进行测量放样。每隔 20m 设一中心桩，每隔 100m 设一临时水准点，并且核对高程、面板分块、胀缝和构造物位置。

②曲线支模

纵横曲线路段应使用短模板。每块模板中点安装在曲线切点上，便于顺畅过渡曲线。

③模板架设

在摊铺混凝土之前，应先将两边模板安装好。在安装模板时，按放线位置把模板放在基层上，用水准仪检查其高度，沿模板两侧用铁钎打入基层以固定模板。铁钎间距，内侧一般为 1.0 ~ 1.5m，外侧 0.5 ~ 1.0m。外侧铁钎顶端应稍低于模板顶高，以便混凝土振捣器和夯板的操作。为增进模板的稳定性，可设置立柱支撑，立柱支撑借助斜支撑和横卧在木板上的横支撑来固定，其间距为 50cm。横卧木板两侧也用上述铁钎固定在基层上。

④模板检查

模板架设后，应对模板安装情况进行检验。其中，安装规定偏差是施工机械或机具所要求的偏差，不同施工方法应满足各自规定。

⑤涂隔离剂

模板达到安装精度要求后，应涂抹隔离剂。接头应使用塑料薄膜或胶带进行密封，以便于拆模。

⑥模板拆除

a. 当混凝土抗压强度不低于设计强度的 70% 时方可拆模。

b. 应使用专用拨楔工具拆卸模板，不允许损坏板角、板边和拉杆等周围的混凝土，禁止使用大锤强击拆卸模板。

c. 拆下的模板应将黏附的砂浆清除干净，并矫正变形或局部损坏。

2. 传力杆安装

当胀缝不须设置传力杆时，可先在胀缝处安装一个高度等同于混凝土板并与路拱表面形式相同的木模板，用钢钎固定。浇筑一侧混凝土后去除木模板，在混凝土侧壁下部贴上接缝板，并放置压缝板条。当缝下须设置垫枕时，应事先将垫枕做好。

当胀缝须设置传力杆时，一般做法是在接缝板上预留圆孔以便穿过传力杆，上面设置木制或铁制压缝板条，其旁再放一块胀缝模板，按传力杆位置和间距，在胀缝模板下部挖成倒 U 形槽，使传力杆由此通过。当路面宽度为奇数车道时，中央接缝板、压缝板和胀缝模板均应做成与路拱相同的形状，模板旁也应以钢钎固定。为防止传力杆在混凝土浇捣过程中移动，可将其两端分别用长不大于一个车道宽度、直径 14 ~ 16mm 的钢筋来固定，传力杆与钢筋可用铅丝绑扎或者焊接在一起，随即浇捣胀缝一侧混凝土至传力杆的高度，然后浇捣另一侧混凝土。

3. 混凝土摊铺

①在混凝土摊铺之前，应全面检查模板、钢筋、拉杆、传力杆等安设情况，并用厚度标尺检测板厚，符合设计要求时才能进行摊铺。

②混凝土拌合物的松铺系数应在 1.10 ~ 1.25。若拌合物偏干，应取较高值，如果拌合物偏湿，则取较低值。

③出于特殊情况导致拌合物无法立即振实时，应废弃混凝土拌合物，并在已摊铺好的面板端头设置施工缝。

4. 混凝土振实

（1）振捣棒振实

①每一车道路面应使用2根振捣棒，在待振横断面上连续振捣密实。施工时须注意路面内部、边角及板底不得漏振。

②振动板的移动间距应依据其作用半径而定，通常应小于500mm，避免碰撞钢筋、模板和传力杆等。振捣棒在一个位置的持续时间应大于30s，以拌合物全面振动液化、不泛水泥浆为移动标准。

③禁止使用振捣棒在拌合物中拖拉和推行振捣。振捣棒的插入深度应距离基层30～50mm。

④应随时检查振捣棒振实效果，并设人工及时补料，若出现模板、钢筋、传立杆、拉杆等移位现象，应及时纠正。

（2）振动板振实

①每车道路面应配备一块振动板。在振捣棒振实后，可用振动板纵横交错全面提浆振实。

②应配备两人移位振动板。振动板在一个位置的振捣时间应大于15s。

③缺料部位应辅以人工补料找平，多余部位应及时铲除。

（3）振动梁振实

①振动梁要具备足够刚度，并安装深度约4mm的粗集料压实齿，以保证砂浆厚度。

②振动梁振实应拖行2～3遍，使路面泛浆均匀平整。在整平过程中，料多的部位应铲除，缺料的部位应及时填补。

③为保证路面密实度和均匀性，防止漏振和欠振，振捣器的数量应与路面宽度相匹配。

5. 整平饰面

①滚杠提浆整平。振动梁振实后，应使用滚杠往返拖2～3遍。开始应缓慢短距离地拖、推，然后适当增加距离，匀速拖滚。

②抹面整机压浆整平饰面。滚杠提浆整平后，应使用抹面机压实整平路面，或者使用3m的刮尺，将路面整平。

③精整饰面。路面整平后，应修补缺边，清除黏浆，将抹面机留下的痕迹用抹刀抹平。精整饰面后的路面应无痕迹、致密均匀。

6. 模板拆除

模板拆除时间应根据混凝土的强度增强情况及气温决定。模板拆除时，应保持模板完好，避免混凝土边角损坏，应等到混凝土板达到设计强度时，方能开放交通，禁止拆模后立即开放交通。如果遇到特殊情况需要提前开放交通时，应使混凝土板的强度至少达到设计要求的80%，车辆荷载不应大于设计荷载。

7. 接缝施工

（1）填缝工艺

隔离缝和胀缝应在填缝之前，去除接缝板顶部嵌入的木条，涂黏结剂，灌入填缝料或胀缝专用多孔橡胶条。因为胀缝的变形量很大，胀缝中的填缝料不宜使用各种易溶型填缝材料。

（2）灌缝工艺

①填缝前清缝

为保证填缝前接缝清洁干燥，施工时可采用 0.5MPa 的压力空气或压缩水流，清洗缝槽。有灰尘的缝壁，填缝料黏结不牢，达不到防水密封效果。

②灌缝料灌塞

灌缝料灌塞前，要先挤压嵌入直径 9 ~ 12mm 多孔泡沫塑料背衬条，再灌缝。灌缝料要根据规范建议选用，即一级公路使用树脂、橡胶与改性沥青类填缝材料，二、三级公路可用热灌沥青和胶泥类填缝材料。

③灌缝料养生

常温反应固化型及加热施工填缝料均需要封闭交通进行养生。

第二节 路面施工质量控制

路面工程直接承受行车荷载，且暴露在大气之中，受风吹、日晒、雨淋和冻融等诸多自然条件的影响较大，强化路面施工质量管理是保证工程优质的最重要环节。只有强化施工过程中的质量管理，特别是重点质量监控点的施工控制，才能更好地保证工程质量。

一、路面工程施工的质量监督

（一）路面工程施工质量重点监控点

1. 路面基层（底基层）施工

（1）路拌法施工

路拌法施工时，路面基层（底基层）应着重监控以下要点。

第一，原材料的松铺厚度和摊铺的均匀程度。

第二，原材料含水量检验。

第三，拌合深度控制方法，以防出现夹层的措施，拌合均匀性检查。

第四，高程与横坡度的施工控制。

第五，压实机械的组合形式、碾压方法、碾压遍数和压实度的质量检验。

第六，接头部位处理，确保前后施工段平整。

第七，保湿养生。

第八，水泥稳定类延迟时间控制。

第九，未成型基层的交通管制。

（2）厂拌法施工

厂拌法施工时，路面基层（底基层）应着重监控以下要点。

第一，原材料质量，料场硬化，不同规格的石料隔离措施。

第二，拌合机配合比的准确性，特别需要注意的是防止易结块的粉状料堵塞喂料斗的筛孔。

第三，各种原材料的含水量检测和拌合加水量调整，使得混合料处于最佳含水量范围。

第四，装运和卸料、摊铺过程中应防止混合料离析。

第五，摊铺过程中平整度控制，纵横向接缝施工方法，联机摊铺时的相互配合。

第六，碾压与养生。

第七，施工便道畅通，保护未成型路段。

2. 沥青类路面施工

沥青路面施工应着重监控以下要点。

第一，沥青的标号和质量指标及其适用环境。

第二，乳化沥青的质量指标和其基质沥青的质量状况。

第三，石料的强度，石料与沥青的黏附性，粗集料的颗粒形状、耐磨性能、压碎值等。

第四，拌合机的结构与性能，还有其与工程要求的适应程度。

第五，配合比的检查与监控，沥青用量检测。

第六，温度监控包括沥青加热温度、石料加热温度、混合料出厂温度、摊铺温度、初压和终压温度监控。

第七，以防混合料离析措施。

第八，摊铺机与自卸汽车配合，保证摊铺机均匀不间断摊铺。第九，厚度施工控制。

第十，纵横向接缝处理

第十一，未冷却路面禁止通行，沥青灌入式或沥青表处的交通管制。

3. 水泥类路面施工

水泥类路面施工应着重监控以下要点。

第一，水泥、石料、砂的质量指标应满足要求。

第二，搅拌机的性能，包含产量、搅拌均匀性、配合比的准确性应满足要求。

第三，配合比的准确性检查、和易性检查，试件制作和强度试验。

第四，摊铺、振捣、饰面等的控制，拉杆、传力杆设置。

第五，防止和避免混凝土离析的措施。

第六，模板架设的顺直度、相邻模板的高差，模板架设的牢固程度，拆模时对路面板的保护。

第七，胀缝制作。

第八，切缝方法、切缝时间和填缝。

第九，养生和交通管制。

（二）安全施工

路面工程材料用量大，动用机械多，需要多个施工现场，用水、用电、用油，安全生产存在的隐患点比较多，管理时必须高度重视安全生产。

1. 料场、拌合场安全生产要点

第一，料场、拌合场的生产区和生活区要分开，整个场地有排污和排水设施。

第二，电力线路要规范，临时用电线路应采用电缆线，并按规定架设或埋设。

第三，油库、仓库应符合消防要求，配备必要的消防设施。

第四，办公区如使用煤炉取暖，应有防止煤气中毒的措施。

第五，施工管理人员应戴安全帽，吊臂下、传送带下禁止站人、禁止有人作业。

第六，建立夜间值班制度，防火防盗。

第七，进出口道路和场内运输设备运行线路要减少相互干扰。

第八，拌合设备检修或清理时（如清理搅拌仓等）应切断电源。

2. 施工现场安全要点

第一，根据工程具体情况，设立施工标志、限速标志或禁行标志。

第二，遵守机械操作规程，合理安排机械作业运行线路。

第三，定期对设备进行保养和小修，保持机械良好状态。

第四，自卸卡车向前进的摊铺机械倒料时，应专人指挥、密切配合，禁止撞击摊铺机，运行过程中驾驶员应轻踩自卸卡车的刹车，以防卡车滑溜。

第五，热铺沥青混合料或洒布沥青时，操作人员应配备必要的防护用品，防止烫伤。

第六，消解和摊铺石灰、摊铺水泥时工作人员应配备防护眼镜。大风天气，禁止摊铺石灰、水泥等易扬尘易污染环境的粉状物。

第七，运输车辆应避免在陡坡停止、调头，运输车辆禁止急转弯、急刹车。

3. 消解石灰安全要点

消解石灰时，石灰体积会膨胀 2 倍以上，并且散发大量热量，遇大风天气，尘粒飞扬，对周边环境和操作人员有较大影响。消解石灰时应该注意以下几点。

第一，生石灰不应堆得太高，宜保持在 1m 左右的高度。

第二，尽可能使用石灰粉碎消解机进行消解。

第三，人工消解时，操作人员应配备防护眼镜、防护手套、防护靴等。

第四，操作人员应处在上风口，边翻拌边加水，尽可能使用挖掘机或装载机翻拌，因为人工翻拌劳动强度大并且易出现烫伤和眼角膜炎症。

第五，消解加水量宜略大于化学反应计算所需水量的 1.3 ~ 1.8 倍，以消解充分、保持水分和防止扬尘。

4.沥青洒布作业安全施工要点

第一，检查洒布车辆、洒布装置、防护、防火设施是否齐全有效。

第二，沥青罐若装运过乳化沥青，再次装运热沥青时，应缓慢小心加注，防止沥青泡沫对人身造成伤害。

第三，使用加热喷灯、加热管线和沥青泵前，应首先封闭吸油管和进料口。

第四，洒布车应中速行驶，弯道应提前减速，行驶时禁止使用加热系统。

第五，喷洒作业前，应对路缘石、桥栏杆等进行遮挡，避免污染其他构筑物。

第六，操作人员应配备安全防护设施，施工中注意自身安全。

第七，质量检测和施工监理人员应站在上风口，喷洒方向10m以内严禁有人停留。

5.沥青拌合站操作安全要点

第一，沥青拌合站应在燃料（燃油、煤）储存处设置必需的消防器材和消防设施，如灭火器、沙、铁锹等。

第二，用泵抽送热沥青进出油罐时，操作人员应远离，无关人员应避让。注入沥青的总数量应和油罐的设计容量相对应，不得超量注入。

第三，使用导热油加热时，加热炉应在加热前进行耐压试验，水压力不低于额定工作压力的2倍，导热油加热系统的泵、阀门系统和安全附件应符合安全要求，超压、超温报警系统应灵敏可靠。

第四，拌合站的各种设备，在运转前均应由机电和电脑操作人员仔细检查，确认正常后再按顺序启动。

第五，点火后，观察除尘器是否工作正常，必须确保烘干滚筒在正常负压下燃烧。

第六，拌合站启动后，各岗位操作人员要随时检查监督各部位运转情况，如发现异常，要及时报告机长，并及时排除故障。

第七，料斗下禁止站人，或从料斗下经过，检修料斗时，必须将保险链挂好。

第八，滚筒或拌合仓清理检修时，必须切断电源，且在筒（仓）外始终有人监护。

第九，停机前，应首先停止进料，等各部位卸料完毕后才能够停机，再次启动时，不得带荷启动。

第十，紧急停车按钮只能在涉及人员安全的紧急情况下使用，一旦使用后再次启动时要注意启动顺序。

二、基层施工的质量控制

（一）半刚性基层施工

1.材料要求

对于组成半刚性基层的所有材料，都应在施工之前进行质量检测，通过多次试验选出符合要求的原材料，并进行配合比设计，在验证混合料强度和稳定性均符合要求后，才能用于铺筑基层。

（1）土

①特性

其要易于粉碎，方便碾压成型。

②最大粒径

用于基层的土，最大粒径要小于 37.5mm；用于底基层的土，最大粒径要小于 53mm。颗粒组成必须满足规范的要求，土的均匀系数应大于 5，实际应用宜大于 10。

③液、塑性指数

a. 水泥稳定类，土的液限应低于 40%，塑性指数应低于 17。为了更易碾压，砂中应掺入适当塑性指数不大于 12 的黏性土。

b. 石灰稳定类，土的塑性指数为 15 ～ 20；无塑性的级配砂砾、级配碎石应掺入约 15% 的黏性土。

c. 综合稳定类，塑性指数为 12 ～ 20；塑性指数在 15 以上的黏性土，宜用石灰和水泥综合稳定。

④硫酸盐、有机质含量

a. 水泥稳定类，有机质含量应小于 2%，硫酸盐含量应小于 0.25%。

b. 石灰稳定类，有机质含量不应大于 10%，硫酸盐含量不应大于 0.8%。

（2）集料

①压碎值

基层（底基层）所用的碎、砾石应具备一定的抗压能力，二级和二级以下公路的基层应小于 35%，底基层应小于 40%；高速公路和一级公路的基层或底基层应小于 30%。

②颗粒组成

其由水泥稳定类、石灰稳定类及综合稳定类的集料颗粒组成。

（3）水泥

凡是初凝时间在 3h 以上、终凝时间在 6h 以上的普通硅酸盐水泥、矿渣硅酸盐水泥和火山灰质硅酸盐水泥，只要它们的各项指标都满足要求，那么它们就均可用于稳定土。

在水泥选择方面，宜使用强度等级为 32.5 或 42.5 的水泥，切记不可使用快凝水泥、早强水泥和受潮变质水泥。

（4）石灰

石灰应满足Ⅲ级以上的生石灰或消石灰的技术指标。在实际使用的过程中，石灰应覆盖封存，妥善保管，并且不适宜存放太长时间。高等级公路的基层（底基层）宜采用磨细生石灰。

（5）粉煤灰

粉煤灰中的二氧化硅、三氧化二铝、三氧化二铁的总含率应大于 70%，烧失量不应超过 20%，比表面积不宜过大也不宜过小，比表面积越大，对水分敏感性也越大，压实也越不容易。因而，作为石灰粉煤灰土混合料时，宜选用粗颗粒的粉煤灰，以求容易碾压稳定，作为水泥外加剂时，宜选用细颗粒的粉煤灰。

在堆放干粉煤灰时，为防止其飞扬造成空气污染，应加水处理过后再进行堆放。此外，要控制好加水量，尽量不要使湿粉煤灰的含水率超过35%。使用时，应将凝固的粉煤灰打碎并过筛，以清除有害杂质。

（6）煤渣

煤渣的最大粒径不应超过30mm，以粗细搭配而略有级配为佳。使用时，应预先筛除大于30mm的颗粒。煤渣的含煤量宜低于20%，并且不宜含杂质。

（7）水

无有害物质的人、畜饮用的水均可使用。

2. 水泥稳定类的施工程序

（1）路拌法施工

①准备下承层

a. 土基。土基主要是进行碾压试验，通常会用12～15t的三轮压路机，在没有三轮压路机的情况下，也可用等效的碾压机械来替代。如果土太干，则应进行洒水处理；如果土太湿，则应挖开晾晒，如有必要也可进行换土、掺生石灰或粒料处理。

b. 底基层或老路。对底基层或基路主要是进行弯沉、坡度、路拱的检验，如强度不够，可通过以下几种方式进行处理：第一，增加底基层的密实度；第二，加厚底基层；第三，改善基层材料等。

②施工放样

首先，恢复下承层上的中线；其次，测量断面高程；再次，在两侧路肩边缘外设置标有水泥稳定土设计高程的指示桩。

③备料

a. 利用老路面或土基上部材料时要先清除表面的石块等杂物，用平地机或推土机将上部翻松到预定深度，土块应粉碎到符合要求。为便于粉碎，可在8～24h之前，喷洒适量的水，预湿土壤。

b. 利用料场的土时，应用推土机将表层覆盖的土、草皮、树根等杂物清理干净，并自上而下按预定深度采集土料，若出现了很明显的分层变化，则应马上采集土样进行各项试验。

c. 将料由远到近，按计算数量和间距进行堆放，并做好排水工作。并将选料中体积较大的土块进行粉碎和筛除处理，最后用平地机整平。

④摊铺土

在摊铺水泥的前一天，应根据每日可完成的掺加水泥、拌合、碾压成型的量来控制摊铺长度。

⑤洒水预湿与整平轻压

运到现场的材料，凡是经过翻松、粉碎的，都必须要进行洒水预湿，预湿后的含水率应为最佳含水率的70%左右；中粒土、粗粒土预湿后的含水率应比最佳含水率小2%～3%；对含沙较多的土，可比最佳含水率大1%～2%。

洒水预湿后，应根据相关要求，整形成路拱和坡度，并用 6 ~ 8t 的两轮压路机进行碾压（一般碾压 1 ~ 2 遍为宜）直到表面光滑、平整，达到规定的密实度为止。

⑥摆放和摊铺水泥

每袋水泥的摊铺面积和摆放间距应根据水泥稳定土层的以下因素来确定：第一，涂层厚度；第二，土层预定干密度；第三，水泥剂量；第四，施工作业面。并且还应在现场放置标记，划出摊铺水泥边线。水泥应在当日被直接送到摊铺路段，在标记的地点卸料，并用刮板均匀摊开，表面应无空白也不能存在水泥集中的情况。

⑦拌合、洒水湿拌

用稳定土拌合机进行拌合，拌合深度应达到稳定层底并侵入下承层 5 ~ 10mm，严禁留有素土夹层，应拌合两遍以上。

洒水后，拌合机械紧跟在洒水车后面进行拌合，以减少水分流失。拌合后混合料要色泽一致，没有灰条、灰团和花白。

⑧整形

用平地机由边向中，由内向外进行刮平。用轮胎压路机快速碾压一遍，以暴露不平整部位，再用平地机整形一次，以达到规定坡度和路拱。

⑨碾压

整平后用 15t 三轮压路机、振动压路机或轮胎压路机进行碾压。碾压应遵循先轻后重、先慢后快、由边向中、由内向外的原则。

⑩接缝和调头处的处理

同一天施工的两个工作段进行衔接时，应该搭接拌合。也就是说，前一段拌合整形之后，预留 5 ~ 8m 不碾压，在进行后一段施工时，应将前一段未碾压部分加入适当水泥重新拌合之后再一起碾压。

水泥稳定土层的施工应尽量避免纵向接缝产生，实在无法避免的情况下，纵缝要垂直相接，不能斜接。

⑪养生

水泥稳定土压实后应进行不少于 7 天的保湿养生，一般会用帆布、粗麻袋、稻草、麦秸或农用地膜等覆盖。另外，也可用砂保湿养生，所铺设砂层厚度应为 7 ~ 10cm，砂层要铺设均匀，并洒水保持湿润。

养生期间，除洒水车外，其他任何车辆不得通过。不能封闭交通时，应限制重车通行，其他车辆的车速不应超过 30km/h。

水泥稳定土底基层（或基层）分层施工时，下层水泥稳定土碾压完后，需要经过 7 天的养生才可以铺筑上层水泥稳定土。需要注意的是，在铺筑之前必须要保证下层表面湿润，此外还应将下层表面清扫干净，并撒上适量的水泥或水泥浆。

（2）集中拌合法施工

①拌合

固定式稳定土拌合机是采用集中拌合法拌合水泥稳定土时常用的施工机械，此外还可用强制式的水泥混凝土拌合机。采用集中拌合法施工时，需要注意以下事项。

a. 拌合机和摊铺机的生产能力必须相匹配。

b. 必须在调试完所有设备之后方可开始拌制混合料。

c. 配料要准确，拌合要均匀。

d. 拌合混合料时，要使其含水量大于最佳值，只有这样，混合料被运到现场摊铺后，其含水率才不会低于最佳值。

②运输

拌合机中已经拌好的混合料应直接装入自卸车当中，并尽可能快地运输到铺筑现场。同时，为了减少混合料中水分的损失，运输过程中应将混合料覆盖，运输时间不适宜超过半个小时。

③摊铺

对于高速公路和一级公路这种等级比较高的公路，在摊铺时必须要使用专用摊铺机或沥青混凝土摊铺机。施工时一般会使用两台摊铺机间隔 5 ~ 10m 同时进行摊铺，相邻工作道的混合料摊铺间隔时间不能超过 25min，摊铺均匀之后必须要立刻开始碾压工作。

3. 石灰稳定土的施工程序

（1）路拌法施工

①准备工作

a. 根据质量标准对下承层实施检验合格后，再进行中线放样，放样完成后才能开始施工。

b. 对各路段需要的干燥集料数量进行精确计算，并计算各种材料堆放距离。

c. 计算各集料的松铺密度，以便对集料的施工配合比进行准确控制。

d. 在用机械拌合塑性指数小于 15 的黏性土时，可根据土质和机械性能来判断是否需要过筛。如果是人工拌合，则应将大于 15mm 的土块筛除。

e. 需要使用的生石灰，应提前 7 ~ 10 天进行充分消解，为了避免扬尘，消解后还应保持一定湿度，切记其不可湿成团。使用之前应用孔径为 10mm 的筛对消石灰进行处理，筛过的消石灰必须要在短时间内用完。

②集料摊铺

根据试验路段确定的松铺系数进行摊铺，集料或土尽可能摊铺均匀，不应有离析现象。

③洒水闷料

由于已整平土中的含水率已经不是很高，因此应该在土层上均匀洒上适量的水来进行闷料。闷料时间应根据土的种类来定：细粒土一般需要闷一夜；中粒土和粗粒土则应根据其中的细土含量来适当减少闷料时间。

④整形轻压

摊铺均匀土或集料之后，用平地机对其进行整形使其表面变为具有规则的路拱，然后再用压路机碾压一到两遍，以使集料或土表面平整、密实。

⑤铺摊石灰

通过计算得到石灰堆放间距，按照间距在场地上做好标记，并确定好铺摊石灰的边界线。堆放石灰之后用刮板均匀摊铺，测量出石灰层厚度，再根据石灰的疏松度和含水率对石灰用量进行校核。

⑥搅拌洒水

a.用稳定土拌合机或者灰土拌合机对摊铺好的石灰层与土或集料进行拌合。需要事先调整好拌合深度，然后由两侧向中间"干拌"一到两遍，每次拌合要重叠10～20cm，以便拌合充分。

b.适当洒水（一般比最佳含水率大1%左右）后，再进行"湿拌"，以达到混合料颜色一致，没有灰条、灰团和花白为止。

c.石灰稳定粒料要先将石灰土拌合均匀，然后均匀摊铺在粒料层上，再一起进行拌合。

d.拌合机械及其他机械不宜在已压实的石灰稳定土层上调头，若调头应采取保护措施。

⑦整平

a.混合料拌合完成之后须立即用平地机对其进行初平。平整直线段的时候，由道路两侧向中间刮平；平整曲线超高路段，由道路内侧向外侧刮平。初平完成之后，用压路机或者履带拖拉机稳压1～2遍，再用平地机进行整形。

b.对于局部低洼处的路段应先用齿耙将其表面5cm深的部分耙松，然后用拌合好的灰土混合料填补找平，最后用平地机对其整平。每次整平碾压，均需按要求调整坡度和路拱。

c.为了避免出现薄层贴补的情况，在确保面层总厚度满足规定要求的情况下，摊铺的时候要"宁高勿低"，整平的时候要"宁刮勿补"。

⑧碾压

a.混合料表面整形后应立即开始压实。混合料的压实含水率应在最佳含水率的±1%内，若表面水分不足，应适当洒水。

b.每层施工完成面的厚度一般为15～20cm，如果采用三轮压路机与振动羊足碾相互配合压实，厚度允许达到25cm。当设计厚度过大的时候，须进行分层施工，下层可以稍微厚些，但上层不宜小于10cm。

c.如果是直线段，则宜从两侧向中心碾压，超高段则宜由内向外碾压，后轮压完路面全宽时，即为碾压了一遍，一般宜碾压6～8遍，此外路面两侧还应多碾压2～3遍。

d.为了防止灰土表面受到破坏，压路机不得在已经完成或正在碾压的路上"调头"和急刹车。

e.碾压过程中如果出现了松散、起皮等现象，必须要立刻翻开晾晒，如有必要还应该换新混合料重新拌合碾压。

f.在碾压工作完成之前，还应用平地机终平一次，以便保障高程、路拱、超高符合设计要求。

⑨养生及交通管理

a. 以洒水保湿的方式进行养生，正常情况下应养生 7 天左右。

b. 如果在养生期间没有采取任何覆盖措施，则必须要封闭交通。如果养生方式是覆盖砂或喷洒沥青膜，在不方便封闭交通的情况下，应该尽量将车速限制在 30km/h 以内。

c. 养生期结束后，为防止收缩裂缝产生，应立即进行上层施工。

（2）集中拌合法（厂拌法）

①拌合

a. 应先将拌合设备调试好之后，再进行稳定土混合料拌制，只有这样才能确保混合料配比和含水率都符合规定要求。

b. 一般情况下，会先将土块粉碎，再进行混合料拌制，如果有特定要求，还应将土中粒径大于 15mm 的土块筛除。

c. 按各料的重量或体积进行准确配比，均匀拌合。

d. 拌合时的加水量要超出最佳含水率的 1% 左右，这样在摊铺碾压后才能使混合料的含水率接近最佳值。

e. 摊铺前，应保证混合料中氧化钙和氧化镁的有效含量符合规定要求。

②摊铺

a. 混合料摊铺常用到的机械有稳定土摊铺机、沥青混凝土摊铺机、水泥混凝土摊铺机等。特殊情况下也可用摊铺箱摊铺。

b. 应相互协调拌合机和摊铺机生产能力。

c. 一般情况下会根据混合料摊铺时所用摊铺机机械类型来确定松铺系数，如有必要，还可通过摊铺碾压来确定。

d. 厂拌混合料的摊铺段，应安排当天摊铺当天压实。整形、碾压及养生交通管理与路拌法相同。

4. 石灰粉煤灰稳定类的施工程序

石灰粉煤灰稳定土基层的施工程序和方法基本上与石灰土基层相同。拌合工序可采取就地拌合或集中拌合。

宝马路拌机拌合时，略破坏（约 1cm 左右）路床顶面，并且其还须专人跟踪检查拌合深度，拌合好的混合料含水率应控制在超过最佳含水率 1% ~ 2%。宝马路拌机进行路拌作业时，设专人跟随拌合机，每 20m 一个断面，分左中右挖坑检查三处，随时检查拌合深度，并配合拌合机操作员调整拌合深度。对拌合机的转弯调头部位，新旧接茬部位等容易发生漏拌的隐患部位要多拌合几遍。拌合完成后，混合料应色泽一致，无灰条、灰团和花面现象。拌合过程中检测含水率、灰剂量，并取样做无侧限抗压强度试件。

在施工初期，石灰粉煤灰的稳定土层强度一般较低，并且其强度也会随着气温变化而变化。因此，通常不会在冬季施工，并注意初期养护工作；在干燥而炎热的季节，必须洒水养生 7 天，每天洒水的次数视气候条件而定，应始终保持表面湿润；也可用沥青乳液和沥青下封层进行养生。

石灰粉煤灰稳定土分层施工时，在碾压完下层之后，也可以不养生，直接铺筑另外一层。

（二）粒料类基层施工

1. 材料要求

（1）级配碎（砾）石

①石料应具备足够强度，且不低于Ⅳ级。

②一些有害物质，比如黏土块、植物等不应掺杂在其中，扁平、长条颗粒的含量要低于 20%。

③颗粒组成和塑性指数要满足相关规定，同时级配曲线宜圆滑居中。在塑性指数偏大的情况下，为保证级配集料稳定性，应严格控制小于 0.5mm 以下的细料含量与塑性指数。

④石屑或其他细集料可以使用碎石场的细筛余料，也可使用尺寸合适的天然砂砾或粗沙。

⑤含有越多塑性高的土，黏结得就越牢固，然而也存在一定缺陷，即干燥后容易收缩开裂，潮湿环境下水稳定性也不强。当用于基层时，含土量和塑性指数可适当降低，黏土中不应有草根、杂质，腐殖土不宜使用。

（2）泥（灰）结碎石

泥结碎石作为基层（底基层），因含一定数量的黏土，水稳定性较差，不宜作为沥青路面基层。如作沥青路面基层时，应用于干燥路段，在中湿和潮湿路段填充的黏结料黏土中应掺入一定剂量的石灰，使用泥灰结碎石，提高稳定性。对材料的具体要求如下所示。

①如果是使用机轧碎石或天然石，应具备以下特点：第一，坚硬；第二，接近立方体；第三，具有棱角。

②扁平、细长颗粒的含量应低于 20%。

③黏土的塑性指数为 18 ~ 27，且不允许含有腐殖质和其他杂质。

④石灰质量应高于Ⅲ级，与石料质量相比，石灰和土的含量加一起应小于 20%，石灰剂量为 8% ~ 12%。

（3）填隙碎石

①用于基层的碎石粒径应小于 53mm，用于底基层的应小于 63mm。

②扁平、长条和软弱颗粒的含量应低于 15%。

③轧制碎石中 5mm 以下的石屑作为填隙料时，填隙料的最大粒径为 9.5mm，并根据规范要求来确定颗粒组成。

④用作基层的粗碎石，其压碎值应小于 26%，用作底基层时应小于 30%。

2. 级配碎（砾）石的施工程序

（1）路拌法施工

①准备下承层

a. 下承层的表面应平整、坚实，具有一定的路拱。

b. 用 12 ~ 15t 的三轮或等效的压路机对下承层进行碾压检验。

c. 对于压实度检查、弯沉测定结果不符要求的底基层，可采取补充碾压、换填好料、挖开晾晒等方式进行补救。

d. 对于槽式断面路段，应当在两侧路肩部位开挖泄水槽，每隔 5 ~ 10m 设置个泄水槽。

②施工放样

测量每个断面的高程，恢复中线，并在两侧路肩边缘外 0.3 ~ 0.5m 设标有结构层设计高度的指示桩。

③计算材料用量

对所需集料的数量和每车材料的堆放间距进行计算，计算依据主要包括以下几点。

a. 各路段基层或底基层的宽度。

b. 各路段基层或底基层的厚度。

c. 各路段基层或底基层预定的干密度。

④运输和摊铺集料

运输时，应按照计算好的间距，由远及近进行堆放，堆放时间不能太长。通常情况下提前几天即可。此外，为了方便排水，应每隔一定距离在料堆间留有缺口。

集料松铺系数是通过试验来确定的，通常人工摊铺为 1.40 ~ 1.50，平地机摊铺为 1.25 ~ 1.35。摊铺时应按照预定宽度，力求摊铺得均匀和平整，并具备规定的路拱。

⑤拌合与整形

二级以上公路（包括二级公路）需要拌合两遍以上，拌合深度应直至级配碎石层底。

二级以下公路，用平地机拌合 5 ~ 6 遍，使石屑均匀分布碎石料中，每段作业长度为 300 ~ 500m。

拌合过程中，用洒水车洒足所需的水分，使集料不会出现粗细颗粒离析现象，然后用平地机按规定的路拱将混合料整形。

⑥碾压

整形后应马上用大于 12t 的三轮压路机、震动压路机或轮胎压路机进行碾压。对于已完成或正在碾压的路段，应禁止压路机在该路段上调头或急刹车。对于含有土的级配碎石层或砾石层，宜使用滚浆碾压，直到表面无多余细土为止，最后还应将表面薄层土清理干净。

⑦接缝处理

两个工作段进行衔接时，应搭接拌合。也就是说，前一段拌合整形之后，预留 5 ~ 8m 不碾压，在进行后一段的施工时，应将前一段未碾压部分加入适当水泥重新拌合，之后再整平碾压。

在施工过程中，要尽可能减少纵向接缝产生。如果是分两幅铺筑，则应搭接拌合。

（2）集中拌合法施工

级配碎（砾）石可以在中心站利用强制式拌合机、卧式双转轴浆叶式拌合机、普通混凝土拌合机等进行集中拌合。混合料被运输到现场之后，应用摊铺机对混合料进行摊铺。

①调试好所有设备之后方可开始正式拌合，同时还要确保混合料的组成和含水率达到规定要求。

②不同粒级的碎石和石屑等细集料应隔离，分别堆放。

③设专人消除集料离析现象。

④当天没来得及进行压实的混合料，应在次日与摊铺的混合料一起碾压，混合料的含水率应达到规定要求。必要时，应人工补充洒水。

级配碎（砾）石的施工应做到以下几点。

①控制级配集料的均匀性，配料要准确。

②控制 0.075mm 以下颗粒含量及塑性指数。

③掌握好松铺厚度和压实度（基层 ≥ 98%、底基层 ≥ 96%）。

④未筛分碎石一定要在潮湿情况下撒布石屑，否则拌合后石屑会落到底部。

三、路面养护与路面病害

（一）路面损坏分类

1. 结构性损坏

所谓结构性损坏指的就是路面结构的整体、某一组成部分或者几个组成部分发生破坏，特别严重时甚至无法承受车辆荷载。对于这种损坏，大多数情况下需要对其进行重新翻修。

2. 功能性损坏

所谓功能性损坏，主要是指路面的某些功能下降，比如不够平整、抗滑能力降低等，从而对行车质量产生影响。对于这种损坏，要想使面层的功能得到恢复，以满足行车使用要求，可以通过以下三种方式：第一，修整；第二，养护；第三，罩面。

（二）路面养护分类

采取路面养护措施时，应通过路面技术状况调查，对现有路面使用质量实施评定，并结合公路的性质、等级、交通量和当地的技术经济条件，提出适宜的养护对策和优先顺序。

1. 路面小修保养

（1）保养工程

保养工程的主要包括以下内容。

①清除路面上的泥土、杂物，保持路面整洁。

②排除路面上的积水、积雪、积冰、积沙。

③碎砾石路面扫匀面砂、添加面砂、洒水润湿、刮平波浪、修补磨耗层。

④处理沥青路面的泛油、拥包、裂缝、松散等病害。

⑤砂石路面刮平，修理车辙。

⑥水泥混凝土路面修理板边接缝及堵塞裂缝等。

（2）小修

小修的内容主要包含以下几方面内容。

①局部处理砂土路的翻浆、变形，添加稳定料。

②碎砾石路面的局部加宽、修补坑槽、整段修理磨耗层或扫浆铺砂。

③沥青路面修补坑槽、沉陷，处理波浪、啃边等病害。

④水泥混凝土路面面板的局部修理和调整平整度。

2. 路面中修工程

路面中修主要包括以下几方面内容。

①砂石路面大面积处理翻浆，修理横断面。

②碎砾石路面局部地段加厚、加宽、调整路拱、加铺磨耗层和保护层、处理严重病害。

③沥青路面整段封层罩面。

④沥青路面严重病害处理。

⑤水泥混凝土路面个别面板更换、浇注或者加铺沥青磨耗层。

3. 路面大修工程

路面大修工程主要包括以下几方面内容。

①整线整段用稳定材料改善土路。

②整段加宽、加厚或翻修重铺碎砾石路面。

③翻修或补强重铺，或加宽沥青路面。

4. 路面改善工程

路面改善工程主要包括以下几方面内容。

①分段提高公路技术等级，铺筑沥青路面。

②新铺碎砾石路面等。

（三）沥青路面主要病害

1. 沉陷

在车轮荷载的作用下，路面会产生较大凹陷变形，有时在凹陷两侧还会伴有隆起，这一现象称为沉陷。路基水文条件不好且过于湿软是造成路面沉陷的主要原因，一旦路基无法很好地承受路面传递过来的荷载应力，就会引发较大的竖向变形，路面沉陷也就随之产生。

2. 车辙

在车轮荷载的重复作用下，路面会沿着车轮迹带产生纵向带装凹陷，这种凹陷即为车辙，车辙产生时往往还会伴有以纵向为主的裂缝。

车辙产生的主要原因就是由于受到行车荷载的重复作用，路基和路面各层永久变形的逐步积累形成。

3. 泛油

若沥青用量在混合料中所占比例偏多，就会导致泛油现象产生，同时沥青稠度过低也是泛油产生的主要原因之一。除此以外，如果是在低温环境下施工，就会散失过多的表面嵌缝料，那么等到气温上升之后，在车辆荷载的作用下，矿料会被下挤，沥青就会上泛，最终导致路面形成油层，从而引起泛油。

4. 波浪

路面形成的有规则的低洼和凸起变形被称为波浪。波浪变形是由于沥青洒布不均，再经过行车不断撞击而形成的。

较易形成波浪变形的地方主要包括以下几处：第一，交叉口；第二，停车站第三，行车水平力作用较大的路段。对于比较轻微的波浪变形，可在较热的季节通过强行压平的方式来修复，但如果波浪变形比较严重，那么就必须采用热拌沥青混合料填平。

5. 拥包

如果沥青面层材料的抗剪强度不够，那么在受到行车水平力的作用之后，便很容易产生推挤拥包。产生拥包的原因主要包含以下几方面。

①沥青的稠度比较低。

②沥青用量比较多。

③混合料中矿料级配较差。

④细料所占比重较多。

⑤面层较薄或面层与基层的黏结较差。

通常情况下，铲平是处治这种病害的唯一办法。

6. 滑溜

受行车作用力的影响，沥青路面的矿料逐步被磨光，致使多余沥青泛油，从而形成表面滑溜。加铺防滑封面是处治这类病害的常用方法。

7. 裂缝

（1）纵向裂缝

沥青路面产生纵向裂缝的原因主要有以下两种。

①填土未压实、产生了不均匀沉陷或冻胀。

②沥青混合料摊铺时间较长或接缝压实不符合要求。

（2）横向裂缝

①低温裂缝

在低温状态下，因为气温下降速率较大，阻碍了沥青类路面材料的急剧收缩，进而产生了大于抗拉强度的拉应力，使得面层拉裂。

②反射裂缝

由于水硬性结合料稳定类基层湿度发生变化，致使所产生的收缩裂缝反映到了面层上来，进而产生了反射裂缝。

（3）龟裂与网裂

龟裂和网裂产生的原因主要包括以下两方面。

①路面整体强度不足。

②沥青面层老化。

纵缝和横缝较小时，可通过灌入热沥青材料进行处理；裂缝较大时，可用填塞沥青石屑混合料的方法进行处理；对于大面积的龟裂、网裂，一般采用加铺封层或沥青表面处治，如有必要，则应进行补强或彻底翻修。

8. 松散

松散是路表面集料的松动、松散现象，大多出现在沥青路面的使用初期。松散的原因主要包括以下几点。

①所用沥青的稠度较低、黏结力较差、用量较少。

②使用的矿料过于潮湿、铺撒不均匀。

③由于使用了不合规格的嵌缝料，无法被沥青粘牢。

如果基层过于湿软，则首先应将松散的沥青面层清除干净，再重新压实，等基层干燥之后再铺面层。

9. 坑槽

坑槽是松散材料散失后形成的凹坑。产生的原因主要包括以下几点：第一，发生网裂、龟裂的面层未及时养护；第二，基层局部强度不够。

坑槽处治的方法是将坑槽范围挖成矩形，槽壁垂直，在四周涂刷热沥青后，从基层到面层用与原结构相同的材料填补，并且予以夯实。

10. 啃边

所谓啃边指的就是沥青路面边缘缺损、参差不齐，进而使路面宽度减小的现象。形成啃边最常见的原因是路面过窄，车辆压到路面边缘。此外，边缘强度不够、路肩高度不合理、雨水冲刷等也都容易造成啃边。

设置路缘石、加宽路面、加固路肩是处治啃边病害的常见方法，如有必要，还可将路面基层加宽到面层宽度外 20 ～ 30cm。

（四）水泥混凝土路面主要病害

1. 断裂

断裂的产生，是因为路面板内的应力超过了混凝土强度，产生的原因主要包含以下几方面。

①板太薄、轮载过重、作用次数过多。

②板的平面尺寸过大。

③地基下沉过大、产生不均匀下沉。

④施工养生期间收缩应力过大或混凝土强度不足。

断裂的出现，破坏了板的结构整体性，使板丧失了应有的承载能力。

2. 挤碎

挤碎主要是指接缝附近数十厘米范围内的板因受挤压而碎裂，产生的原因主要包括胀缝内的滑动传力杆排列不正或者不能正常滑动，缝隙内有混凝土搭连或落入坚硬的杂质等，严重阻碍了路面板膨胀，使得接缝处边缘部分产生较高的挤压应力而剪裂成碎块。

3. 拱起

一旦混凝土面板的热膨胀受到阻碍，接缝两侧的板就会向上拱起。一般情况下，粗集料选用膨胀性较大的石料时，产生板块拱起的概率更大。

4. 唧泥

所谓唧泥，指的就是在车辆经过接缝或裂缝时，从缝内喷溅出稀泥浆的现象。唧泥会使面板边缘和角隅部分逐步失去支承，而引发板断裂。

5. 错台

错台是指接缝或裂缝两侧面板端部出现的竖向相对位移。错台的产生，使得行车的平稳性和舒适性大大降低。

第四章 桥梁下部结构施工技术

第一节 基础施工

桥梁基础作为桥梁结构物的重要组成部分，起着支承桥跨结构，保持体系稳定，把上部结构、墩台自重及车辆荷载传递给地基的重要作用。

桥梁基础可以按照埋置深度及施工工艺特点将其分为浅基础和深基础，一般将埋置深度较浅（通常在5m以内），只须经过开挖、排水等普通施工程序就可以建造起来的基础称为浅基础，通常包括独立基础、条形基础、筏形基础和箱形基础；由于地层土质不良或建筑物荷载过大须将基层底面置于较深的（通常在5m以上）良好的土层上，且施工较为复杂的基础称为深基础，比如桩基础、沉井基础、沉箱基础和地下连续墙等。

实际上，浅基础和深基础没有绝对明确的尺寸界限，因此，对大多数情况埋深较浅、通常可用较简便的方法来修建的均属于浅基础，而采用桩基、沉井、地下连续墙等某些特殊施工方法修建且利用较深土层承载的基础则称为深基础。所谓施工复杂，通常指施工需要专门的设备及经过专门培训的施工人员。对于某些特定情况，基础在土层内深度较浅，但在水下部分较深，如深水中的桥墩基础，叫作深水基础，在施工中应作为深基础考虑。

一、浅基础施工

浅基础也称扩大基础或明挖基础，是指在原地面直接开挖修筑的一种桥涵基础，通常以片石（块石）、片石混凝土、素混凝土或钢筋混凝土建造。桥梁墩（台）常用的浅基础的平面形式有矩形、圆端形、圆形、八角形和 T 形等。

无论何种形式的浅基础，在实际施工过程中常根据工程地质和水文地质、开挖的深浅与大小以及有无水和水量大小等情况的不同，将其施工方法分为无支护开挖（直接开挖）法和支护开挖法。

公路工程桥梁的浅基础一般设于承载力较高的基岩上。

（一）基坑开挖前的准备

基坑开挖与自然条件较密切，应充分了解工程周围环境与基坑开挖的关系。在确保基坑及周围环境安全的前提下，合理确定施工方案，精准选用支护结构。

①了解工程地质及水文地质条件。在施工前应掌握工程地质报告，对基坑处的地质构造、土层分类及参数、地层描述、地质剖面图及钻孔柱状图应充分了解。

②工程周围环境调查。基坑开挖会引起周围地下水位下降，地表沉降会对周围建筑物、管线及地下设施带来影响，因此在基坑开挖前，应对周围环境进行调查，采取可靠措施将基坑开挖对周围环境的影响控制在允许的范围内。

③浅基础地基施工前，应对基坑边坡进行稳定性验算，并制订专项施工方案和安全技术方案。若基坑开挖须爆破，爆破作业的安全管理应符合现行国家标准的规定。

④基坑开挖时应对其边坡的稳定性进行验算，对于开挖深度超过 5m 的特大型深基坑，除根据边开挖、边支护的原则开挖外，在施工开挖之前，应编写专项的边坡稳定监测方案。

⑤基坑的定位放样。在基坑开挖前，测量放样人员根据施工技术人员提供的基坑开挖边线尺寸及位置计算出基坑边线控制点坐标，采用全站仪或 GPS 放样出基坑的开挖范围。

（二）引截地表水

基坑开挖前应先做好地面排水系统，在基坑坑顶外缘四周向外设置排水坡或设置防水梁，在适当距离处设截水沟，应采用防止水沟渗水的措施，避免影响坑壁稳定。在雨季施工过程中，特别注意地表水的截流，防止基坑大规模进水。

（三）基坑开挖

1. 无支护开挖

当基坑所处区域土质条件较好，无水或少量地下水，基坑深度较浅，施工期较短，基坑开挖不影响临近建筑物安全时，可采用无支护形式对基坑进行开挖并尽量在少雨季节施工。

（1）开挖形式的选择

常见的无支护基坑坑壁形式有垂直坑壁、斜坡和阶梯形坑壁、变坡度坑壁3种。

天然含水量接近最佳含水量、构造均匀、不致发生坍滑、移动或不均匀下沉土质的基坑开挖可采取垂直坑壁的形式。

附近无重要构筑设施、地下管线及施工场地许可的地区，基坑深度在5m以内，土的湿度正常、土层构造均匀，采用斜坡开挖或按相应斜坡高、宽比值挖成阶梯形坑壁，每级台阶高度以0.5～1.0m为宜。阶梯可兼作人工运土的台阶。

坑壁边缘应留有护道，静荷载距基坑边缘不小于0.5m；动载时，坑顶缘与动载间应留有大于1m的护道。比如地质、水文条件不良或动载过大，应开展基坑开挖边坡检算，根据检算结果确定采用增宽护道或其他加固措施。

基坑穿过不同土层时，坑壁边坡可按各层土质采用不同坡度。当下层土质为密实黏性土或岩石时，下层可采用垂直坑壁。在坑壁坡度变化处可视需要设不少于0.5m宽的平台。

当开挖后，坑壁有失稳的可能时，可对边坡进行喷射混凝土、挂网喷射混凝土及施做土钉或锚杆等方式进行坑壁防护，并应当符合下列规定：

①对基坑开挖深度小于10m的较完整风化基层，可直接喷射混凝土加固坑壁。喷射混凝土之前应将坑壁上的松散层或岩渣清理干净。

②锚杆、预应力锚索和土钉支护，均应在施工前按设计要求进行抗拉拔力的验证试验，并确定适宜的施工工艺。

③采用锚杆挂网喷射混凝土加固坑壁时，各层锚杆进入稳定层的长度、间距和钢筋的直径均应符合设计要求。孔深小于或等于3m时，宜采用先注浆后插入锚杆的施工工艺；孔深大于3m时，宜先插入锚杆后注浆。锚杆插入孔内后应居中固定，注浆应采用孔底注浆法，注浆管应插至距孔底50～100mm处，并随浆液的注入逐渐拔出，注浆的压力不宜小于0.2MPa。

④采用预应力锚索加固坑壁时，预应力锚索（包括锚杆）编束、安装和张拉等的施工应符合规范规定。

⑤采用土钉支护加固坑壁时，施工前应制订专项施工技术方案和施工监控方案，配备适宜的机具设备。土钉支护中的升挖、成孔、土钉设置及喷射混凝土面层等施工可按现行行业标准规定执行。

⑥不论采用何种加固方式，都应按设计要求逐层开挖、逐层加固，坑壁或边坡上有明显出水点处应设置导管排水。

（2）土石方开挖

根据地质情况可采用人工、半机械和机械等开挖方法。对于岩石基坑，必要时可进行松动爆破结合人工开挖；对于各种大、中、小桥基础工程，首选采用机械进行开挖，条件困难时可选用风镐、铁镐等工具进行开挖。采用机械开挖时，基底应留20～30cm土层改为人工开挖，避免机械施工时扰动基底土层。

2. 支护开挖

（1）基坑支护的形式

当基坑壁坡不易稳定并有地下水渗入，或放坡开挖场地受到限制，或基坑较深、放坡开挖工程数量较大，不符合技术经济要求时，可使用坑壁有支护的基坑。常用的支护形式有排桩、重力式挡墙及地下连续墙。

（2）对坑壁采取支护措施

进行基坑的开挖时，应符合下列规定：

①基坑较浅且渗水量不大时，可采用竹排、木板、混凝土板或钢板等对坑壁进行支护；基坑深度小于或等于4m且渗水量不大时，可采用槽钢、H型钢或工字钢等进行支护；地下水位较高，基坑开挖深度大于4m时，宜采用锁口钢板桩或锁口钢管桩围堰进行支护；在条件许可时也可采用水泥土墙、混凝土围圈或桩板墙等支护方式。

②对支护结构应进行设计计算，当支护结构受力过大时应加设临时支撑，支护结构和临时支撑的强度、刚度及稳定性应满足基坑开挖施工的要求。

（3）重力式水泥土挡土墙

重力式水泥土挡土墙是以水泥、石灰等材料为固化剂，利用深层搅拌机械强制搅拌或者高压喷射注浆法，水泥浆和软土之间发生一系列的物理反应和化学反应，使软土硬结成整体桩，充分利用原位土，形成重力式挡墙，从而提高了基坑壁的稳定性；同时，因为水泥土的渗透系数比较小，因此可兼作止水帷幕。重力式水泥土挡土墙适用于淤泥、淤泥质土、地基承载力标准值小于120kPa的黏性土和粉性土等软地层区域，开挖深度小于或等于7.0m和周边环境保护要求较低的基坑工程，基坑开挖深度为4～6m时最为经济合理，基坑开挖深度比较大和对周围环境保护要求较高的工程要谨慎使用。对于有机质含量高、pH值小于7，初始抗剪强度低的土，以及土中包含伊利石、氯化物、水铝英石等矿物或者地下水具有较强的侵蚀性时，加固效果比较差。

（4）排桩

排桩支护结构是将桩体依照一定的距离或者咬合排列形成的支护挡土结构，常用的有钢板桩、钢筋混凝土排桩、钢筋混凝土板桩，而其中钢筋混凝土桩常用钻孔灌注桩、人工挖孔桩和预制桩等。

①钢板桩

钢板桩是一种广泛应用于各类临时或永久建筑中的挡土结构，其具有承载力强、自身结构轻、水密性好、耐久性好、施工灵活、可重复使用等优点。但由于板桩打入时有挤土现象，而拔出时则又会将土带出，导致板桩之间有空隙，这会对周边环境造成一定的影响。

钢板桩断面形式较多，在公路工程浅基础基坑支护施工中常采用U形拉森钢板桩和槽钢两种形式。

钢板桩支护结构在施工前，均应对其进行设计及计算，并绘制支护结构平、立面图。为保证基坑的稳定性，在含地下水的砂土地层施工时，要确保齿口咬合，并应使用专门的角桩，以保证止水效果。

②钢筋混凝土排桩

排桩支护结构是采用某种特定的平面布置形式的桩群组成一个挡土结构来维护基坑的稳定，如若基坑深度较深时，可与锚杆和其他支撑结构结合使用。

排桩支护结构根据成桩工艺的不同，可以将排桩划分为钻孔灌注桩、挖孔桩、压浆桩、预制混凝土桩和型钢混凝土搅拌桩等。这些桩体根据实际需要可以有多种不同的平面排列形式。

其中分离式排列形式适用于没有地下水或者地下水位比较低、土质好的基坑工程，如果地下水位高需要防水时，可以在排桩后面加止水帷幕；如基坑工程要求增加支护结构的整体刚度，可以将桩交错排列；要求更大的整体刚度时可以用双排桩形式；如果需要防水且空间有限，可以选择咬合排列形式；有空间时可以在排桩后面进行连续形止水形式或者分离式止水形式。

排桩支护结构适用于中等深度的基坑工程，深基坑工程中可以采用排桩 + 内支撑或排桩 + 锚杆的形式，用支撑或锚杆增加支护结构的整体的稳定性，控制位移变形。与地下连续墙支护结构相比，排桩支护结构具有施工工艺简单、成本较低、布置灵活的优点，但是整体性和止水抗渗性不好。

（5）地下连续墙

地下连续墙是在基坑开挖之前，在地面上使用专用的挖槽机械，沿着基坑的周边，按照事先设计的轴线，在泥浆护壁条件下开挖出一条狭长的深槽，清槽后，在槽内吊放钢筋笼，然后用导管法灌注水下混凝土筑成一个单元槽段，如此逐段进行。在地下沿着基坑四周筑成一道连续钢筋混凝土墙壁，作为截水、防渗、承重、挡水的结构。其主要适用于深度不小于10m的基坑。

地下连续墙作为基坑支护结构有如下优点：施工时振动小、噪声小，墙体刚度大，对周边地层扰动小；可适用于多种土层，除夹有孤石、大颗粒卵砾石等局部障碍物时影响成槽效率外，对黏土、无黏性土、卵砾石层等各种地层均能高效成槽。

①成槽方式

地下连续墙一般采用泥浆护壁措施下的挖槽方式，挖槽方法一般有抓斗式、冲击式和回转式等类型。

②槽段接头

地下连续墙宜采用圆形锁口管接头、波纹管接头、楔形接头、工字钢接头或混凝土预制接头等柔性接头；当地下连续墙作为主体结构外墙，且需要形成整体墙体时，宜采用刚性接头；刚性接头可采用一字形或十字形穿孔钢板接头、钢筋承插式接头等；在采取地下连续墙墙顶设置通长的冠梁、墙壁内侧槽段接缝位置设置结构壁柱、基础底板与地下连续墙刚性连接等措施时，也可采用柔性接头。

（四）基坑排水与降水

当基坑在地下水位以下时，随着基坑的下挖，渗水将不断涌集在基坑内，因此在施工过程中不断地排水，以保持基坑干燥，方便基坑土方开挖和基础施工。

1. 集水明排

集水明排是在基坑开挖过程中，沿坑底周围开挖排水沟，在排水沟最低处设置集水井，基坑底、排水沟底与集水井底应保持一定的水流坡度，使水流入集水井，然后用水泵将集水井的水抽出基坑外。除了发生严重的流砂情况外，通常情况下均可采用集水明排的方式排水。

集水坑一般设在下游位置，坑深应大于进水龙头高度，并用荆篱、竹篾、编筐或木笼围护，以防止泥沙阻塞吸水龙头。

2. 井点法降水

井点法降水适用于粉、细砂或地下水位较高、挖基较深、坑壁不易稳定和普通排水方法难以解决的基坑，通常有轻型井点降水法、喷射井点降水法、电渗井点降水法、水平井点降水法和管井井点降水法等。目前，在公路工程桥梁浅基础施工中常用轻型井点降水。

轻型井点降水系统是沿基坑四周以一定间距埋入井点管至地下含水层内，井点管的上端通过连接管与总管相连接、利用抽水设备将地下水从井点管内不断抽出，使原有地下水位降至坑底以下不小于50cm。该系统主要由井点管、连接管、集水总管和抽水设备等组成。

轻型井点布置应根据基坑平面的大小与深度、土质、地下水位高低与流向、降水深度等要求确定，一般有单排、双排和环形布置等方式。井点管间距一般选用0.8m、1.2m和1.6m 3 种，井点管距离基坑边缘应大于1.0m，防止漏气，影响降水效果。

井点降水应在基坑开挖前 3 ~ 5 d 投入运行，在施工过程中要不断地抽水，保持降水效果，直到基础施工完成并回填土为止，并按要求在井点降水范围内设置水位观测井以观测降水效果。

3. 土石方开挖

土石方开挖应根据支护结构设计、降水排水要求，分层、分块、对称、均衡地开挖，分块开挖后必须及时施工支撑。当上层支撑未达到设计要求时，严禁向下超挖土方。

开挖过程中，必须采取措施防止开挖机械等碰撞支护结构、降水井点或扰动基底原状土。当开挖揭露的实际土层性状或地下水情况与设计依据的勘察资料明显不符或出现异常现象、不明物体时，应停止开挖，在采用相应措施后方可开挖。

（五）浅基础施工控制要点

模板支立后应具有足够的强度、刚度和稳定性，具有能够承受新浇筑混凝土的侧压力及施工中可能产生的各项荷载的能力。采用优质胶带粘贴模板接缝，防止接缝处漏浆。混凝土开仓前必须对模板的高程、垂直度、平面位置进行校对，核对无误后方可进入下一道工序。

高温期浇筑混凝土前，应做好充分准备，备足施工设备，保证连续进行浇筑。混凝土从搅拌机到入模的时间及浇筑时间要尽量缩短，并尽快开始养护。混凝土浇筑宜选在一天温度较低的时间内进行。应加快混凝土的收光速度。收光时，可用喷雾器喷少量水防止表面裂纹，但不得直接往混凝土表面洒水。混凝土浇筑前应将模板喷水润湿，浇筑宜连续进行。

混凝土终凝后，用浸湿的草袋或草帘覆盖，再覆盖薄膜，保持潮湿状态最少 7 d。混凝土洒水养护时，也可拆模后将混凝土表面洒水湿润，马上采用双层薄膜覆盖，保湿养生。夏季施工混凝土保湿养护安排专人负责，质检员至少每日检查一次。各工点必须制作混凝土养护标牌。混凝土浇筑完毕后，在养护标牌上注明开始养护时间、结束时间，保证养护效果。

二、桩基础施工

桩基础简称桩基，采用一根桩来传递和承受上部结构荷载的独立基础称为单桩基础，由 2 根以上桩组成的桩基础称为群桩基础。群桩基础通常由基桩（即桩基础中的桩）和承台板（或系梁）组成。其具有承载力高、稳定性好、沉降稳定快和沉降变形小、抗震能力强，适用于机械化施工以及能适应各种复杂地质条件的显著优点，特别是桥梁基础中，是一种常用的深基础结构。

桩的分类依据有很多，根据桩的材料有钢桩、混凝土桩、钢筋混凝土桩、预应力混凝土桩及组合材料桩等；根据桩截面形式有圆形桩、方形桩、多边形桩等；根据桩的承载性状有摩擦桩和端承桩；根据桩的制作及施工方法有预制沉入桩和现场灌注桩。

（一）预制沉入桩施工

预制沉入桩是指在工厂或工地加工制作的成品桩，运至设计位置后采用沉桩设备插打入地基土中的桩基础。

1. 施工准备

（1）确定沉入施工方法

沉入桩的沉桩方法有锤击沉桩法、振动沉桩法、射水法、静力压桩法。

锤击沉桩法是以桩锤的撞击力撞击预制桩头将桩打入地下土层中的施工方法，一般适用于中密砂类土、软塑和可塑的黏性土。由于锤击沉桩依靠桩锤的冲击能量将柱打入土中，因此桩径不能太大，通常土质中桩径不大于 60cm，桩的入土深度也不能太深，一般土质为 20 ~ 30m，否则对打桩设备要求较高，且打桩效率低。该法施工时产生较大的噪声和振动，会受到一定的环境限制。

振动沉桩法是用振动打桩机（振动桩锤）将桩打入土中的施工方法，一般适用于砂质土、硬塑及软塑的黏性土和中密及较松散的碎、卵石类土。该法施工也可用于拔桩，噪声较小、施工速度快，不会损坏桩头，不用导向架也能打进，移位操作方便，但需电源功率大。

射水法是利用小孔喷嘴以 0.3 ~ 0.5MPa 的压力喷射水，使桩尖和桩周围土层松动，同时桩在自重作用下下沉的方法。该法很少单独使用，常与锤击或振动法联合使用。方法的选择应视土质情况而异。在砂夹卵石层或坚硬土层中，一般以射水为主，锤击或振动为辅；在亚黏土或黏土中，为避免降低承载力，一般以锤击或振动为主，以射水为辅，并应适当控制射水时间和水量；下沉空心桩时，通常用单管内射水。

静力压桩法是在松软地基中，用液压千斤顶或桩头加重物以施加顶进力将桩压入土层中的施工方法，一般适用于高塑性黏土或砂性较轻的亚黏土层。该法施工时产生的噪声和振动较少，桩头不易损坏，不仅可以施工直桩，也可施工斜桩，但机械的拼装、移动等均需要较多的时间。

（2）相关技术工作

①沉桩前应处理空中和地面上下的障碍物，平整场地或搭设支架、平台，做好准备工作。

②在旱地打桩时，只需将打桩设备移动范围内的地面整平、夯实，再铺设垫木、钢轨及简单脚手架。在浅水中打桩时，先打脚手桩，组成桩排架再搭设工作平台。在深水中，则须拼组打桩船在船上打桩。设置脚手桩时，都应留出桩位。桩位按照墩（台）的纵横中心线测定并做出标志；水中的桩位须用导框控制。

③打桩前应合理安排打桩顺序，安排打桩顺序时要考虑两个问题：一是尽量减少桩架移动距离；二是考虑打桩时，土壤被挤紧和隆起，致使后续的桩不易打下去，特别是桩数多、间距小时，问题更严重。因此，当基坑较小、土质密实时，应由中间向两端进行；当基坑较大、桩数较多时，应分段进行。

④编制施工组织设计、施工工艺设计和工序质量控制设计；编制作业指导书和操作规程；制订安全、质量保证及防治措施；组织技术交底和技术培训。

⑤对地质复杂的大桥、特大桥，为检验桩的承载能力和确定沉桩工艺应进行试桩。用于地下水有侵蚀性的地区或腐蚀性土层的钢桩应按照设计要求做好防腐处理。

3. 桩架组立

桩架可在地面上拼组后，再用吊车以及桩架本身的起吊设备将其竖立起来，也可逐节向上拼组。桩架竖立好后应按规定设平衡重，再拉好缆风绳，维持桩架稳定。

4. 吊桩、插桩

当桩架组立好后即可吊桩、插桩，吊点应符合规定，各吊点必须同时受力。插桩时要对准桩位，做到桩位、桩中心线及锤中心线在同一直线上，然后徐徐放下桩锤，利用锤重把桩压入土中，开打时应慢打低击，伴随桩入土深度的增加逐渐加大锤击力量。打桩过程中应有专人负责填写打桩记录。

5. 打桩

①正式打桩前，在桩位或附近地质相同地点先试桩。施工阶段的试桩，主要是确定施工工艺、选定施工机具设备及检验桩的承载力等。

②打桩选择桩锤时，应根据桩的类型、桩重、桩的设计承载力、土质及施工动力设备等因素综合考虑选取桩锤重量。桩锤太轻，桩难以打下，效率低，还可能将桩头打坏，所以应按"重锤轻击"的原则选锤和确定落距。

③打桩顺序：

a. 密集群桩采用隔桩或隔行跳打，或隔行且隔桩跳打，以利于土中水压力消散。

b. 先打中部桩，再向两侧推进。在邻近建筑物时，应当从接近建筑物的一端向另一端推进。

c. 在斜坡上打桩，应从地面较高一侧向低侧推进。

④垂直度控制。当桩尖进入土层 500mm 后，用经纬仪调整桩机桩架处于垂直位置，然后再调整首节桩的垂直度（经纬仪一般架设在距桩机 15m 以外），使桩架与桩身保持平行，其精度误差小于桩长的 1%（首节管桩插入地面时的垂直度偏差不得超过 0.5%），即可沉桩，并在沉桩过程中进行跟踪监测，指挥桩架保持精度。如果超差，必须及时调整，但须保证桩身不裂，必要时拔出重插应尽可能拔出桩身，查明原因，排除故障，以沙土回填后再进行施工。不允许采取强扳的方法进行快速纠偏，否则将桩身拉裂、折断。

⑤打桩遇到岩层或孤石的处理：

a. 当基岩面倾斜时，应提出修改设计建议，选择不同长度的桩，满足打到基岩面的深度要求。

b. 遇到土中夹大石块时，可以使用钻孔穿透石块，然后再打桩。施工填土时，应将大石块解小，避免影响打桩。

c. 桩尖接近基岩时，应控制锤的落距，防止将桩打坏。

d. 当桩接近倾斜岩层或孤石而出现桩身倾斜时，应将桩拔出重打。

6. 沉入桩的施工要点

（1）锤击沉桩法施工要点

①沉桩前，应对桩架、桩锤、动力机械等主要设备部件进行检查；开锤前应再次检查桩锤、桩帽或送桩与桩中轴线是否一致；锤击沉桩开始时，应严格控制各种桩锤的动能。比如桩尖已沉入施工图标示高程，但沉入度仍达不到要求时，应继续下沉直至达到要求的沉入度为止。

②锤击沉桩的停锤控制标准

施工图标示桩尖高程处为硬塑黏性土、碎石土、中密以上的砂土或风化岩等土层时，根据贯入度变化并对照地质资料，确认桩尖已沉入该土层，贯入度达到控制贯入度。

当贯入度已达到控制贯入度，而桩尖高程未达到施工图标示高程时，应持续锤入 0.10m 左右（或锤击 30 ~ 50 次），如无异常变化即可停锤；若桩尖高程比施工图标示高程高得多时，应报有关部门研究确定。

施工图标示柱尖高程处为一般黏性土或其他松软土层时，应以高程控制、贯入度作为校核。

同一桩基中，各桩的最终贯入度应大致接近，而沉入深度不宜相差过大，避免基础产生不均匀沉降。

（2）振动沉桩法施工要点

①振动锤的选择：应验算振动上拔力对桩身结构的影响。

②施工过程注意事项：

振动沉桩机、机座、桩帽必须连接牢固；沉桩和桩中心线应尽量保持在同一直线上。

开始沉桩时宜用自重下沉或射水下沉，待桩身有足够稳定性后，再使用振动下沉。

每根桩的沉入作业应一次连续完成，不可中途停振过久，以免土的摩阻力恢复，使继续下沉困难。

③振动沉桩停振控制标准：应以通过试桩验证的桩尖高程控制为主，以最终贯入度或可靠的振动承载力公式计算的承载力作为校核。如果桩尖已达到高程而最终承载力相差较大时，则应查明原因，报请有关单位研究处理。

④出现异常情况的处理：出现柱的偏移、倾斜或严重回弹，以及其他不正常情况时，均应停止锤振，并查明原因，采取相应对策处理后才可继续沉桩。

（3）混凝土管桩内射水结合锤击下沉施工要点

①施工顺序

按照计算长度配好射水管，将所有接头连接牢固，装上弯管，并与输水胶管接通，进行通水试验。

射水管装上导向环，缚好保险绳，插入即将起吊的管桩，然后在桩顶安装钢质送桩。吊插桩基时要注意及时引送输水胶管，防止拉断与脱落。

管桩插正立稳后，压上桩帽及桩锤，吊桩钢丝绳暂不解脱，即开启水阀，开始射水冲刷桩尖下的土壤，用较小水压使桩主要依靠自重下沉。开始时使用较小的水压，具体视土质而定。

沉桩至距施工图标示高程一定距离（2.0m 以上）停止射水，拔出射水管，进行锤击或振动使桩下沉至施工图标示高程。

②注意事项

初期应控制桩身下沉过快，以免阻塞射水管嘴，并注意随时控制和校正桩的方向。

下沉渐趋缓慢时，可开锤轻击，沉至一定深度（8～10m）已能保持桩身稳定后，可逐步加大水压和锤的冲击动能。但是在桩的自由长度仍较大时，不宜使用过大的锤击能量。

就地接桩需要同时接长射水管时，为防止停水导致泥沙涌入桩内堵塞或卡住射水嘴可在停水前先将射水管吊起约50cm，继续不停地射水，待桩顶涌出较清水时，停止射水，拆除弯管，进行接管、接桩。接好桩后，开启水阀，并将射水嘴伸出桩尖至原来位置。若在射水管上安装三通阀，则在接桩时可不中断射水，亦可不提起射水嘴。射水时，水阀不宜突然大开，防止射水量、水压突然降低，涌入泥沙堵塞射水嘴。

（二）钻孔灌注桩基础施工

钻孔灌注桩是指采用不同的钻孔方法在土中形成一定直径的井孔，达到设计高程后将钢筋骨架（笼）吊入井孔中，再灌注混凝土形成桩基础。钻孔直径从 25cm 发展到 350cm 以上，桩长从十余米发展到百米以上。

钻孔灌注桩施工技术凭借其成本低、具有良好的适应性优势被广泛地应用在公路桥梁工程中。运用钻孔灌注施工技术不但能够有效提高公路桥梁工程的质量，增加其安全性，还能够延长公路桥梁的使用年限。当然，由于钻孔灌注桩施工技术具有隐蔽性，其施工操作主要是在地面或者水面进行，往往会涉及比较复杂的施工工艺，因此对钻孔灌注桩的整个施工工艺流程须进行重点把控，以免出现质量事故。

1. 施工准备

钻孔灌注桩施工前，施工技术人员应按照技术管理的相关规定对施工图纸进行认真识读，重点把控相应工点的桩数、桩长、桩基及桩位，对不同类型的桩基配筋图进行区分，最好能够对各部位桩基做详细的分析并记录。

2. 施工场地平整

钻孔前，测量放样出钻孔作业工作场地范围，并进行必要的场地准备工作及平面布置工作。其内容包括：

①场地为旱地时，应清除杂物，换除软土，整平、夯实；

②场地为陡坡时，可用枕木、型钢等搭设工作平台；

③场地为浅水时，宜采用筑岛施工，筑岛面积应根据钻孔方法、设备大小等要求确定；

④场地为深水或淤泥较厚时，应搭设工作平台。平台必须牢固、稳定，能承受工作时所有的静、动荷载，并保证施工机械能安全进出。

若水流平稳，水位升降缓慢，全部工序可在船舶或浮箱上进行，但必须锚固稳定，桩位准确。如流速较大，但河床可以整理平顺，可采用钢桩或钢丝网水泥薄壁浮式沉井，就位后灌水下沉至河床然后在其顶部搭设工作平台，在其底部安设护筒；某些情况下，可在钢板桩围堰内搭设钻孔平台。

3. 桩基放样

利用全站仪或 GPS 通过坐标法对桩基进行放样，放样时应放出桩位中心桩同时打入标示桩，在标示桩四周 5m 范围内沿桩中心呈"十"字形引出 4 个护桩用来控制桩位。单桩护桩采用 3cm×3m 木桩，桩顶钉钉，高度 80cm，埋入地下 45cm，并用砂浆或素混凝土保护。测量完成后，向测量监理工程师报检，经监理检验合格后进入下一步施工。

4. 埋设钢护筒

护筒的作用是固定钻孔位置；开始钻孔时对钻头起导向作用；保护孔口防止孔口土层坍塌；隔离孔内孔外表层水，并保持钻孔内水位高出施工水位以产生足够的静水压力稳固孔壁。

护筒制作要求坚固、耐用、不易变形、不漏水、装卸方便和能重复使用。通常用木材、薄钢板或钢筋混凝土制成，护筒内径应比钻头直径稍大，旋转钻须增大 0.1～0.2m，冲击钻或冲抓钻增大 0.2～0.3m。

5. 泥浆制备

在钻孔过程中，为了防止坍孔，常使用高稠度的泥浆对孔壁进行保护。泥浆由水、黏土（膨润土）和添加剂（羧甲基纤维素、CMC 及纯碱）组成，它具有浮悬钻渣、冷却钻头、润滑钻具、增大静水压力，并有在孔壁形成泥膜、隔断孔内外渗流、防止坍孔的作用。

调制的钻孔泥浆及经过循环净化的泥浆，应根据钻孔方法和地层情况采用不同的性能指标。泥浆稠度应视地层变化和操作要求，灵活掌握。泥浆太稀，排渣能力小，护壁效果差；泥浆太稠，会削弱钻头冲击功能，降低钻进速度。

对大直径或超长钻孔灌注桩，泥浆选择应按照钻孔的工程地质情况、孔位、钻机性能、泥浆材料条件等确定。在地质复杂、覆盖层较厚、护筒下沉不到岩层的情况下，宜使用不分散、低固相及高黏度的泥浆，如丙烯酰胺即 PHP 泥浆。

6. 钻孔

根据井孔中土（钻渣）的取出方法不同，常用的方法有螺旋钻孔、正循环回转钻孔、反循环回转钻孔、潜水钻机钻孔、冲抓钻孔、冲击钻孔、旋挖钻机钻孔等。在公路工程中，常采用冲击钻孔、旋挖钻机钻孔、正循环回转钻孔及反循环回转钻孔。

（1）冲击钻孔

冲击钻孔是通过反复提钻、落钻，采用重力原理反复冲击岩层，将岩层砸成碎末、细渣，并采用泥浆循环的方式将石渣排出孔外。其适用于黄土、黏性土或粉质黏土和人工杂填土层，特别适合于在有孤石的砂砾石层、漂石层、硬土层、岩层中使用。

施工中根据现场地质状况，合理地选择冲击钻。冲击钻成孔一个最重要的关键点就是泥浆护壁，护壁泥浆含沙量一定要小。泥浆浓度可以根据试验测定或经验判断，泥浆太浓，钻孔速度慢；泥浆太轻，护壁容易坍塌。开始钻进宜慢不宜快，由于护壁刃脚周围岩层处最容易穿孔，须反复冲击挤压密实；施工中注意垂直度校正，2～3m 后立即校正，钻孔太深且偏差太大必须回填重来；岩层通常是倾斜的，与钻机解除面位置垂直，此处位置通过回填卵石反复冲钻，直到岩层平整，然后再继续钻进，防止卡钻、孔位倾斜等。

施工过程中护筒及时跟进，护筒内水头一定要保持，随时检查控制泥浆指标，不可马虎。随时检查钻机、钢丝绳等，防止掉钻；每天根据钻渣判断地质情况，做好地质柱状图标识；钻至设计位置后通知监理验收，共同确定孔底地质与设计是否一致；钻孔整个过程控制应严谨，防止刃脚穿孔、塌孔、偏孔、十字孔、卡钻、埋钻、吊钻事故发生。

（2）旋挖钻机钻孔

旋挖钻机是一种高度集成的桩基施工机械，使用一体化设计、履带式 360° 回转底盘及桅杆式钻杆，一般为全液压系统。旋挖钻机采用筒式钻斗，钻机就位后，调整钻杆垂直度，注入调制好的泥浆，然后进行钻孔。当钻头下降到预定深度后，旋转钻斗并施加压力，将土挤入钻斗内，仪表自动显示筒满时，钻斗底部关闭，提升钻斗将土卸于堆放地点。钻进施工过程中应保证泥浆面始终不得低于护筒底部，保证孔壁稳定性。通过钻斗的旋转、削土、提升、卸土和泥浆撑护孔壁，反复循环直至成孔。

旋挖钻机特殊的桶型钻头直接取土出渣，不须接长钻杆，钻孔时孔口注浆以保持孔内泥浆高度即可，因而能大大缩短成孔时间，提高施工效率。由于带有自动垂直度控制和自动回位控制，成孔垂直度和孔位等能得到保证。桶钻取土上提过程中对孔壁扰动较小，桶钻周边设有溢浆孔，溢出泥浆可起到护壁作用。旋挖钻机通常适用黏土、粉土、砂土、淤泥质土、人工回填土及含有部分卵石、碎石的地层。具有大扭矩动力头和自动内锁式伸缩钻杆的钻机可适用微风化岩层的孔施工。

（3）正循环回转钻孔

正循环回转钻孔是指利用钻具旋转切削土体钻进，泥浆泵将泥浆压进泥浆笼头，通过钻杆中心从钻头喷入钻孔内，泥浆挟带钻渣沿钻孔上升，从护筒顶部排浆孔排出至沉淀池，钻渣在此沉淀而泥浆流入泥浆池循环使用。其特点是钻进与排渣同时连续进行，在适用的土层中钻进速度较快，但须设置泥浆槽、沉淀池等，施工占地较多，且机具设备较复杂。

（4）反循环回转钻孔

与正循环法不同的是泥浆输入钻孔内，然后从钻头的钻杆下口吸进，通过钻杆中心排出至沉淀池内。其钻进与排渣效率较高，但接长钻杆时装卸麻烦，钻渣容易堵塞管路。另外，因泥浆是从上向下流动，孔壁坍塌的可能性较正循环法大，对比须用较高质量的泥浆。

（5）钻孔注意事项

钻进过程中做到勤抽渣、勤检查钢丝绳和钻头的磨损情况。抽渣后及时向孔内补浆或补水。钻进过程中，做好相关的现场记录，包括钻孔记录（开钻成孔时间、钻机型号、地质描述等内容）、泥浆测试记录、地质取样资料。正常钻进按照 4h 抽取泥浆稠度。针对设计图纸地层变化捞取渣样。正常钻进每 2m 取一次，接近微风化时每 0.5m 取一次样，渣样提取后存放于渣样盒中，并且标明取渣时间、桩号、标高和渣样名称，判明后记入记录表，并绘制桩基地质柱状图。

7. 钻孔弃渣处理及泥浆外运

（1）钻渣外运

旋挖钻机等钻孔机械挖出的渣土不能直接随地倾倒，应运至设计的弃渣场堆放。若渣土是湿泥状态，无法直接装车运走，必须转运至工地临时存土场晾晒后再倒运出工地。临时堆存场的渣土应使用人工配合装载机、挖掘机打齐堆放并用黑色网覆盖，防流失、防扬尘。

渣土宜采用挖掘机装车，自卸汽车运输。运输车出场前，使用洗车机清洗车底部及四周，使其满足环保要求，不对道路引起污染，运输时间及线路须遵守国家及地方政府的法律法规。

（2）泥浆外运

钻进、清孔及灌注过程中产生的废浆应采用全封闭的罐式运输车及时外运至指定的处理场地，不得随地倾倒污染环境。废弃的泥浆可采用物理、化学及生物等方式处理，处理时不得污染环境及影响居民生活。

第二节　承台施工

大跨径桥梁通常采用群桩基础。为了能够让桩基础形成一个整体共同承受其上部结构荷载，采用承台将各单桩联系为一个整体，把上部结构和墩台的荷载传递给各基桩。对于公路桥梁标准跨径的桥梁，常使用2根或3根桩基，其上设置桩基系梁将各单桩联系为一个整体。

无论是承台还是桩基系梁，其二者作用是一致的，其施工工艺流程也相同。但是对于承台而言，在施工中往往涉及大体积混凝土的相关知识。鉴于承台结构的广泛适用性，且其施工技术较为成熟，所涉及的钢筋加工及安装、模板加工及安装和混凝土浇筑的相关内容，在此不再详述。

一、一般陆地承台施工

通常陆地承台施工与陆地扩大基础施工工艺类似，相对于扩大基础施工而言，其中增加了桩头凿除和桩基检测相关内容。

（一）桩头凿除

在施工过程中，为了保证钻孔灌注桩桩身的整体质量，混凝土灌注时对桩头进行超灌，超灌部分的桩基在承台施工前需要进行凿除以使桩基达到设计的尺寸。当前，桩头凿除的方法主要有人工风镐凿除法、环切法、液压破碎法及摘除法等。目前，公路桥梁施工中环切法应用较为广泛。

环切法凿除桩头是首先在设计桩顶位置采用切割机环向切割混凝土，然后人工采用风镐剥离出钢筋，再在环切处对称环向分布打入楔子将要吊离桩身部分与预留部分进行分离，并用机械将桩头吊离至基坑外，最后人工采用手持式打磨机进行修整。其施工工艺主要包括测量放样、环向切割桩头、人工剥离钢筋、楔断桩头、吊离桩头及清理桩头。

1. 测量放样

采取水准仪逐桩进行高程测量，找出设计凿除位置，然后在凿除处标示出环向切割线。

2. 环向切割

采用手持式混凝土切割机沿着标示线环向切割混凝土，切割深度控制在3～5cm，避免伤及主筋。

3. 凿除保护层混凝土

在设计凿除位置环向切缝切割完成后，在桩顶环切线上部5～10cm位置再切一刀环切缝，在 2 道环切缝中间用风镐小心地凿出一条环形槽（此为控制凿桩质量的关键步骤），槽宽 5 ~ 10cm，深度以找出主筋为标准，在设计桩顶处形成一条保护隔离带，彻底消除破除桩头时混凝土裂纹向下延伸的可能。

用风镐沿桩头自上而下、由外向内进行，凿出 V 形槽剥离混凝土，确保逐根声测管和钢筋剥离，但不得损坏声测管及钢筋。

4. 切断桩头及吊离

钢筋剥离后，在切缝线以上 1 ~ 2cm，沿桩头四周，每根桩均匀布置 12 ~ 15 个孔位，采用风镐打孔，打孔深度为桩径的 1/5。打入时尽量对称水平打入，以保证断裂面保持在同一水平面。钻孔完成后，插入楔形钢钎，加钻顶断或大力敲击楔断桩头。桩头与桩身分离后，采用吊车将桩头吊离，起吊过程中尽量避免损坏钢筋。

5. 修整桩头

桩头吊离后，在断裂面会有部分位置凹凸不平整，应进行人工凿除处理，将桩头残余混凝土进行凿除打磨，确保桩顶面平整、密实。使用低应变检测的桩基，按照检测要求打磨相应检测点位。

（二）桩基检测

桩基检测是评价桥梁基桩施工质量的关键环节。

1. 检测内容及方法

桥梁桩基检测包括基桩的承载力和完整性检测两项主要内容。基桩承载力检测包含单桩竖向抗压承载力、单桩竖向抗拔承载力和单桩水平承载力检测。桩身完整性检测是判定桩身截面尺寸的相对变化、桩身材料的密实性和连续性。

（1）低应变反射波法

低应变反射波法是假设所要检测的桩基桩长远远大于桩的孔径，并且整个桩基是等截面各项同性的一维梁体，在此理论基础上，用振动仪对桩基的桩顶位置进行激振，这样荷载致使整个桩身与周围土体产生振动，并通过桩基本身的应变计将桩基振动的加速度和速度传递给仪器。

如果桩基本身具有扩径、缩径、断桩等差异性界面，则弹性波在传播的过程中就会出现反射，通过传感器对声波进行过滤放大，之后将数据通过波动理论进行分析，研究桩土之间动态响应，然后进行反演分析实测出来的速度信号，频率信号从而达到判断桩基本身质量以及桩基本身的长度。低应变反射波法其检测速度快、检测方便、检测范围广，被广泛应用于工程实践。

（2）声波透射法

声波透射法也是目前较为常用的一种方法，主要原理就是根据声波在不同传播介质中所表现出来特性的差异来判断桩基质量的好坏。由于混凝土本身材料的不均匀性，桩基本身就会产生不同声阻抗声学界面，这样声波在混凝土桩基传播时，就会沿着不同阻抗截面进行传播，大量声波能量散射，从而衰减也较快。在声波传播过程中，混凝土界面上就会产生诸多折射波和散射波，大量的折射波与散射波相互叠加之后就会导致声能散失。当遇到混凝土桩基本身有超大缺陷时，其声波的传播路线就不会是直线，而是绕着缺陷进行传播。这时声波传播的路径要比直线传播的距离长，从而体现声学参数上的声时也就变大了，然后通过两声测管的测距与声时开展计算，这样就会得到声速由于声时的变大而变小。另外，由于声波在遇到缺陷桩基混凝土截面时会发生多次反射、折射等现象，这样声波的声能会逐渐衰减，波幅与频率都会变小。这样直线传播的声波与通过缺陷桩基的声波相互叠加，整个波形就会发生畸变。工程实际检测就会通过相应参数和工程实践经验相结合进行判定。

采取声波进行桩基检测的主要过程是：在混凝土灌注前预留孔道，然后在预留的混凝土灌注桩孔道内埋设几根超声波探测管，并在管道内灌满耦合剂，然后将探测仪和接收仪沿着桩的纵向进行不同高度上下移动，逐步测量超声脉冲经过横截面的数据，通过对声波在不同介质传播的物理参数的差异判断桩的完整性。声波透射法针对桩基的长度和孔径要求不大，由于其需要在混凝土灌注前预留孔道预埋声测管，对检测管道的垂直性要求较高，检测适用范围为直径不小于 800mm 的混凝土灌注桩基，主要包括跨孔透射法和单孔透射。

（3）钻孔取芯法

钻孔取芯法是桩基检测采用较早的一种方法，严格看来钻芯法属于有损检测的范围，其工作过程是利用人工钻头对混凝土桩进行钻芯取样，判断桩基本身的长度、桩基本身混凝土的剥落情况、混凝土强度以及桩底沉渣厚度等，进而为桩基承载力验收提供依据。

采用钻芯法检测桥梁桩基的主要特点是检测周期长、成本高，仅适用于桥梁桩基局部判断，类似于桥梁桩基断桩、离析、桩底夹泥等病害检测，要求检测人员须有较强的专业能力和实践经验，并且钻芯法无法检测桩基本身存在缩径等微小缺陷情况。

3. 检测报告

检测报告应用词规范，结论明确。其内容应包括工程概况、岩土工程勘察、检测技术及方法、桩位平面布置图、测试曲线、检测结果汇总表、结论及评价等。

（三）大体积混凝土施工

公路桥梁群桩承台通常属于大体积混凝土，其一次浇筑方量较大，且其本身几何尺寸不小，因此水泥水化反应放出的热量在自然情况下难以传递到表面，这就导致混凝土结构内部温度急剧上升，而外部温度又较低，从而使得混凝土结构内外产生较大的温差而引起温度应力使表面受拉，最终使抗拉强度并不高的混凝土产生开裂现象，破坏其整体性，改变结构的受力，削弱了混凝土结构的功能。

对于桥梁工程中的大体积混凝土，应有针对性地进行水化热分析，得出结构在施工过程中的温度场及应力场数据，并且结合计算结果制订详细的温度控制措施。

1. 温度控制标准

①大体积混凝土的养护，应按照气候条件采取温控措施，并按需要测定浇筑后的混凝土表面和内部温度，将温差控制在设计要求的范围内，当设计无要求时，温差不宜超过25℃。

②在混凝土结构中布置冷却水管，混凝土终凝后开始通水冷却降温。设计好水管流量、管道分布密度和进水温度，使进出水温差控制在10℃左右，水温与混凝土内部温差不大于20℃。

③混凝土浇筑后应按照规定覆盖并洒水进行养护。当气温急剧下降时须注意保温，并应将混凝土内外温差控制在25℃以内。

2. 常用的温控措施

（1）原材料及配合比设计

大体积混凝土在挑选原材料和进行配合比设计时，应按照降低水化热温升的原则进行，并应符合下列规定：

①宜选用低水化热和凝结时间长的水泥品种。粗集料宜采用连续级配，细集料宜采用中砂。宜掺用可降低混凝土早期水化热的外加剂和矿物掺合料，外加剂宜采用缓凝剂、减水剂；掺合料宜采用粉煤灰、矿渣粉等。

②进行配合比设计时，在确保混凝土强度、和易性及坍落度要求的前提下，宜采取改善粗集料级配、提高掺合料和粗集料的含量、降低水胶比等措施，减少单方混凝土的水泥用量。

③大体积混凝土进行配合比设计及质量评定时，可按60 d龄期的抗压强度控制。

（2）施工控制措施

大体积混凝土的施工前应制订专项施工技术方案，并应对混凝土采取温度控制措施。大体积混凝土的浇筑、养护和温度控制应符合下列规定：

①施工前应根据原材料、配合比、环境条件、施工方案和施工工艺等因素，进行温控设计和温控监测设计，并应在浇筑后按该设计要求对混凝土内部和表面的温度实施监测和控制。对大体积混凝土进行温度控制时，应使其内部最高温度不大于75℃、混凝土内部和表面温差不大于25℃。

②大体积混凝土可分层、分块浇筑，分层、分块的尺寸宜根据温控设计要求及浇筑能力合理确定；当结构尺寸相对较小或能满足温控要求时，能够全断面一次浇筑。

③分层浇筑时，在上层混凝土浇筑前应对下层混凝土的顶面做凿毛处理，且新浇混凝土与下层已浇筑混凝土的温差宜小于20℃，并应采取措施将各层间的浇筑间歇期控制在7d以内。

④分块浇筑时，块与块之间的竖向接缝面应平行于结构物的短边，并应在浇筑完成拆模后按施工缝的要求进行凿毛处理。分块施工所形成的后浇段，应在对大体积混凝土实施温度控制且其温度场趋于稳定后方可浇筑；后浇段宜采用微膨胀混凝土，并应一次浇筑完成。

⑤大体积混凝土的浇筑宜在气温较低时进行，但混凝土的入模温度应不低于 5℃。热期施工时，宜采取措施降低混凝土的入模温度，且其入模温度不宜高于 28℃。

⑥大体积混凝土的温度控制宜依据"内降外保"的原则，对混凝土内部采取设置冷却水管通循环水冷却，对混凝土外部采取覆盖蓄热或蓄水保温等措施进行。在混凝土内部通水降温时，进出口水的温差宜不大于 10℃，且水温与内部混凝土的温差宜不大于 20℃，降温速率宜不大于 2℃/d；利用冷却水管中排出的降温用水在混凝土顶面蓄水保温养护时，养护水温度与混凝土表面温度的差值应不大于 15℃。

⑦大体积混凝土采用硅酸盐水泥或普通硅酸盐水泥时，其浇筑后的养护时间不宜小于 14d，采用其他品种水泥时不宜小于 21d。在寒冷天气或遇气温骤降天气时浇筑的混凝土，除应对其外部加强覆盖保温外，尚宜适当延长养护时间。

二、水中承台施工

当承台位于水中时，对于浅水区承台使用土石围堰或土石筑岛施工；深水承台施工，结合深水基桩施工统筹考虑，常采用钢板桩围堰、套箱围堰或双壁钢围堰等施工。所谓的"深水"和"浅水"，尚没有严格的定量界限，但根据一般传统的土力学地基及基础所介绍的水中围堰概念，可将深水基础初步定义为：水深在 5 ~ 6m 及以上，不能采用一般土围堰、木板桩围堰等防水技术施工的桥梁基础，称为深水，其余情况视为浅水。

（一）围堰施工的一般规定

围堰的作用主要是防水和围水，有时还起着支承施工平台和基坑坑壁的作用。公路桥梁常用的围岩类型有土围堰、土袋围堰、钢板桩围堰、套箱围堰、双壁钢围堰。围堰的结构形式和材料应根据水深、流速、地质情况和通航要求等条件确定。但不论采用哪种围堰，均须满足以下要求：

①围堰高度应高出施工期间可能出现的最高水位（包括浪高）0.5 ~ 0.7m。

②围堰外形一般有圆形、圆端形（上、下游为半圆形，中间为矩形）、矩形、带三角的矩形等。围堰外形直接影响堰体的受力情况，必须考虑堰体结构的承载力和稳定性。围堰外形还应考虑水域的水深，以及因围堰施工造成河流断面被压缩后，流速增大引起水流对围堰、河床的集中冲刷和对航道、导流的影响。

③堰内平面尺寸应满足承台施工的需要。

④围堰要求防水严密，减少渗漏。

⑤堰体外坡面有受冲刷危险时，应在外坡面设置防冲刷设施。

（二）土围堰

土围堰是采用黏性土、粉质黏土或砂质黏土等材料填筑而成，其施工方便、速度快、效率高，但挡水能力较弱，一般应用于水深小于 1.5m、流速小于 0.5m/s、河边浅滩、河床渗水性较小的区域。

土围堰的施工工艺流程为：围堰结构设计→河床清淤→填土→边坡防护。在施工过程中应注意以下几点：

①填土应自上游开始至下游合龙。

②筑堰前，必须将筑堰部位河床上的杂物、石块及树根等清除干净。

③堰顶宽度可为 1 ~ 2m。机械挖基时不宜小于 3m。堰外边坡迎水流一侧坡度适宜为 1 ∶ 2 ~ 1 ∶ 3，背水流一侧可在 1 ∶ 2 内。堰内边坡宜为 1 ∶ 1 ~ 1 ∶ 1.5。内坡脚与基坑边的距离不得小于 1m。

（三）土袋围堰

①围堰两侧用草袋、麻袋、玻璃纤维袋或无纺布袋装土堆码。袋中宜装不渗水的黏性土，装土量为土袋容量的 1/2 ~ 2/3。袋口应缝合。堰外边坡为 1 ∶ 0.2 ~ 1 ∶ 0.5。围堰中心部分可填筑黏土及黏性土芯墙。

②堆码土袋，应自上游开始至下游合龙。上下层及内外层的土袋均应相互错缝，尽量堆码密实、平稳。

③筑堰前，堰底河床的处理、内坡脚与基坑的距离、堰顶宽度与土围堰要求相同。

（四）钢板桩围堰

施工中最常用的防护类型为板桩围堰，钢板桩围堰是最常用的一种板桩围堰。钢板桩是带有锁口的一种型钢，其截面有直板形、槽形及 Z 形等，有各种大小尺寸及联锁形式。常见的有拉尔森式、拉克万纳式等。

其优点是：强度高，容易打入坚硬土层；可在深水中施工，必要时加斜支撑成为一个围笼；防水性能好；能按需要组成各种外形的围堰；施工工艺较为成熟，施工速度快；可多次重复使用以降低使用成本等，所以，被广泛应用于修建桥梁深水基础时的围堰工程。

钢板桩围堰施工时应符合下列规定：

①有大漂石及坚硬岩石的河床不宜使用钢板桩围堰。

②钢板桩的机械性能和尺寸应符合规定。

③施打钢板桩前，应在围堰上下游及两岸设测量观测点，控制围堰长、短边方向的施打定位。施打时，必须备有导向设备，以保证钢板桩的位置正确。

④施打前，应对钢板桩的锁口用止水材料捻缝，以防漏水。

⑤施打顺序一般从上游向下游合龙。

⑥钢板桩可用捶击、振动、射水等方法下沉，但在黏土中不宜使用射水下沉方法。

⑦经过整修或焊接后的钢板桩应用同类型的钢板桩进行锁口试验、检查。对于接长的钢板桩，其相邻两钢板桩的接头位置应上下错开。

⑧施打过程中，应随时检查桩的位置是否正确、桩身是否垂直，否则应立即纠正或者拔出重打。

（五）钢吊箱围堰

钢吊箱围堰属于非着床型钢围堰，一般适用于承台底面高于河床面的深水基础施工。钢吊箱围堰由底板、侧板、内支撑和吊挂系统四大部分组成，其作用是通过吊箱围堰侧板和底板上的封底混凝土围水，为承台施工提供无水的干处施工环境。

钢吊箱围堰的施工工艺流程主要是：桩基施工完成→吊箱围堰拼装→起吊下沉装置拼装→整体下沉至设计高程→封底或喇叭口堵漏→抽水施工承台。

施工要点如下：

①吊箱围堰为有底围堰，底板按照桩基钢护筒的竣工资料开孔，方便吊箱能顺利下至设计标高。

②桩基础施工完成，下放围堰到达设计标高，若通过预埋在桩基础上的立柱支承和固定围堰（预埋立柱支撑顶面高差不得大于 3mm），则预埋立柱要考虑承受围堰抽水后的上浮力（不考虑封底混凝土作用）及混凝土浇筑时的竖向荷载，所以预埋立柱应有足够强度、刚度及预埋深度；在桩顶预埋立柱的施工方案应事先征得设计方同意。也可采取延长桩基钢护筒或其他支撑、固定围堰的办法。

③吊箱围堰设置封底混凝土进行围堰底止水时，封底混凝土的厚度计算参照套箱围堰封底混凝土计算方法。不设置封底混凝土的吊箱围堰，其底板结构刚度及强度必须足够，以保证承受抽水后的水浮力及混凝土浇筑时的竖向力，其堵漏可采取水下不离析混凝土封住底板喇叭口。

④吊箱围堰拼装好后，要进行必要的检测及水密试验，以保证围堰各连接部位密贴不漏水。

⑤在水中用止水材料对围堰底板与桩基础之间的空隙进行堵漏，或在围堰内浇筑水下混凝土封底进行堵漏，然后将水抽干，使围堰内处于无水状态施工承台混凝土。

（六）双壁钢围堰

双壁钢围堰施工是通过现场预制节段，整体托运至设计位置下沉，灌注双壁间混凝土施工工法。双壁钢围堰采用双层面板加内部支撑结构，承担水压力、桩基钻孔荷载，适用于深水基础围护，根据所在河床标高、最高施工水位等要求专门设计其强度、刚度、稳定性必须满足设计规范及施工要求。

双壁钢围堰施工首先应确定下沉方案，现场加工钢围堰节段。在双壁钢围堰就位下沉前，首先将墩位处河床表面进行清理整平，利用水上打捞设备清除河中石块，使河床表面平整，标高达到设计要求后，方能进行钢套箱下沉。下沉前应搭设拼装平台，标准节段运至设计位置后首先进行底节下沉，逐步采用标准分段进行接高，灌注封底混凝土及双壁间混凝土。双壁钢围堰全部安装完毕后，搭设桩基钻孔平台并插打钢护筒，最后完成桩基、承台及墩身施工。施工中注意合理确定双壁钢围堰拆除顺序，待水面以下工程全部施工完成后立即拆除双壁钢围堰。

施工要点如下：

①双壁钢围堰应做专门设计，其承载力、刚度、稳定性、锚锭系统及使用期等应满足施工要求。

②双壁钢围堰应按设计要求在工厂制作，其分节分块的大小应按工地吊装、移运能力确定。

③双壁钢围堰各节、块拼焊时，应按照预先安排的顺序对称进行。拼焊后应进行焊接质量检验及水密性试验。

④钢围堰浮运定位时，应对浮运、就位和灌水着床时的稳定性进行验算。尽量安排在能保证浮运顺利进行的低水位或水流平稳时进行，宜在白昼无风或小风时浮运。在水深或水急处浮运时，可在围堰两侧设导向船。围堰下沉前初步锚锭于墩位上游处。在浮运下沉过程中，围堰露出水面的高度不应小于1m。

⑤就位前应对所有锚绳、锚链、锚锭和导向设备进行检查调整，以使围堰落床工作进行，并注意水位涨落对锚锭的影响。

⑥锚锭体系的锚绳规格、长度应相差不大。锚绳受力应均匀。边锚的预拉力要适当，避免导向船和钢围堰摆动过大或折断锚绳。

⑦准确定位后，应向堰体壁腔内迅速、对称、均衡地灌水，使围堰落床。

⑧落床后应随时观测水域内流速增大而造成的河床局部冲刷，必要时可在冲刷段用卵石、碎石垫填整平，以改变河床上的粒径，减小冲刷深度，增强围堰稳定性。

⑨钢围堰着床后，应加强对冲刷和偏斜情况的检查，发现问题及时调整。

⑩钢围堰浇筑水下封底混凝土前，应按照设计要求进行清基，并由潜水员逐片检查合格后方可封底。

⑪钢围堰着床后的允许偏差应符合设计要求。当作为承台模板用时，其误差应当符合模板的施工要求。

（七）承台施工

围堰封底混凝土达到设计强度后，抽干围堰内的水，将封底混凝土表面整平，检查修整确定无渗漏现象，然后进行钻孔灌注桩桩头处理，绑扎承台钢筋，设置降低水化热影响的冷却管及各种预埋件。检测合格后按照前述一般陆地承台施工工艺施工即可。

第三节 桥墩台施工

桥墩是多孔桥梁处于相邻桥孔之间支承上部结构的构造物。桥台是桥梁两端支承上部结构的构筑物。桥墩台通常由垫石、盖梁（或墩台帽）和墩台身组成。

一、桥梁墩台类型

（一）桥墩类型

1. 按结构形式划分

（1）实体墩

实体墩又称重力式墩，依靠自重保持稳定的桥墩。它的整体性和耐久性好。实体墩的墩身常用抗压强度高的石料砌筑或者混凝土浇筑，其自重大、体积大，在公路工程桥梁中应用较少。

（2）薄壁墩

薄壁墩指用钢筋混凝土制作的实体薄壁桥墩或空心薄壁桥墩。实体薄壁桥墩适用于中小跨径桥梁。空心薄壁桥墩多用于大跨径桥和高桥墩桥。

（3）柱式墩

柱式墩指在基础上浇筑混凝土单柱或双柱、多柱所建成的墩，在柱之间设横系梁以增加刚度。

2. 按建筑材料划分

按建筑材料分有石砌墩台、混凝土墩台和钢筋混凝土墩台。

3. 按施工工法划分

（1）现浇桥墩

现浇桥墩是在桥墩设计位置进行模板安装、钢筋绑扎及浇筑混凝土等一系列工序形成的，也是目前桥梁普遍采用的施工方法。

（2）装配式桥墩

装配式桥墩台是近年来出现并持续推广的施工方法，将墩台分节分段预制后运输至施工现场组装施工，其建桥速度快、施工质量好，适用于山谷、工地干扰多、施工场地狭窄、缺水与砂石供应困难的地区。

（二）桥台类型

桥台指的是位于桥梁两端并与路基相连接的支承上部结构和承受桥头填土侧压力的构造物。在岸边或桥孔尽端介于桥梁与路堤连接处的支承结构物。它起着支承上部结构和连接两岸道路同时还要挡住桥台背后填土的作用。

桥台具有多种形式，主要分为重力式桥台、轻型桥台、框架式桥台、组合式桥台、承拉桥台等。当前，在公路桥梁上广泛采用 U 形桥台、一字形桥台和桩柱式桥台。

二、双圆柱墩施工

双圆柱墩是公路工程标准跨径桥梁常用的一种形式，其主要包括墩柱和墩身盖梁两部分，其结构形式单一、施工简单。在施工中，重点控制其平面位置及高程、墩身浇筑分段、混凝土浇筑质量及墩柱的养护。

（一）墩柱施工

双圆柱墩常使用就地现浇法施工，墩钢筋在加工场集中加工、现场绑扎，模板采用大块定型钢模板现场拼装、风缆与脚手架配合固定，搅拌站集中拌制混凝土，混凝土罐车运输至现场，吊车、串筒与料斗或泵车与窜筒配合浇筑混凝土入模，人工振捣，混凝土浇筑 7d 后拆模，采用无纺布覆盖、洒水养护。

高度小于 12m 墩混凝土可采用一次浇筑。墩身高度大于 12m 时，采取翻模法分节浇筑施工，第一节段浇筑 12m，其后根据现场施工条件分节段浇筑施工，注意在墩系梁底高程处必须进行分节，以便施工墩系梁。

墩柱高度在 30m 以下时，采用汽车吊辅助施工；墩柱高度为 30 ~ 50m 且墩多时，采用塔吊辅助施工，仅个别墩高时或个别墩柱由于地形限制时采用井字架与卷扬机辅助施工，采取一级泵输送混凝土施工；桥墩高度大于 50m 时采取塔吊辅助施工，采取一级泵输送混凝土施工。墩周边搭设施工脚手架或施工电梯作为施工上下通道。

1. 桩顶浮浆凿除施工

墩柱施工前要对桩基桩头进行处理，对墩柱轮廓线范围内的桩顶面（承台顶面）混凝土全部凿毛（包括钢筋保护层范围内）。待桩混凝土强度不小于 10MPa 时，采用人工手持风镐凿除桩顶（承台顶）的浮浆。经过凿毛处理后的混凝土表面，用压力水冲洗干净，使表面保持湿润但不积水。浇筑墩柱混凝土时，按照规范要求铺一层 1 ~ 2cm 厚 1：2 同等级水泥砂浆。有系梁的桩直接在桩系梁顶准备墩柱施工。

2. 测量放样

墩柱测量放样前组织进行图纸交底，详细对墩柱所在的曲线要素、高程位置、分次浇筑高度进行交底。测量数据经过不少于 2 人进行复核计算，计算无误后由测量组在桩基上放出墩柱中心十字线，然后利用十字线控制桩点，按照十字交叉法定出墩柱模板位置的控制线，弹出墨线。

3. 施工脚手架搭设

采用钢管脚手架在墩柱周边搭设施工作业平台脚手架，钢管脚手架基础进行平整夯实处理，立杆及横杆间距经过设计计算确定，搭设严格按有关规定及标准执行，保证脚手架刚度及稳定性，并设置安全网。

为便于施工人员上下操作，搭设"之"字形斜道。斜道附着外脚手架设置，宽度不小于 1m，坡度采用 1：3；拐弯处设置平台，其宽度不小于斜道宽度；斜道两侧及平台外围均设置栏杆及挡脚板，栏杆高度为 1.2m，挡脚板高度为 200mm，并用合格的密目式安全网封闭。

4. 钢筋制作与安装

钢筋采用钢筋成型机集中制作。钢筋、机械连接器、焊条等的品种、规格和技术性能符合国家现行标准规定和设计要求。受力钢筋同一截面的接头数量、搭接长度、焊接和机械接头质量符合施工技术规范要求。

5. 模板安装与支撑

模板应根据设计图纸的尺寸，统一在预制厂家订购，并根据实际需要配置一定数量不同长度模板。每节采用两块模板围成。拼缝处采用螺栓固定，横竖向法兰螺栓均要拧紧，保证模板的整体性，使模板在吊装过程中不变形。

模板的安装与拆卸均由吊车完成，在正式安装前须在现场展开试拼工作。拼装前要仔细检查模板的规格型号、平整度和光洁度，并涂刷脱模剂，不符合要求的模板不能使用。

模板在现场预拼检验合格后进行整体吊装、安装，模板安装前须检验模板底口地面平整度满足要求，并对第一层模板进行抄平。

墩柱模板安装时重点控制模板的平面位置、高程、倾斜度及错台。平面位置采用全站仪或 GPS 进行定位；墩柱高程定位使用检定过的钢尺进行，先用悬挂钢尺水准测量的方法测定，再以控制网为基准用三角高程间接法，对墩身标高进行复核；倾斜度用经纬仪精确控制，浇筑混凝土前进行校核；模板节面之间设置一道双面胶条，防止浇筑施工中浆液串漏，保证模板错台小于 1.0mm。

模板拼装完成后，安装 4 根钢丝绳作为缆风绳，上端拉住模板，下端固定在地面上的预埋钢筋桩上，然后利用全站仪进行复测。在测量组的指挥下，调节缆风绳上的松紧螺栓使模板垂直，最后用脚手架钢管撑紧模板，以保证稳定。

6. 混凝土浇筑

混凝土应采用搅拌站集中拌制，混凝土运输车运送至施工现场，汽车泵泵送入模或卸料至料斗，通过吊车吊起经串筒滑落入模，插入式振捣器人工插捣密实。

混凝土应严格控制施工配合比、坍落度。混凝土浇筑方式为水平分层浇筑，每层厚度不超过 300mm，每层混凝土在前一层混凝土初凝前浇筑和振捣，以防损害先浇的混凝土，同时避免两层混凝土表面间脱开，形成明显接缝。振动棒移动距离不大于 20cm，且插入下层混凝土内 5 ~ 10cm。浇筑时先沿钢筋笼周围仔细振捣，直至混凝土停止下沉，不再冒出气泡，表面平坦、泛浆为止，使砂浆紧靠模板使得表面光滑，无水囊、砂眼或蜂窝。振捣中振捣器与模板间保持 5 ~ 10cm 的距离，并避免与钢筋接触。

在混凝土浇筑过程中，实行"三定"，即定人、定位、定机具，并设专人对模板垂直度、平面位置、模板接缝等进行观察，发现问题及时进行处理。浇筑过程中注意防雨。浇筑到墩顶时，在墩身上预留盖梁施工措施。

7. 拆模、养护

当混凝土终凝以后，开始洒水养护，每天由专人利用高压喷水对墩柱进行喷水养生，每天养生次数根据天气及气温情况确定，以确保墩柱处于湿润状态为准。

拆除模板时的强度按浇筑混凝土时同期制作的试件做抗压试验确定。利用汽车吊拆除模板，拆除过程中尽量少用人工撬动。

模板拆除以后，可在墩顶设置养护桶确保混凝土表面长时间内保持潮湿，并用薄膜覆盖养生，养生期不少于 7d。

8. 特别注意事项

①模板严格按照设计尺寸制作，每 3 节模板用全站仪精确测定墩位一次，上下模板间连接螺栓螺帽要上足、拧紧。

②垫块相互错开、梅花形分散设置在钢筋与模板之间，垫块在结构或构件侧面和底面所布设的数量为 4 个 /m²，重要部位可适当加密。

③垫块与钢筋必须绑扎牢固，并且其绑丝的丝头不能进入混凝土保护层内。

④混凝土浇筑前，对垫块的位置、数量和紧固程度进行检查，不符合要求时及时处理，确保钢筋保护层厚度满足设计要求。

（二）盖梁施工

公路工程桥梁墩身盖梁是桥梁下部结构的重要组成部分，虽然其结构形式较简单，但结构尺寸大、质量重且属于高空构筑物，因此施工工艺要求高、质量控制严、施工风险较大。

1. 支撑体系施工

目前盖梁的施工方法主要分为两类支撑体系，一类是落地支撑体系，它通过临时结构将上部荷载直接传递给地面地基；另一类是悬空支撑体系，它利用已建成的下部构筑物的承载性能，通过上部临时支撑结构将荷载传递给下部的墩柱和桩基。这两类支撑体系根据使用的材料不同和利用方法不同，在实际运用中又进行了细分。

（1）落地支撑

落地支撑施工法亦称为支架施工法，主要适用于墩身高度较低且有条件搭设满堂式脚手架的施工区域，施工时所有临时设施重量及盖梁重量均由支架传至中系梁或地系梁和地面承受。

（2）悬空支撑

悬空支撑施工法通常适用于墩身较高、地基条件较差或因其他原因难以进行支架法盖梁施工的情况。悬空支撑按照其结构又分为摩擦抱箍桁架支撑、摩擦抱箍钢梁支撑、抗剪钢锭钢梁支撑及墩旁托架。这几种方法在实际施工中均有使用，其中抱箍支撑和抗剪钢锭使用最为广泛。

①抱箍法

利用两个半圆形的钢板通过连接板上的螺栓连接在一起并与墩柱密贴，使之与墩柱之间产生的最大静摩擦力克服临时设施及盖梁的质量。抱箍法是临时荷载及盖梁质量直接传给墩柱，对地基无任何要求；抱箍的安装高度可随墩柱高度变化，不需要额外调节底模高度的垫木或分配梁；抱箍法适应性较强，无论水中岸上、有无系梁，只要是圆形墩柱就可采用；节省人力物力是显而易见的，因此从经济上讲是最合算的；抱箍法不会破坏墩柱外观，而且抱箍法施工时支架不存在非弹变形，不用进行预压。

②抗剪钢锭法

又称剪力销法，是墩身施工时在墩身内的预留孔洞安设圆钢锭（钢棒），由圆钢锭支撑支架、模板及整个盖梁的重量，待盖梁施工完成后用同等级混凝土填塞圆钢锭预留孔道。这种方法不受墩柱形状的影响，适用范围较广。

③墩旁托架法：墩身施工时在墩身内部埋设钢板，其后施工盖梁时在预埋钢板上焊接型钢支架以支撑整个施工荷载。

2. 安装底模

盖梁底模通常采用定型钢模板铺设于底模支架上，底模与横担之间以勾头螺栓连接。施工前用全站仪在支架平台上精确放出盖梁底板尺寸大样。铺设底模时，用水平仪调整底模高程，用木方与横梁之间的木楔调整底模高程直至符合设计要求。待调整完底模中心线和高程后，质检员检查验收，报请监理工程师验收直至合格。

3. 钢筋加工及安装

盖梁底模安装结束经验收合格后，开始实施钢筋安装。盖梁钢筋可采用整体或逐片骨架吊装的方式安装，采用吊车吊运至盖梁底模上。在底模上按常规施工方法绑扎安装成型，与墩柱钢筋以电焊加固，用地锚拉线调整相应位置后固定，松开拉线。

如盖梁顶部设置支座垫石，则须根据横纵中线在钢筋骨架顶面放出支座垫石预埋筋位置及其他附件位置，进行支座垫石钢筋焊接安装。钢筋间距必须符合设计和施工规范的要求，不符合要求的要加以调整直至符合。

4. 安装侧模

盖梁侧模一般采用组合钢模板，钢框架加固，上下用拉杆对拉，底板和侧模以"墙包底"的形式连接。模板板面之间应平整，接缝严密，不漏浆，确保结构物外露面美观，线条流畅。模板接缝宜采用双面胶止浆。

模板支立前在现场涂刷优质脱模剂，用吊车吊运至盖梁位置以人工配合手拉葫芦安装，待侧模支立完毕，通过外框架上下对拉筋固定，用经纬仪及吊锤测量线形及垂直度，用地锚拉线、手动葫芦找正，并同时用水平仪调整顶面高程及支座垫石高程。调正结束后，用水冲洗底板，质检员验收，报监理工程师验收直至合格。

模板安装完毕后，应对其平面位置、顶部标高、节点联系及纵横向稳定性进行检查，符合要求后方可浇筑混凝土。浇筑混凝土前，模板应涂刷脱模剂，外露面混凝土模板的脱模剂应采用同一品种，不得使用废机油等油料，并且不得污染钢筋及混凝土施工缝处。

5. 混凝土浇筑

混凝土宜采用吊车或泵车输送入模，一次连续浇筑完成。罐车到现场后宜先检查混凝土坍落度、和易性是否符合施工要求。

浇筑时分层下料，分层振捣，分层厚度宜为 30cm。插入式振捣器移动间距不大于振捣棒作用范围的 1.5 倍。一般每点振捣 30 ~ 35s。振捣时注意钢筋密集及洞口部位，不得出现漏振、欠振或过振。为使上下层混凝土结合成整体，上层混凝土振捣要在下层混凝土初凝前进行，并要求振捣棒插入下层混凝土 50 ~ 100mm。混凝土浇筑的顺序是：从盖梁的两头向中间分层浇筑，振捣器与模板保持 5 ~ 10cm 的距离，避免振捣器碰到模板。盖梁混凝土浇筑时须制作同条件试块，用作底模拆除时强度的判定依据。

6. 养护及拆模

混凝土外露表面待收浆、初凝后即用塑料薄膜覆盖潮湿养护。当盖梁混凝土抗压强度达到 2.5MPa 时，可拆除侧模板。拆模时，注意保护盖梁表面及棱角。

混凝土强度达到设计强度 75% 以上时，再拆除底模板及支架。拆除模板时，使用人工和手拉葫芦的方法进行拆除。拆模时，注意保护盖梁表面和棱角，严禁用撬棍插入模板和混凝土间撬动拆除，避免损坏混凝土表面及崩角。拆模后要及时清除模板上的灰浆污垢，维修整理及保养，妥善存放，防止变形。拆除模板后，要马上用塑料薄膜或土工布包裹潮湿养护，要求养护 14d。

三、高墩施工

桥墩施工分为一般桥墩施工和高墩施工。一般桥墩高度不大于 20m，墩身施工可采用一次性支模浇筑，工艺简单、操作方便。墩身高度大于 20m 为高墩施工，高墩施工中墩身模板选型、墩身线形控制、混凝土浇筑为施工控制重点。根据墩身模板不同，常规的高墩施工方法有翻模法、爬模法及滑模法 3 种。因为滑模法施工质量难以控制，近年来一些施工单位在滑模法的基础上改进形成来辊模法以代替滑模法。

（一）高墩翻模施工

翻模施工法是将一段混凝土塔柱的模板分为 3 节，每节高度为 1 ~ 3m，在浇筑完混凝土后，上一节模板保留不动，利用已浇筑成型的钢筋混凝土为支撑主体，内、外模板通过拉杆与混凝土实现密贴，由下层模板与混凝土之间的黏结力和摩擦力支撑上层模板及操作平台。随着墩身钢筋骨架的接高，通过起重设备逐步向上翻升模板，完成每次预定高度的墩身混凝土浇筑，如此反复循环直至墩顶。

1. 翻模系统

翻模系统是由 3 节段大块组合模板及支架、内外工作平台、塔式起重机、手动葫芦组合而成的成套模具。

2. 施工要点

（1）模板设计

①模板分节

模板的总节段量根据模板设计高度，从墩顶往下排，不足整节模板高度者称为调整节，调整节模板必须单做。

空心墩翻模施工工艺采用的模板均为钢模板，外模由大块平模和调整坡比的角模组成，内模板由小块定型钢模和调整坡比的角模组成。内外模加固，采用内撑外拉加固方式，配备起重设备进行起吊翻升模板。

②外模设计

采用大模板设计，依据墩身高度、墩身断面尺寸、起重设备的起吊能力、运输设备，以及施工高度综合考虑来确定，一般高度取 2 ~ 3m/ 节，宽度可根现场实际情况确定。

从节约成本、加快施工进度方面考虑，每个空心墩一般采用 2 ~ 3 节模板，每次向上翻升 1 ~ 2 节，保留一节作为接头模。总节段数量要综合考虑墩的数量和墩的截面形式。节段模板角模编号自墩顶向下，按节段顺序依次编号，以便于模板设计、加工和安装。同时，模板设计中也可以考虑其他结构物的尺寸，以便模板多次利用。

③内模设计

除少量异形内模可采用木模外，其余模板均采用定型钢模板，模板加固采用带可调丝杠的钢管作为内支撑杆。内模设计时，为了便于脱模，在竖向倒角连接处一侧设计成锐角。

④操作平台和安全设施

采用桁片结构做施工平台，并作为模板加固的背杠，增强模板刚度。平台设计时根据所承受小型机具、周转材料和操作人员的重量进行设计，在桁片上安装竖向钢管作为栏杆立柱，加横杠两道，并且挂设安全网做防护，平台上焊花纹钢板。内、外竖向设挂梯，方便作业人员上下通行。

（2）模板加工

①加工标准

按照设计的模板加工图和《钢结构工程施工及验收规范》进行内、外模板加工。

②质量验收

在厂家或施工现场进行自由状态下预拼装，根据设计图纸和规范进行验收。检查模板的长、宽、高、螺栓孔直径、大面平整度、接缝错台（含节间接缝）、焊接质量等，检查合格后，对角模进行编号与坡比标注，编号由墩顶向下按顺序进行。

③运输存放

根据模板的长度、宽度和重量选用车辆；模板在运输车上支点、两端伸出长度及绑扎和安装方法均须保证模板不变形、不损伤涂层。

模板存放场地应平整坚实、无积水。按照规格、型号、安装顺序分区存放；模板底层垫枕须有足够的支撑面，防止支点下沉。相同型号的模板垫放时，各层的支点在同一垂直线上，防止模板被压坏或变形。

（3）模板安装

采取先安装外模，再安装内模的施工顺序。内撑外拉、借助螺栓锁紧，防止浇筑混凝土过程中模板出现移位、漏浆现象。钢筋拉杆采用PVC管做套管，以便拉杆反复使用。

墩身模板的校正采用千斤顶、木楔和内拉配合使用。即墩底层模板校正时，在承台上用千斤顶在模板偏的一侧将模板顶高校正即可（千斤顶的力作用于模板围檩上）；从第二节向上，模板校正与第一节相同，只是千斤顶都在模板围檩上操作。

（4）模板拆除、翻升、修整、涂刷脱模剂

每节段混凝土浇筑完成后，向上接长钢筋，待钢筋安装好以后，进行模板拆除、翻升、修整、涂刷脱模剂，顺序为先外后内、先下后上逐块逐节进行。具体程序如下：

①清理干净操作平台上的机、具、料，然后预松拉杆，拆除相邻模板之间的连接。

②起吊扣件锁紧后，将模板吊至地面并支垫。

③用刮平刀或手持打磨机清理模板面板残留的混凝土，注意不要把模板面刮伤。如肋边发生翘曲、弯折、板面发生变形时，须进行矫正平直，在开焊处补焊牢固，并将面板清理干净。

④在模板表面均匀涂刷同一品种的脱模剂。

⑤提升并安装模板。

（二）高墩自爬模施工

自爬模施工是使用一套模板，在完成第一层混凝土浇筑的同时完成导轨和支架预埋系统，通过液压油缸对导轨和爬架交替顶升来实现爬模墩柱混凝土施工。

支架、模板及施工荷载全部由预埋件承担，不须另搭脚手架，适于高空作业；模板部分可整体后移650mm；模板可利用锚固装置使其与混凝土贴紧，防止漏浆及错台；模板部分可相对支撑架部分上下左右调节，使用灵活；利用斜撑模板可前后倾斜，最大角度为30°；各连接件标准化程度高，通用性强；模板上设吊平台，可用于埋件的拆除及混凝土处理；支架设有斜撑，可方便调整模板的垂直度。

1. 爬模的结构组成

爬模由支架系统、固定系统、模板系统3部分组成。

（1）支架系统

由三脚架、操作平台、吊平台和内支架组成。吊平台可用于周转的预埋件和修饰须处理的混凝土面。操作平台和吊平台四周都设置栏杆和防护网。

（2）固定系统

模板、支架及施工荷载全部由预埋件和锚固装置承担，模板倾斜度由可调斜撑控制。

（3）模板系统

墩身外模采用工字木梁模板，由20mm厚胶合板作为面板，20号工字木梁作为竖肋，两根14号槽钢靠背组合作为横肋和M20高强螺栓组成。

2. 施工关键工序及控制要点

（1）墩身首节段模板安装、锚锥埋设、测量放线

安装前清理模板，以无污痕为标准，刷脱模剂。模板采用塔吊安装，首先进行墩底实心段模板安装，安装模板时现场技术员必须严格控制墩底中线、水平。

预埋件埋设正确与否，对整个爬模安装至关重要。在锚锥与高强螺杆连接处，应涂抹黄油；在锚锥表面处均匀涂抹黄油，以便埋件拆除。预埋件固定在模板上，通过安装螺栓，将埋件固定在模板上，待墩身第一节段混凝土浇筑完后，取出安装螺杆，埋件仍留在墩身内。为避免预埋件与墩身钢筋发生冲突，在绑扎墩身钢筋时，就应考虑墩身钢筋要避开预埋件位置。

待模板安装完后，由精测队精确放出结构外轮廓线，确保墩身位置的准确性。

（2）浇筑第一节段混凝土。混凝土采取自动计量拌合站生产，输送车运输，泵送入模。

浇筑前，对支架、模板、钢筋和预埋件进行检查，清理干净模板内的杂物、积水和钢筋上的污垢；模板缝隙填塞严密，模板内面涂刷脱模剂；检查混凝土的均匀性和坍落度；混凝土分层浇筑厚度不超过30cm；采用振捣器振动捣实。混凝土浇筑连续进行，如因故必须间断时，其间断时间小于前层混凝土的初凝时间，允许间断时间经试验确定。

若超过允许间断时间，按工作缝处理。

（3）墩身第二节段施工。待墩身第一节段混凝土达到一定强度后拆除模板，用塔吊起吊爬架，并且将爬架安装在相应的预埋件上。

爬架安装好后，首先安装墩身横桥向的 8 块模板，然后安装顺桥向的模板。模板、平台和三脚架在平地进行预拼检查，起吊前通过后移装置将模板后移 30cm，然后用塔吊起吊模板，人工配合安装。模板主要依靠预埋螺栓和三脚架支撑定位。模板安装就位后，先调整墩身横桥向模板，然后调整顺桥向模板。操作工人站在平台上通过后移装置和斜撑一起调节模板至紧贴已浇筑混凝土面，通过锚固装置将模板下沿与上次浇筑完的混凝土结构表面顶紧，确保不漏浆、不错台。侧模的坡度通过上口宽度调节，每一标准节段浇筑 4.5m，上口混凝土顶面每侧各缩减 37.5cm，调节时主要依靠斜撑上的螺栓控制。

外模安装完毕后，开始内模拼装，边角和倒角位置尺寸准确。主筋采用直螺纹连接，钢筋绑扎完毕后，内、外模之间使用对拉螺杆加固，对拉螺杆外套一根 PVC 管，以便于拆除。

模板安装完并初校后，经测量人员校核调整无误方可进行混凝土浇筑。由于墩身底有一节 6m 高的实心段，第二节段实心段和空心段一次性浇筑，先浇筑实心段，一般间隔 3 ~ 4h，待实心段混凝土有一定的强度后，再进行空心段浇筑，进而不必支设实心段顶部模板。由于每节段浇筑高度为 4.5m，混凝土由泵送入模，通过串筒浇筑，以免混凝土离析散落。为保证墩身模板受力均衡，混凝土分层下料振捣，分层厚度不大于 30cm，振捣棒与模板保持 5 ~ 10cm 的距离。

（4）施工注意事项如下：

①爬模组装属高空作业，不得安排交叉作业。

②模板必须严格按照墩身尺寸拼组，各模板搭接密贴，内外大模板对称分布，保持上缘平齐，拉杆所套的 PVC 管长短适宜，以便拔出模板拉杆。

③为了确保每个桥墩内实外美和上下颜色一致，在施工准备时充分考虑桥墩的施工时间，每个桥墩用同一批号水泥。

④爬模施工时预埋件很多，保证不漏不错，位置正确。

第五章 桥梁上部结构施工技术

第一节　装配式梁桥施工

装配式梁桥施工，又称预制安装法，是指桥梁的桥跨结构在非桥址的位置提前集中预制生产，待桥梁下部结构施工完成并满足施工要求后，采用运梁机械将梁体运输至桥址位置并使用起重吊装机械将梁体安放至设计位置的一种施工方法。

装配式梁桥施工可分为预制整孔式安装和预制节段式块件拼装两种。前者主要是指装配式的简支梁桥或先简支后连续梁桥，如空心板梁、T形梁及中小跨径的箱梁等的安装，是先将板梁吊装就位，而后进行横向连接或施工桥面板而使之成为桥梁整体。后者是指梁体（一般为箱梁）沿桥轴向分段预制成节段或节式块件，运到现场进行拼装（悬臂拼装），连续梁、T构、连续刚构和斜拉桥多应用这种方法进行施工。

通常来说，用预制安装法施工的装配式梁桥与就地浇筑的整体式梁桥相比，有如下特点：

①缩短施工工期。构件预制可以提早进行，在下部结构施工的同时进行预制工作，做到上、下部结构平行施工。

②节约支架、模板。装配式梁桥往往采用无支架或少支架施工。另外，构件在预制场或工厂内预制时，采用的模板和支架能做到尽量简便合理，并可更多地考虑反复使用周期。

③提高工程质量。装配式梁桥构件在预制的过程中较易做到标准化和机械化，尤其

适合 50m 跨径以下的套用标准图设计的简支梁桥的施工，可以大大提高经济效益。

④需要吊装设备。主要预制构件的自重，少则几吨或十几吨，一般为几十吨，这就要求施工单位有相应的吊装能力和设备。

当前，我国公路桥梁中的简支梁（板）桥和先简支后连续梁桥大都采用装配式施工，其主要施工程序包括梁（板）预制→预制构件运输→预制构件吊装→构件横纵向连接→桥面系施工。

公路工程中的梁桥大都是预应力混凝土结构，因此本书仅介绍预应力混凝土梁板的施工方法，钢筋混凝土梁板请参阅其他书籍。

一、先张法梁板预制

在我国，30m 以下跨径多采取先张法，预应力钢束采用直线布置，且主要用于小跨径预应力混凝土空心板梁中。随着弯起器的应用，在先张法预制梁板中也出现了折线形预应力筋的配置情况。

先张法的制梁工艺是在浇筑混凝土前张拉预应力筋，将其临时锚固在张拉台座上，然后立模浇筑混凝土，待混凝土达到规定的强度时，逐渐将预应力筋放松，这样就因预应力筋的弹性回缩通过其与混凝土之间的黏结作用，使混凝土获得预压应力。

（一）预制台座建造

台座是先张法施加预应力的主要设备之一，它承受预应力筋在构件制作时的全部张拉力。张拉台座必须在受力后不倾覆、不移动、不变形。

1. 台座的类型

（1）墩式台座

墩式台座是先张法预应力构件应用最为广泛的一种台座形式。墩式台座靠自重和墩后的被动土压力来平衡张拉力所产生的倾覆力矩，并且靠台座与其基底土壤间的摩阻力和反力抵抗水平滑移，适用于总张拉力为 1000 ~ 2000kN 的张拉。在地质情况良好、台座张拉线较长的情况下，采用墩式台座可节约大量混凝土。

（2）基桩式台座

基桩式台座主要由基桩、横梁和台面等组成，主要用桩的抗水平承载力来抵抗拉力。

（3）压杆式台座（框架式台座）

压杆式台座主要由压杆、横梁、台面组成。它既可以承受钢筋张拉时的反力，又可以作为构件采用蒸汽养护的养生槽。压杆主要承受预应力张拉时的反力，一般用钢筋混凝土整浇而成。对于公路工程施工，由于预制场是临时性的，所以最好采用装配式的压杆，装配式的压杆可用钢管、钢箱等制成。这样方便拆除运输和重复使用，也便于按照地形条件、构件长度和工艺要求而改变台座长度。

2. 台座构造

（1）底板（台面）

底板作为预制构件的底模，要求平整、光滑。一般采用在夯实平整的土基上浇筑 5 ～ 8cm 厚的 C15 ～ C20 素混凝土，每隔 10 ～ 20m 留伸缩缝。其宽度由制作预应力构件的宽度决定，对底板要采取可避免沾污铺放在台座上的预应力筋的措施。模板隔离剂应选用非油质类的。

（2）承力架（支承架）

承力架为台座的主要受力结构，是台座的支承架。它要求承受全部张拉力，制造时要保证承力架变形小，经济、安全、便于操作。承力架形式很多，如框架式、墩式等。

（3）横梁

横梁是将预应力筋的张拉力传给承力架的横向构件，常用型钢或钢筋混凝土制作。其断面尺寸由横梁的跨径、张拉力的大小决定，并应保证刚度和稳定的要求，受力后挠度应不大于 2mm。

（4）定位板

定位板用来固定预应力筋，通常用钢板制成，连接在横梁上。它必须保证承受张拉力后，具有足够的强度和刚度。孔的位置根据梁体预应力筋的位置设置，孔径比预应力筋大 2 ～ 4mm，以便穿筋。

（5）固定端装置

用于固定力筋位置并在梁预制后放松力筋，它设在非张拉端，仅用于一段张拉的先张台座。

（二）预应力筋安装

预应力筋（钢绞线）按计算长度切割，在失效段套上塑料管，放在台座上，线两端穿过定位钢板。卡上锚具，用液压千斤顶单束张拉，先张拉中间束，再向两边对称张拉。

（三）预应力钢筋张拉

1. 确定张拉方法

先张法通常使用一端张拉，另一端在张拉前要设置好固定装置或安放好预应力筋的放松装置，但也有采用两端张拉的方法。

先张法张拉预应力筋，分单根张拉和多根张拉，以及单向张拉和双向张拉。单根张拉设备比较简单、吨位要求小，但张拉速度慢，张拉顺序不应使台座承受过大的偏心力。多根张拉一般须有两个大吨位千斤顶，张拉速度快。数根预应力筋同时张拉时，必须使它们的初始长度一致，张拉后每根预应力筋的应力均匀。所以，可在预应力筋一端选用螺丝杆锚具和横梁、千斤顶组成张拉端，另一端选用墩粗夹具为固定端，这样可以利用螺丝端杆的螺母调整各根力筋的初始长度。如果预应力筋直径较小，在保证每根预应力筋下料长度精确的情况下，可两端采用墩粗夹具。

2. 张拉设备的选用

桥梁工程中一般采用液压拉伸机作为预应力的张拉设备，它由千斤顶和配套的高压油泵、压力表及外接油管组成。施工时必须根据构件特点、张拉锚固工艺情况及预应力筋的规格和根数等情况选用张拉设备，一般主要选择适宜的张拉吨位及压力表。

3. 张拉设备的标定

实际中千斤顶的油缸与活塞有摩阻力存在，千斤顶和油压表在使用前必须通过标准压力计进行标定。根据标定数据，可采用一元线性回归分析法与直线插值法计算油压表读数，用以控制张拉力。张拉用的千斤顶、油压表、油泵应配套标定、配套使用，标定应在国家授权的法定计量技术机构定期进行。标定时，千斤顶活塞的运行方向应与实际张拉工作状态一致。

4. 张拉理论伸长值计算

预应力筋使用应力控制方法张拉，采用伸长值做校核。实际伸长值与理论伸长值的差值应符合设计规定；设计未规定时，其偏差应控制在 ±6% 以内，否则应暂停张拉，待查明原因并采取措施予以调整后，方可继续张拉。

5. 张拉程序

张拉时，同一构件内预应力钢丝、钢绞线的断丝数量不得超过 1%，同时对于预应力钢筋不允许断筋。

6. 张拉操作注意事项

张拉前，应先安装定位板，检查定位板的力筋孔位置和孔径大小是否符合设计要求，然后将定位板固定在横梁上。检查预应力钢筋数量、位置、张拉设备和锚具后，方可进行张拉。

（四）混凝土浇筑

浇筑前，应会同监理工程师对模板、钢筋以及预埋件位置进行检查。

1. 混凝土的浇筑速度

为了保证浇筑混凝土的整体性，避免在浇筑上层混凝土时破坏下层混凝土，浇筑层次的增加须有一定的速度，须使次一层的浇筑能在先浇筑的一层混凝土初凝以前完成。

2. 混凝土的浇筑顺序

考虑主梁混凝土的浇筑顺序时，不应使模板和支架产生不利的下沉。为了使混凝土振捣密实，应采用相应的分层浇筑。当在斜面或曲面上浇筑混凝土时，一般应从低处开始。

（1）水平分层浇筑

对于跨径不大的简支梁桥，可在钢筋全部扎好以后，将梁和板沿一跨全长内水平分层浇筑，在跨中合龙。分层的厚度视振捣器的能力而定，通常为 0.15 ~ 0.3m。当采用人工捣实时，可采用 0.15 ~ 0.2m。

（2）斜层浇筑

跨径不大的简支梁桥混凝土的浇筑，还可用斜层法从主梁两端对称向跨中进行，并在跨中合龙。T 梁和箱梁采用斜层浇筑的顺序。采用斜层浇筑时，混凝土的倾斜角与混凝土的稠度有关，通常为 20°～25°。

气候炎热时，混凝土入模温度不宜高于 28℃，还应避免模板和新浇混凝土受阳光直射。模板与钢筋温度以及周围温度不超过 40℃。

当室外日平均气温连续 5 d 低于 5℃时，按冬季施工进行。

（五）混凝土养护

混凝土浇筑完成后应及时进行养护。在养护期间，应使混凝土保持湿润、防止雨淋、日晒，受冻及受荷载的振动、冲击，以促使混凝土硬化，并在获得强度的同时，防止混凝土干缩引起的裂缝。为此，对于混凝土外露面，在表面收浆、凝固后，即用草帘等物覆盖，并应经常在覆盖物上洒水（或用水喷淋）养护。洒水养护时间一般不少于 7 d，可根据空气的湿度、温度和水泥品种及掺用的外加剂等情况，酌情延长或缩短。

当日平均气温低于 +5℃或日最低气温低于 -3℃时，应按照冬季施工要求进行养护。

（六）预应力放张

当混凝土达到设计规定的放张强度后（设计无规定时，一般应在大于混凝土设计强度等级值的 80%、弹性模量不低于混凝土 28 d 弹性模量的 80%），可在台座上放张受拉的预应力筋（称为放张），对预制梁施加预应力。预应力放张通常采用砂箱放张法、千斤顶直接放张法、千斤顶再张拉放张法和氧气–乙炔切割法进行。

1. 砂箱放张法

采用砂箱作为放张装置，在张拉时将砂箱放置在非张拉端，张拉前将砂箱内装满干砂并使其顶着横梁。张拉时，砂箱内砂被压实承受横梁反力。放张预应力筋时，打开出砂口，人工用工具掏出砂箱内的砂，活塞缩回，逐渐放张预应力筋。

2. 千斤顶直接放张法

千斤顶放张法原理和砂箱放张法类似，在台座固定端的承力架与横梁之间张拉前就安放千斤顶，待混凝土达到规定放张强度后，就可让千斤顶同步回程，使拉紧的力筋慢慢回缩，将力筋放张。

3. 千斤顶再张拉放张法

在台座固定端设置螺杆或夹具和张拉架。张拉架顶紧横梁，让预应力筋锚固在张拉架上；放张时，再略微拉紧力筋，然后拧松螺母，再将千斤顶回油，力筋就慢慢回缩，张拉力即被释放。

4. 乙炔–氧气切割法

当前，工程中多用乙炔–氧气切割法，即直接用氧气–乙炔焰沿构件端部将锚固在台座上的预应力筋切断。这种放张预应力筋方法快速、方便，但对预应力冲击很大，易产生裂缝和造成大批预应力损失。预热放张法是用氧气 – 乙炔焰轮流烘烤,随着温度的升高,烘烤部分产生局部伸长,然后熔割切断。氧割操作人员只允许沿横向站立,不得站在预应力筋上进行操作。

预应力筋放张的速度不宜太快,以砂箱放松为宜。如采用千斤顶再张拉法放张,所施加的应力值不得超过原张拉时的控制应力。当采用单根放松时,应分阶段、对称相互交错地进行。每根预应力筋严禁一次放完,以免最后放松的预应力筋自行绷断。

(七)梁板移位及存放

梁板移运时,混凝土强度应不低于设计强度的 80%。

梁板移运时的吊点位置应按设计文件的规定设置。如设计无规定时,梁、板构件的吊点应根据计算决定。构件的吊环应顺直。吊绳与起吊构件的交角小于 60° 时,应设置吊架或扁担,尽可能使吊环垂直受力。根据吊具的不同,必须采取不同的梁体保护装置。

梁、板、构件移运和堆放的支承位置应与吊点位置一致,并应支承牢固,避免损伤构件。在顶起各种构件时,应随时设置好保险垛。

吊移板式构件时,不得吊错上、下面,以免折断。构件运输时,应有特制的固定架以稳定构件。小构件宜顺宽度方向侧立放置,并注意防止倾倒;若平放,两端吊点处必须设置支搁方木。

二、后张法梁板预制

后张法施工工艺是先浇筑留有预应力孔道的梁体,待混凝土达到规定强度后,再在预留孔道内穿入预应力筋进行张拉锚固(对后穿入预应力筋困难时,可在浇筑混凝土之前穿入),最后进行孔道压浆并浇筑梁端封头混凝土。

后张法生产预应力混凝土梁,不需要大型的张拉台座,便于桥梁工地现场施工,而且又适宜于配置曲线预应力筋的重、大型构件制作,因此在公路桥梁上应用广泛。

(一)孔道预留

梁体内预留孔道的生产主要有两种方式:埋置式和抽拔式。埋置式制孔主要采用金属波纹管和塑料波纹管。抽拔式制孔(俗称抽拔管)常用的有橡胶抽拔管、金属伸缩抽拔管和钢管等。

抽拔橡胶管制孔是按设计位置将抽拔橡胶管固定在钢筋骨架中,待混凝土抗压强度达到 4 ~ 8MPa 时(即混凝土初凝后,终凝前),再将橡胶管拔出以形成孔道。这种制孔的方式比较经济,管道内压注的水泥浆与构件混凝土结合较好。但缺点是不易形成多向弯曲、形状复杂的管道,并且需要控制好抽拔的时间点。

预埋波纹管是在浇筑混凝土前,将波纹管按预应力钢筋设计位置绑扎于箍筋焊连的钢筋托架上,再浇筑混凝土,结硬后即可形成穿束的孔道。金属波纹管是用薄钢带经卷管机压波后卷成,其重量轻,纵向弯曲性能好,径向刚度较大,连接方便,与混凝土黏结良好，与预应力钢筋的摩阻系数也小，是后张法预应力混凝土构件一种较理想的制孔方式。

（二）预应力钢绞线穿束

①当梁体混凝土强度达到设计强度的 80% 以上时，才能进行穿束张拉。

②穿束前，可用空压机吹风等方法清除孔道内的污物和积水，以确保孔道畅通。

③箱梁钢绞线可采用钢套牵引法。穿束时钢绞线头缠胶带，防止钢绞线头被挂住。

（三）预应力筋的张拉

1. 张拉前的准备工作

预应力筋张拉前必须对千斤顶和油压表进行校验，计算与张拉吨位相应的油压表读数和钢绞线伸长量，确定张拉顺序和清孔、穿束等，并且完成制锚工作。

2. 张拉程序

后张法预制梁，当跨径或长度大于或等于 25m 时，宜采用两端同时张拉的工艺。只有短构件可用单端张拉，非张拉端用固定锚具。

当梁体混凝土强度达到设计强度的 75% 以上时，才可进行穿束张拉。穿筋工作一般采取直接穿筋，较长的钢筋可借助钢丝作为引线，用卷扬机进行穿筋。

预应力筋张拉端的设置应符合设计要求，当设计无具体要求时，曲线预应力筋和长度大于 25m 的直线预应力筋，应采用两端对称张拉；长度等于或小于 25m 的直线预应力筋，可在一端张拉。预应力筋的张拉应符合设计要求，当设计无要求时，可分批分阶段对称张拉。分批张拉时，应按顺序对称地进行，以防过大偏心压力导致梁体出现较明显的侧弯现象，同时应考虑后张拉的预应力筋对先张拉的预应力筋所带来的预应力损失。后张法预应力筋的张拉应分级进行。

预应力筋在张拉控制应力达到稳定后方可锚固。预应力筋锚固后的外露长度不宜小于 30mm，且不应小于 1.5 倍预应力筋直径。锚具应用封端混凝土保护，当须长期外露时，应采取防止锈蚀的措施。一般情况下，锚固完毕并经检验合格后即可切割端头多余的预应力筋，严禁用电弧焊切割，强调用砂轮机切割。一般防锈措施为砂浆封堵。

张拉完后即封堵。完成后，即对外露多余钢绞线、钢筋进行切割，封堵方法是用素灰浆锚头封住，然后用塑料布将其裹住进行养护，避免裂缝而使锚头漏浆、漏气，影响压浆质量。

此外，张拉时应注意夹片的回缩量，并做好记录予以减除。用自锚式锚头时，夹片的回缩量即钢绞线回缩量，一般为限位板位槽深减去夹片外露量。夹片外露量由张拉完毕后量得。

（四）孔道压浆

孔道压浆能保护预应力筋不受锈蚀，而且使预应力筋与混凝土梁体黏结成整体，从而既能减轻锚具的受力，又能提高梁的承载能力、抗裂性能和耐久性能。孔道压浆应比选压浆设备及压浆方法。预应力筋张拉锚固后，孔道应尽早压浆，且在 48h 内完成，否则应采取避免预应力筋锈蚀的措施。

1. 压浆的目的

孔道压浆的目的：一是保护钢绞线不生锈，延长结构使用年限，所以压浆要饱满、密实；二是作为媒介，在钢绞线松弛后，向梁体传递一部分应力，即提高钢筋与混凝土之间的黏结力。

2. 压浆工艺

普通压浆：压浆前先用压力清水冲洗将要压浆的孔道，再将水泥净浆从孔的一端压入，另一端排出浓浆后封闭。加大压力至 0.5 ~ 0.7MPa，持续 2 ~ 5min 后结束。

真空压浆：压浆前，先用真空泵抽吸预应力孔道中的空气，使孔道的真空度达到负压 0.1MPa 左右，然后在孔道另一端用压浆泵以一定的压力将搅拌好的水泥浆体压入预应力孔道并产生一定的压力。因为孔道内只有极少数空气，浆体中很难形成气泡。同时，由于孔道内和压浆泵之间存在正负压力差，大大提高孔道内浆体的饱满和密实度，而且在水泥浆中，由于降低水胶比须添加专用的外加剂，从而减少了浆体的离析、析水和干硬收缩，同时提高了浆体的强度。

3. 孔道压浆一般要求

（1）压浆材料

①后张预应力孔道宜采用专用压浆料或专用压浆剂配制的浆液进行压浆。

②水泥应采用性能稳定、强度等级不低于 42.5 的低碱硅酸盐或低碱普通硅酸盐水泥。

③外加剂应与水泥具有良好的相容性，且不允许含有氯盐、亚硝酸盐或其他对预应力具有腐蚀作用的成分。

④矿物掺合料的品种宜为Ⅰ级粉煤灰、磨细矿渣粉或硅灰，并应符合规范的规定。

⑤水不应含有对预应力筋或水泥有害的成分，每升水中不得含有 350mg 以上的氯化物离子或任何一种其他有机物，宜采用符合国家卫生标准的清洁饮用水

⑥膨胀剂宜采用钙矾石系或复合型膨胀剂，不得采用以铝粉为膨胀源的膨胀剂或总碱量 0.75% 以上的高碱膨胀剂。

⑦压浆材料中的氯离子含量不应超过胶凝材料总量的 0.06，比表面积应大于 $350m^2/kg$，三氧化硫含量不应超过 6.0%。

（2）压浆设备

①搅拌机的转速应不低于 1000r/min，搅拌叶的形状应与转速相匹配，其叶片的线速度不宜小于 10m/s，最高线速度宜限制在 20m/s 以内，且应能满足在规定时间内搅拌均匀的要求。

②用于临时储存浆液的储料罐亦应具备搅拌功能，且应设置网格尺寸不大于 3mm 的过滤网。

③压浆机应采用活塞式可连续作业的压浆泵，其压力表的最小分度值应不大于

0.1MPa，最大量程应使实际工作压力在其 25%～75% 的量程。不得采用风压式压浆泵进行孔道压浆。

④真空辅助压浆工艺中采取的真空泵应能达到 0.10MPa 的负压力。

4. 压浆施工

（1）准备

①应在工地试验室对压浆材料加水进行试配，各种材料的称量（均以质量计）应精确到 ±1%。

②应对孔道进行清洁处理。对抽芯成型的孔道应冲洗干净并应使孔壁完全湿润；金属和塑料管道在必要时亦应冲洗清除附着于孔道内壁的有害材料。对孔道内可能存在的油污等，可采用已知对预应力筋和管道无腐蚀作用的中性洗涤剂或皂液，用水稀释后进行冲洗；冲洗后，应使用不含油的压缩空气将孔道内的所有积水吹出。

③应对压浆设备进行清洗，清洗后的设备内不应有残渣和积水。

（2）压浆

①压浆过程中及压浆后 48 h 内，结构或构件混凝土的温度及环境温度不得低于 5℃，否则应采取保温措施，并应按冬季施工的要求处理。浆液中可适量掺用引气剂，然而不得掺用防冻剂。当环境温度高于 35℃时，压浆宜在夜间进行。

②压浆时，对曲线孔道和竖向孔道应从最低点的压浆孔压入；对结构或构件中以上下分层设置的孔道，应按先下层后上层的顺序进行压浆。同一管道的压浆应连续进行，一次完成。压浆应缓慢、均匀地进行，不得中断，并应将所有最高点的排气孔依次一一打开和关闭，使得孔道内排气通畅。

③浆液自拌制完成至压入孔道的延续时间不宜超过 40min，且在使用前和压注过程中应连续搅拌，对因延迟使用所致流动度降低的水泥浆，不得通过额外加水增加其流动度。

④对水平或曲线孔道，压浆压力宜为 0.5～0.7MPa；对超长孔道，最大压力不宜超过 1.0MPa；对竖向孔道，压浆压力宜为 0.3～0.4MPa。压浆的充盈度应达到孔道另一端饱满且排气孔排出与规定流动度相同的水泥浆为止。关闭出浆口后，宜保持一个不小于 0.5MPa 的稳压期，该稳压期的保持时间宜为 3～5min。

⑤采用真空辅助压浆工艺时，在压浆前应对孔道进行抽真空，真空度宜稳定在 −0.06～−0.10MPa。真空度稳定后，应立即开启孔道压浆端的阀门，同时启动压浆泵进行压浆。

⑥压浆时，每一工作班应制作留取不少于 3 组尺寸为 40mm×40mm×160mm 试件，标准养护 28d，进行抗压强度和抗折强度试验，作为质量评定的依据。

（3）压浆后

①压浆后应通过检查孔抽查压浆的密实情况，如有不实，应及时进行补压浆处理。

②压浆完成后，应及时对锚固端按设计要求进行封闭保护防腐处理。需要封锚的锚具，应当在压浆完成后对梁端混凝土凿毛并将其周围冲洗干净，设置钢筋网浇筑封锚混

凝土；封锚应采用与结构同强度的混凝土，并应严格控制封锚后的梁体长度。长期外露的锚具，应采取防锈措施。

③对后张预制构件，在孔道压浆前不得安装就位；压浆后，应在浆液强度达到规定的强度后方可移运和吊装。

④孔道压浆应填写施工记录。记录项目应包括压浆材料、配合比、压浆日期、搅拌时间、出机初始流动度、浆液温度、环境温度、稳压压力及时间，使用真空辅助压浆工艺时应包括真空度。

（五）封端

对设计需要进行锚端封闭的梁体，孔道压浆后应立即将梁端水泥浆冲洗干净，并将断面混凝土凿毛。对端部钢筋网的绑扎和封端板的安装，要妥善处理并确保固定，以免在浇筑混凝土时因模板移动而影响梁长。封端混凝土的强度等级应不低于梁体混凝土强度等级的80%。浇完混凝土并静置1～2h后，应按一般规定进行保湿养护。

对须封锚的锚具，压浆后应先将其周围冲洗干净并对梁端混凝土凿毛，然后设置钢筋网浇筑封锚混凝土。封锚混凝土的强度应符合设计规定，一般不宜低于构件混凝土强度等级的80%。必须严格控制封锚后的梁体长度。长期外露的锚具，应采取防锈措施。

对后张预制构件，在管道压浆前不允许安装到位，在压浆强度达到设计要求后方可移运和吊装。孔道压浆应填写施工记录。

（六）梁的吊运

梁体压浆结束后，待浆体强度达到设计强度的80%方可移至存梁区。当梁体混凝土强度达到设计强度的100%方可进行架设。

三、预制梁板的吊装

预制装配式桥梁施工是将在预制厂或桥梁现场预制的梁运至桥位处，使用一定的起重设备进行安装并完成横向连接组成桥梁的施工方法。当前，预制安装法是简支梁经常采用的一种施工方法。预制梁的安装主要有架桥机法、跨墩龙门式吊车架梁法、自行式吊车架梁法、扒杆架设法、浮吊架设法和高低腿龙门架配合架桥机架设法等。

（一）一般规定

由于梁体长、笨重，起吊、运输都比较困难，因此要合理选择起吊、运输的工具和方法，以确保安全。梁体起吊时，混凝土强度应符合设计规定。压浆强度不得低于设计强度的75%，封端混凝土强度不得低于设计强度的50%；吊点、支点位置应经计算确定，其距离误差不得大于规定的200mm，不论起吊、运输或存放都要有防止倾覆措施。桥梁施工架梁前常须先卸后架，应有一处存梁场地。场地位置要慎重选择，一般可在车站、区间或桥头存放，也可在施工线路上选择适当地点存放。存梁场应有良好的排水系统和设施，宜优先采用大跨度吊梁龙门架装卸桥梁。采用滑道移梁时，滑道应有一定的强度和刚度，并满足移梁作业的需要。

（二）吊装方法

1. 架桥机法

架桥机可分为单导梁式、双导梁式、斜拉式和悬吊式等类型。其中双导梁架桥机以高安全性、高效性及适应强的特点，在高速公路桥梁架设中广泛使用。

2. 跨墩龙门式吊车架梁法

跨墩龙门吊车安装适用于桥不太高，架梁孔数又多，地势平坦，沿桥墩两侧铺设轨道不困难，无水或浅水河滩区域安装预制梁。一台或两台跨墩龙门吊车分别设于待安装孔的前后墩位置，预制梁内平车顺桥向运至安装孔一侧，移动跨墩龙门吊车上的吊梁平车，对准梁的吊点放下吊架将梁吊起。当梁底超过桥墩顶面后，停止提升，用卷扬帆牵引吊梁平车慢慢横移，使梁对准桥墩上的支座，然后落梁就位，接着准备架设下一片梁。

山区预制梁易受场地影响。为满足施工进度需求，经常把预制梁场地设置在桥墩下狭小场地内，采用运梁车将桥下预制梁运至高低腿龙门吊下，利用高低腿龙门吊将预制梁提升到桥面，然后再用运梁小车把箱梁运到架桥机下面进行预制梁架设。通常梁板预制场位于桥址中部时，亦采用跨墩龙门吊作为初架段梁体的架设、架桥机及预制梁的上下桥作业。

3. 自行式吊机架梁法

在桥不高、场内又可设置行车便道的情况下，用自行式吊车（汽车吊车或履带吊车）架设中、小跨径的桥梁十分方便。此法视吊装重量不同，还可使用单吊（一台吊车）或双吊（两台吊车）两种形式。其特点是机动性好，无须动力设备和准备作业，架梁速度快。

4. 浮吊架设法（水上架设）

在海上和深水大河上修建桥梁时，挑用可回转的伸臂式浮吊架梁比较方便，也可用钢制万能杆件或贝雷钢架拼装固定的悬臂浮吊进行。此架梁方法高空作业较少、吊装能力大、工效高、施工较安全，但需要大型浮吊。由于浮吊船来回运梁航行时间长，须增加费用，一般采取用装梁船存梁后成批架设的方法。浮吊架梁时，须在岸边设置临时码头来移运预制梁。架梁时浮吊要仔细锚固，流速不大时，可用预先抛入河中的混凝土锚作为锚固点。

预制梁（板）的吊装常采用上述 4 种方法，除此之外，还有扒杆法（钓鱼法）、简易型钢导梁架设法等其他方法，在规范中明确严禁使用扒杆法施工。

第二节 现浇梁桥施工

现浇法施工梁桥是指在桥址设计位置采用支架法或者悬臂法安装模板、绑扎及安装钢筋、浇筑混凝土的施工方法。

一、支架现浇法施工

公路工程桥梁支架施工经常采用满堂支架和柱式支架。

（一）地基处理

为保证现浇梁体不产生过大的变形，除了保证支架本身的强度、刚度和稳定性外，支架的基础还必须坚实牢靠，并将其沉降控制在容许范围内。

满堂式支架由于其作用面积广，因此常采用碾压夯实、换填稳定土、桩基础或浇筑混凝土层对地基进行加固处理；正常情况下，常使用推土机配合平地机将支架范围内地基整平，并用 5% 白灰处理，用压路机碾压夯实，靠近墩柱 1m 范围内用人工夯实，压实度不小于 93%。如果存在"弹簧土"现象，原土清除后用灰土换填。为防止下雨浸泡地基而降低地基承载力，在压实的地基上铺设 5cm 厚砂浆。若地基土层为淤泥和淤泥质土，不宜直接作为支架地基持力层，应在其上覆盖较好土层作为持力层，并采取避免对淤泥和淤泥质土扰动的措施。通常采用对地基进行 3m 换填的办法，保证覆盖层的厚度满足地基持力结构要求。地基硬化处理后，加强基础范围内的排水工作，在两侧开挖排水沟，设流水槽，防止施工场内积水，以免造成地基不均匀沉降，影响支架稳定性梁式或梁柱式支架因其荷载较集中，可设置桩基础、混凝土扩大基础或直接支撑在墩台身或永久性基础上。

（二）支架搭设

地基处理达到要求后，首先测出支架地面高程，根据桥梁净空高度确定各单元块支架所须须整平碾压处理的地基高程，按设计的支架平面位置进行立杆位置放样。横桥向设置 10cm×20cm 方木，以增加立杆与地基的接触面并确保受力均匀。

杆件安装时，立杆垂直度要求小于 0.2%，以避免偏心受压；横杆水平度要求小于 3%，同时检查锁定是否可靠。支架搭设好后，顶面采用调节范围不小于 45cm 的可调节顶托作为支撑，顺桥向设左、中、右 3 个控制点，精确调出顶托高程，然后用明显的标记标明顶托伸出量，以便校验。最后再用拉线内插方法，依次调出每个顶托的高程。

顶托高程调整完毕后，在其上按设计间距安放纵横梁。横梁长度随桥梁宽度而定，比顶板一边各宽出至少 50cm，以支撑外模支架及供检查人员行走。安装纵横梁时，应注意横梁接头与纵梁接头错开，且在任何相邻两根横梁接头不在同一平面上。用底模高程（设计梁底高程 + 支架变形 + 前期施工误差调整量）来控制底模立模。

为增强支架体系的整体稳定性，顺桥向和横桥向按要求设置剪刀撑。

（三）支架预压和卸载

1. 预压目的

①验证现浇段支架安全性，消除支架、地基的非弹性变形。

②准确测量现浇施工中支架变形对梁板立模高程的影响值，方便为立模的预抬值提供依据。

2. 预压准备

①每阶段梁板预压前，对预压荷载及其分布情况进行详细计算，预压重力为底、腹板箱梁自重的 1 ~ 1.3 倍，并绘制出荷载分布平面图，以保证预压可准确模拟箱梁现浇时的支架受力状态。

②准备好预压设备、材料。

3. 预压方法

①砂袋：用编织袋装砂，通常不超过袋子体积的 2/3，以便码放。砂袋逐袋称重。

②水箱（袋）：预压液袋、水囊、水袋采用高密度聚乙烯制成，可折叠，将其充满水。桥梁预压水袋一般可重叠压两个，能满足桥梁预压的吨位。

③混凝土预制块：干码混凝土预制块密度按 2.4t/m³ 计算，由此计算所须预制块堆码的高度。

④加载及支架沉降观测：加载时按照计算预压总荷载的 20%、40%、60%、80%、100%、120% 分级进行。中间每级加载完成后，对支架进行一次观测，最后一级加载完成后要进行 24h 跟踪观测。每次观测都要根据观测记录计算支架在两次观测时间之间的沉降情况。

沉降观测包括地基沉降观测和杆件压缩沉降观测。测设时分别在地基、杆件顶端沿梁纵向每隔 3.0m 设置一测点，横向设左、中、右 3 个测点，在预压前先将测点标出，并记录好高程，作为沉降观测的基准。具体观测方法为：用水准仪每隔 2h 测一次地面各测点高程，并算出地面沉降量，该沉降量为不可恢复沉降，在计算支架的弹性变形时应减除。

同样，用水准仪每隔 2h 观测一次支架各检测点高程，计算出支架沉降量并用此沉降量减去地面沉降量，作为支架的弹性变形量。立模时，应将支架的弹性变形量计入模板顶高程内。预压过程中，根据加载重力和压载时间进行观测、记录并分析。分析出地基沉降量与杆件弹性压缩量，作为立模板的有效数据。

⑤卸载顺序及时间。预压持载时间根据支架观测情况确定，若沉降量或支架变形没有趋于平缓，则适当延长预压时间，直到支架变形及沉降均满足规范要求（连续两天沉降量小于 5mm）即可卸载。卸载按预压总荷载的 20%、40%、60%、80%、100%、120% 逐级卸载，每级卸载完成都要对支架进行观测，计算支架的弹性变形情况。

⑥观测成果的整理。预压完成后的支架变形观测成果进行整理，计算出支架、地基、底模板在每级加卸载后的弹性变形及非弹性变形，作为设置施工预拱度调整计算的依据。

⑦预压过程中的注意事项：

a. 砂袋称量要准确，设专人控制、指挥加载的数量和部位。加载过程中设专人对支架、地基进行观察，发现异常情况（如较明显沉降、支架明显变形）时，要立即停止加载并及时通知相关技术人员，调查原因并采取相应的措施后方可继续加载。加载前，测量员要为施工人员指明各测量标志的位置。加载过程中注意保护严禁碰动，一旦碰动要及时通知测量员。

b. 预压完成后要根据预压的观测数据对施工预拱度的设置进行调整计算。因预压已基本消除支架、地基的非弹性形变，调整时主要考虑观测所得支架、地基的弹性变形，按二次抛物线法重新计算各放样点的预拱度值。

c. 底模板已在预压以前安装完成，按照调整后的施工预拱度重新计算底模板各点的高程，并对底模板的高程、坐标进行复测，调整消除预压引起的底模板变化，使之符合重新调整计算后的高程，要求与计算值偏差小于 5mm。

（四）模板制作、安装

1. 底模板

底模板采用 18mm 以上的高强度木胶板或 15mm 以上的竹胶合板，安装前进行全面的涂刷脱模剂。底板横坡按设计图纸规定的 2% 横坡，横向宽度要大于梁底宽度，梁底两侧模板要各超出梁底边线不小于 5cm，方便在底模上支立侧模。模板之间连接部位采用海绵胶条以防漏浆，模板之间的错台不超过 1mm。模板拼接缝要纵横成线，避免出现错缝现象。

底模板铺设完毕后进行平面放样，全面测量底板纵横向高程，纵横向间隔 5m 检测一点根据测量结果将底模板调整到设计高程。底板高程调整完毕后，再次检测高程，若高程不符合要求则进行二次调整。

在箱梁底板铺设的同时应安装桥梁支座。支座安装前，应对支座垫石的强度、高程、表面平整度进行全面检查，按照设计尺寸在垫石上画出十字线，将支座垫石清理干净，将画有十字线的支座准确地安放在支座垫石上，要求支座中心线同支座垫石中心线重合。如果支座垫石高于设计高程，应使用砂轮机进行打磨，直到符合设计要求；如果支座垫石低于设计高程，则要使用大于支座周边 2cm 的钢板铺垫在支座下，并且用环氧树脂粘贴。

2. 侧模板和翼缘板模板

侧模板和翼缘板模板采用 15mm 以上的高强度竹胶板。根据测量放样定出箱梁底板边缘线，在底模板上弹墨线，然后安装侧模板。侧模板与底模板接缝处粘贴海绵胶条防止漏浆。在侧模板外侧背设纵横方木背肋，用钢管及扣件与支架连接，用以支撑固定侧模板。翼缘板底模板安装与箱梁底模板安装相同，外侧挡板安装与侧模板安装相同。挡板模板安装完毕后，全面检测高程和线形，确保翼缘板线形美观。

3. 箱室模板

如果箱梁混凝土分两次浇筑，箱室模板分两次安装。第一次用钢模板做内模板，用方木做横撑，同时用定位筋进行定位固定，并拉通线校正钢模板的位置和整体线形。当第一次混凝土达到一定强度后拆除内模，再用方木搭设小排架，在排架上铺设 2cm 厚木板，然后在木板上铺一层油毛毡。油毛毡接头相互搭接 5cm，用一排铁钉钉牢，防止漏浆。浇筑混凝土过程中派专人检查内模的位置变化情况。为方便内模拆除，在每孔的设计位置布设人孔。

若采用一次性浇筑施工，内模和侧模采用方木或钢管做立杆，并设置两道横向顶丝钢管支撑。面板采用15mm木胶合板，用钢管作为支架。每个箱室顶板设置1m×1m施工天窗，待施工结束取出内模，最后焊接天窗处的钢筋，用微膨胀混凝土封顶。

（五）钢筋加工、安装

钢筋加工时应按照设计要求尺寸进行下料、成型，钢筋安装时控制好间距、位置和数量。要求绑扎的要绑扎牢固，要求焊接的钢筋，可事先焊接的应提前成批次焊接，以提高工效。焊缝长度、饱满度等方面应满足规范要求。钢筋加工及安装应注意以下事项：

①钢筋在场内必须按不同钢种、等级、规格、牌号及生产厂家分别挂牌堆放。钢筋存放采用下垫上盖的方式，避免钢筋受潮生锈。

②钢筋在加工场内集中制作，运至现场安装。

③混凝土保护层厚度要符合设计要求。

④钢筋安装过程中，及时对设计的预留孔道及预埋件进行设置。设置位置要正确、固定要牢固。

⑤钢筋骨架焊接采用分层跳焊法，即从骨架中心向两端对称、错开焊接，先焊骨架下部，后焊骨架上部。钢筋焊接要调整好电焊机的电流量，防止电流量过大或操作不当造成咬筋现象。钢筋焊接优先采取双面焊，双面焊不具备施工条件时，采用单面焊接。钢筋焊接完毕后，将焊渣全部敲掉。

⑥钢筋安装位置与预应力管道或锚件位置发生冲突时，应适当调整钢筋位置，确保预应力构件位置符合设计要求。焊接钢筋时应避免钢绞线和金属波纹管道被电焊烧伤，防止造成张拉断裂和管道被混凝土堵塞而无法进行压浆。

钢筋加工安装完毕，经自检合格报请监理工程师抽检合格后，才能进行下一道工序施工。

（六）混凝土浇筑

①混凝土浇筑前，用人工及吹风机将模板内杂物清除干净，对支架、模板、钢筋和预埋件进行全面检查，同时对吊车、拌合站、罐车、发电机和振捣棒等机械设备进行检查，确保万无一失。

②混凝土浇筑应沿中心线，先中心、后两侧对称浇筑。混凝土分层厚度为30cm，浇筑过程中，随时检查混凝土的坍落度。

③混凝土振捣采用插入式振捣棒，移动间距不应超过振捣棒作用半径的1.5倍，作用半径约为振捣棒半径的8～9倍。

④振捣棒振捣时与侧模保持5～10cm的距离，避免振捣棒接触模板和预应力管道等。振捣上层混凝土时，振捣棒要插入下层混凝土10cm左右。对每一振动部位振捣至混凝土停止下沉，不再冒气泡，表面平坦、泛浆为止，防止漏振或过振，每一处振完后应徐徐提出振捣棒。

⑤混凝土浇筑过程中，安排专人跟踪检查支架和模板的情况，模板若出现漏浆现象，要用海绵条进行填塞。浇筑混凝土前，在1/2、1/4截面位置的底模板下挂垂线，每截面分左边、左中、中线、右中、右边设5道垂线。垂线下系钢筋棍，在地面对应位置埋

设钢筋棍，在两根钢筋棍交错位置画上标记线，因此来观测混凝土浇筑过程中底板沉降情况；若发生异常情况立即停止浇筑混凝土，查明原因后再继续施工。

⑥箱梁浇筑可以分两次进行，也可以一次浇筑完成。箱梁混凝土分两次浇筑时，第一次浇筑底板和腹板，浇筑至肋板顶部；第二次浇筑顶板和翼板，两次浇筑接缝按施工缝处理。混凝土高度略高出设计腹板顶部1cm左右，将顶面的水泥浆和松散混凝土凿除，露出坚硬的混凝土粗糙面，用水冲洗干净。

⑦第二次浇筑箱梁顶板混凝土时，在1/2、1/4、墩顶等断面处，从内侧向外侧间距5m布设钢筋棍，将钢筋棍焊在顶层钢筋上，使顶端高程为顶板高程，以此控制顶板混凝土浇筑高程及横坡。混凝土经振实整平后进行真空吸水。真空吸水时间为10～15min，以剩余水灰比检验真空吸水效果。真空吸水机开机后真空度逐渐增加，当达到要求的真空度（500～600mm汞柱）开始正常出水后，真空度要保持均匀。结束吸水工作前，真空度逐渐减弱，防止在混凝土内部留下出水通路，影响混凝土密实度。

真空吸水完毕后，用提浆辊滚压，使其表面出浆，便于抹面。提浆辊滚压后，紧跟着人工抹面。抹面时要架设木板，不得踩混凝土面，以免影响平整度。待抹面后约半小时，采用抹光机再次进行抹面整平，最后再人工进行收浆抹面。

混凝土收浆抹面后进行人工拉毛，采用钢丝刷横桥向拉毛，深度控制在1～2mm。要掌握好拉毛时间，早了带浆严重，影响平整度，晚了则拉毛深度不够；一般凭经验掌握，在混凝土表面用手指压时有轻微硬感时拉毛为宜，分两次抹面。第一次抹面对混凝土进行找平，在混凝土接近终凝、表面无泌水时，展开二次抹面收光，然后横桥向进行拉毛处理。

⑧浇筑箱梁顶板预留孔混凝土前，应清除箱内杂物，避免堵塞底板排水孔。主梁顶面预留孔四壁凿毛，填筑预留孔混凝土要振捣密实。

⑨混凝土养生采用土工布覆盖洒水养生，保证混凝土表面始终处于湿润状态。养生时间不少于7d。用于控制张拉、落架的混凝土强度试块放置在箱梁室内，同条件进行养生。养生期内，桥面严禁堆放材料。

（七）拆除模板和落架

模板、支架的拆除期限和拆除程序等应严格按施工图设计的要求进行。设计未要求时，应据结构物特点、模板部位和混凝土所应达到的强度要求决定。

①非承重侧模板应在混凝土抗压强度达到2.5MPa，并且能保证其表面及棱角不致因拆模受损坏时方可拆除。

②芯模和预留孔道的内模，应在混凝土强度能保证其表面不发生塌陷或裂缝现象时方拆除。

③钢筋混凝土结构的承重模板、支架，应在混凝土强度能承受其自重荷载及其他可能的叠加荷载时方可拆除。

④对预应力混凝土结构，其侧模应在预应力钢束张拉前拆除；底模及支架应在结构建立应力后才可拆除。

⑤模板、支架的拆除应遵循后支先拆、先支后拆的原则顺序进行。墩、台模板宜在其上部结构施工前拆除。

⑥拆除梁、板等结构承重模板时，在横向应同时、在纵向应对称均衡卸落。简支梁、连续梁结构模板宜从跨中向支座方向依次循环卸落；悬臂梁结构模板宜从悬臂端开始顺序卸落。

⑦低温、干燥或大风环境下拆除模板时，应展开必要的措施，防止混凝土表面产生裂缝。

⑧拆除模板、支架时，不得损伤混凝土结构。

二、悬臂现浇法施工

悬臂浇筑施工法又称悬臂挂篮施工法，是指使用移动式挂篮为主要施工设备，以桥墩为中心，两侧对称逐段利用挂篮浇筑混凝土，待混凝土达到一定强度后张拉预应力筋，再移动挂篮并进行下一节梁段的施工，一直推进到悬臂端为止。其主要特点是：

①悬臂施工法比满堂固定脚手架施工法具有更大的桥下净空。

②施工时不受季节、河流水位的影响，不影响桥下通航。

③减少了大量施工支架和施工设备，简化了施工程序，高度机械化，能循环重复作业。

悬臂浇筑施工法广泛应用于大跨径预应力混凝土连续梁桥施工。尤其是对于桥址位于深山峡谷之中，不便使用支架法的桥梁；或位于江河之上，水流湍急，须通航或有流冰、流木的桥梁；施工要求不能影响桥下交通的立交桥。

其总体施工的工序流程为：0号块支架搭设→0号支架预压检验→0号块混凝土浇筑施工（墩梁临时锚固）→在0号块上拼装挂篮→挂篮预压→挂篮悬臂浇筑节段→边跨现浇段施工→边跨合龙段施工→中跨合龙段施工→体系转换。

（一）0号块施工

0号块即墩顶梁段，是为后续悬臂节段的施工提供安全、稳定的支撑，因此0号块是悬臂浇筑施工的首要关键工作。同时，0号块结构尺寸较大、构造复杂、质量大，预埋件、钢筋、各向预应力钢束及其孔道、锚贝密集交错，梁顶面有纵横坡度，端面与待浇段密切相连，给施工带来了巨大的挑战，必须高度重视0号块的施工质量及安全。

墩顶0号块施工根据承台形式、墩身高度和地形情况，通常可选择落地支架和墩旁托架2种施工方法。当墩身高度较低，周围地形平坦且地基承载力满足要求时，可采用落地支架施工；当墩身较高，周围地形陡峻或无条件搭设满堂支架时宜选择墩旁托架，托架可分别支承在承台、墩身或地面上，托架可使用型钢、万能杆件、贝雷桁架及六四军用桁架等组成，也可采用钢筋混凝土构件作临时支撑。

支架（托架）的顶面尺寸，视拼装挂篮的需要和拟浇梁段长度而定，横桥向宽度一般应比箱梁底板宽出1.5～2.0m，以便设立箱梁边肋外侧模板。支架（托架）顶面（或增设垫梁）应与箱梁底面纵向线形的变化一致。支架（托架）可在现场整体拼装，亦可分部在邻近场地或船上拼装再运吊就位整体组装。

1. 地基处理

采用满布支架进行 0 号块施工时，须对原地面进行整平及碾压处理。地基沉降过大或承载力不能满足要求时，可采取换填、设置桩基或采取其他有效的地基加固措施进行处理。

2. 支架（托架）预压

支架（托架）安装完成后，应进行预压，预压以节段质量的120%～130%进行压重，以检验支架的刚度、强度、稳定性并消除支架的塑性变形，取得支架弹性变形关系。支架（托架）预压可采用砂袋、预制混凝土块及成捆的钢材等进行预压。

预压时，按照预压施工荷载的20%、40%、60%、80%、100%、120%逐级加载预压时，加载持续时间在 30min。每次监控量测安排于加载间隔时间的最后 10min 完成。加载完成后连续测量至变形稳定，测量间隔时间为 2 h。支架的稳定标准为连续观测 24 h 单次变形量小于 2mm。

3. 支架（托架）高程调整

根据预压监控成果，及时调整支架（托架）顶面高程，以保证 0 号块成品的位置符合设计。0 号块底模铺设根据支架纵横梁布置以及底模架设计施工，最后放置好底模下纵梁和底模板，然后在底模纵梁下放置螺旋千斤顶，按照要求设置预拱度，调整底模板标高，以限位钢楔块作为调整工具，然后加固。

4. 墩梁临时锚固及临时支座设置

大跨径预应力混凝土桥梁采用悬臂施工法施工，如结构采用 T 形刚构，因墩身与梁本身采用刚性连接，因此不存在梁墩临时固结问题。悬臂梁桥及连续梁桥采用悬臂施工法，为保证施工过程中结构稳定可靠，使 0 号块梁段能承受两侧悬臂施工时产生的不平衡力矩，必须采取 0 号块梁段与桥墩临时固结或支承措施。临时支座的作用是在施工阶段临时固结墩，梁，承受施工时由墩两侧传来的悬浇梁段荷载，在梁体合龙后便于拆除和体系转换。

目前，常采用在墩帽（身）埋设 φ32 精轧螺纹钢筋，精轧螺纹钢筋下端部与锚板固结，顶部穿过临时支座垫块混凝土，再通过预留孔道穿过 0 号块底板接长引入 0 号块顶部，之后进行张拉固结（0 号块施工时底板与顶板预留孔道，在 0 号块顶部预埋设锚具）。在墩帽施工后 0 号块底模安装前，浇筑临时支座垫块混凝土。

位于临时支座垫块底面的墩顶面及垫块顶面，必须刮浆抹平。浇筑垫块混凝土和 0 号块时，先在墩顶面及垫块顶面涂抹隔离剂，以便于拆除临时支座。垫块的顶底面不得夹有杂物，以确保接触面平整。

5.0 号块模板

0 号块底模及内模通常采用木模板，外模可采用挂篮外模板。底模、内模支撑必须牢固，决不能因支撑不均匀变形而造成梁体开裂。

外模采用挂篮外模时，将侧模用吊车吊至墩顶，支撑在支架上，并用倒链将侧模临时固定在墩身两侧；用千斤顶调整模板标高、垂直度、位置，最后固定牢靠。

6. 绑扎底板、腹板、横隔板钢筋

调整侧模的同时，快速绑扎好底板、横隔板、腹板钢筋，同时上好堵头木模板；在横隔板中间墩顶加立粗钢筋支撑横隔板内模。

底板钢筋与腹板钢筋的连接应牢固，应使用焊接；底板上、下两层的钢筋网应采用两端带弯钩的竖向筋进行连接，使之形成整体；顶板底层的横向钢筋宜采用通长钢筋。

钢筋与预应力管道相互影响时，钢筋仅可移动，不得切断。若挂篮的下限位器、下锚带、斜拉杆等部位影响下一步操作必须切断钢筋时，应在该工序完成后，将切断的钢筋连接好再补孔。

7. 预应力管道设置

为确保预应力筋布置、穿管、张拉、灌浆的施工质量，必须确保预应力管道的设置质量，一般采用预埋金属管、金属波纹管、塑料波纹管或橡胶抽拔管。

预应力管道定位必须利用定位钢筋按照设计位置及线形布设。

8. 浇筑 0 号块混凝土

墩顶梁段宜全断面一次浇筑完成。当梁段过高一次浇筑完成难以保证质量时，可沿高度方向分两次浇筑，但宜将两次浇筑混凝土的龄期控制在 7d 以内。梁体内各种管道钢筋稠密，给捣固带来困难。振捣采用插入式振捣棒为主，附着式震动器为辅。

浇筑过程中，应采取分部、分层对称浇筑，并确保两端均衡施工，浇筑时采取从两端开始向墩顶进行。对预应力管道端部锚垫板部位，应加强振捣，避免因漏振导致的强度不足，后期张拉时锚垫板附近开裂。

9. 混凝土养护

混凝土初凝后，顶面覆盖土工布保湿，严格按施工规范浇水养护混凝土。

10. 张拉压浆

待混凝土达到设计要求的强度和弹性模量时，设计无要求时，不小于混凝土强度的75% 时方可进行张拉作业。张拉时，先张拉腹板束，后张拉顶板束，先外后内对称张拉。

（二）悬臂节段施工

1. 施工挂篮

挂篮是悬臂浇筑施工的主要机具，是一个能沿着轨道行走的活动脚手架。挂篮的主要功能有支承梁段模板，调整正确位置，吊运材料、机具，浇筑混凝土和在挂篮上张拉预应力筋。

挂篮悬挂在已经张拉锚固的箱梁梁段上，悬臂浇筑时箱梁梁段的模板安装、钢筋绑扎、管道安装、混凝土浇筑、预应力张拉、压浆等工作均在挂篮上进行。当一个梁段的施工程序完成后，挂篮解除后锚，移向下一梁段施工。因此，挂篮既是施工梁段的作业

平台，又是预应力筋束张拉前梁段的承重结构。

（1）挂篮分类及选择

桁架式挂篮按其构成部件的不同，可划分为万能杆件挂篮、贝雷梁（或装配式公路钢桁架组合式）挂篮、型钢组合桁架组合式等。按桁架构成形状的不同，又可分为平行桁架式、平弦无平衡重式、弓弦式、菱形和三角形等。

随着施工技术的不断改进，挂篮已由过去的压重平衡式发展成现在通用的自锚平衡式，其中菱形桁架式挂篮和三角斜拉式挂篮两类，因其施工安全、质量高、成本较低、工期较短、操作简便、成型快及设备利用率高、结构完善、施工灵活和适用性强，已经成为在公路桥梁施工中的首选形式。

菱形桁架式挂篮主要由菱形桁架、提吊系统、走行及后锚系统、模板系统和张拉操作平台等6部分组成。

三角斜拉式挂篮也称为轻型挂篮。随着桥梁跨径越来越大，为了减轻挂篮自重，以达到减少施工节段增加的临时钢丝束，在桁架式挂篮的基础上研制了三角斜拉式挂篮。

（2）挂篮设计

挂篮的合理设计是确保施工质量、加快施工进度的重要因素。在设计中要求挂篮的质量小、结构简单、受力明确、运行方便、坚固稳定、变形小、装拆方便，并尽量利用当地现有构件。

①设计时首先须确定悬浇的分段长度。分段长、节段数量少、挂篮周转次数少、施工速度加快，但结构庞大，需要的施工设备相应增多；分段短，节段多，挂篮周转次数多，施工速度较慢，但结构较轻，相应的施工设备较少。所以，悬浇长度应根据施工条件权衡利弊综合考虑确定。

②设计时，应考虑各项实际可能发生的荷载情况，进行最不利荷载组合。设计荷载有挂篮自重、模板支架自重（包括侧模、内模、底模和端模等）、振捣器自重和振动力、千斤顶和液压泵及其他有关设备自重、施工人群荷载、最大节段混凝土自重等。

③挂篮横断面布置一般取决于桥梁宽度和箱梁横断面形式。当桥梁横断面为单箱时，全断面用2支挂篮施工；当桥梁横断面为双箱时，一般采用3个挂篮施工。

④验算挂篮的抗倾覆稳定性能，确定结构整体的图式和尺寸以及后锚点的锚力等。

（3）挂篮的安装

①挂篮组拼后，应全面检查安装质量，并做载重试验，以测定其各部位的变形量，并设法消除永久变形。

②在起步长度内，梁段浇筑完成并获得要求的强度后，在墩顶拼装挂篮。有条件时，应在地面上先进行试拼装，以便在墩顶熟练有序地开展拼装挂篮工作。拼装时应对称进行。

③挂篮的操作平台下应设置安全网，防止物件坠落，以确保施工安全。挂篮应全封闭，四周设围护，上下应有专用扶梯，以便施工人员上下挂篮。

④挂篮行走时，须在挂篮尾部压平衡重，以防倾覆。浇筑混凝土梁段时，必须在挂篮尾部将挂篮与梁进行锚固。

挂篮运至工地后，应该在试拼台上试拼，以发现由于制作不精良及运输中变形造成的问题，保证正式安装时的顺利及工程进度。挂篮组拼后，应全面检查安装质量，并做载重试验，以测定其各部位的变形量，并设法消除其永久变形。

挂篮操作应注意在0号块上安装梁顶滑道，然后安装支座及三角形组合梁，并将其梁尾部相连并锚固，配置压重，吊挂相应调带（杆）；将底模平台及侧模支架作为整体起吊，与相应吊点相联结，后下横梁则用吊杆支撑在箱梁底板上；从2号块开始，两挂篮分开作业，其尾部各安装接长梁，并将主梁后端锚固在箱梁顶面；挂篮锚固应有专人负责，以保证挂篮在每次变形时规律一致。

（4）挂篮预压

为了确保悬臂现浇施工安全，一般对挂篮进行预压试验。挂篮预压的目的主要是：

①检验挂篮的承载能力和挠度值。

②通过模拟挂篮在悬臂施工时的加载过程来分析结构的弹性变形，消除其非弹性变形。

③通过其规律来指导挂篮施工中模板的预拱度值及其混凝土分层浇筑顺序。

挂篮试压通常实物堆载（砂袋、混凝土块、钢材等）、反支点张拉法及千斤顶对拉加载3种。

第一，实物堆载法。采用砂袋、混凝土块、水箱或钢材等实物，按照挂篮实际承受的最大荷载的1.2～1.5倍进行堆载，其预压过程及要求与满堂支架预压相同。此方法施工简单、技术条件成熟，但其需要大批量的实物材料及起重吊装设备，加载及卸载施工周期较长、成本高，模拟实际混凝土荷载效果不理想且安全性较差。

第二，反支点张拉法。反支点张拉法就是在承台施工时预埋钢绞线，待挂篮拼装就位后，将承台预埋钢绞线接长固定与挂篮的底模纵向分配梁和侧模分配梁上，然后通过千斤顶对钢绞线进行张拉加载，对挂篮施加反力，使其所受反力等于预压荷载，从而达到预拉目的。此法施工设备少、无须起重吊装设备，操作方便，能够真实地模拟挂篮的实际受载情况，且节约工期。

第三，千斤顶对拉法。千斤顶对拉法也称试验台加压法，是在试验台上将两台拼装好的挂篮两后支点对拼起来，对应的前鼻梁穿入钢绞线，通过锚具将钢绞线锚固在其中一个挂篮的鼻梁上，另一端作为张拉端通过另一挂篮的鼻梁。使用油压千斤顶对挂篮分级加载预压。试验台可利用桥台或承台和在岸边梁中预埋的拉力筋锚住主桁梁后端，前端按最大荷载计算值施力，并记录千斤顶逐级加压变化情况，测出挂篮弹性变形和非弹性变形参数，用作控制悬浇高程的依据。

2. 悬臂节段施工

挂篮安装且预压完成后，即可按照悬臂节段施工要求进行悬臂节段的施工。

（1）挂篮行走

当前一节段混凝土施工完毕后，需要将挂篮前移至下一个节段施工平台，称为挂篮行走。挂篮行走是一项危险性较大的关键工作，需要精心组织。当前，挂篮行走的方式主要有两种，即以千斤顶顶推法和倒链拖拉法，其中千斤顶顶推法以其施工方便、行走速度快、劳动强度低等特点被广泛使用。

（2）钢筋制作、安装

钢筋在钢筋棚集中加工，现场绑扎成型。混凝土浇筑前，钢筋表面必须清洁、无油污等，钢筋下料绑扎、固定必须严格按图施工。

（3）钢绞线下料、编束和穿束

按设计图表的下料长度下料，下料使用圆盘锯切割，使钢绞线的切割面为一平面，以便在张拉时检查断丝。编束后用 18～20 号铁丝绑扎牢固。为便于穿入，端部焊成锥体状，用铁皮包裹以防止穿坏波纹管。中短束采用人工穿束，长、曲线束采用卷扬机牵引，穿束前清除孔内杂物。

（4）混凝土施工

箱梁节块混凝土采用泵送一次浇筑成型。浇筑顺序为：横向对称进行，纵向由外向内分层浇筑。浇筑过程中两端平衡进行，混凝土自重偏差控制在 +3%～−3%。混凝土初凝后，及时覆盖无纺土工布并安装自动喷淋装置确保养护湿度，洒水养护不少于 7 d，随后用塑料薄膜覆盖 28 d。

3. 注意事项

①在 6 级以上大风、大雾和大雨天气下不得进行挂篮拼装、移动、拆除作业，雨后上挂篮前要做好防滑措施。挂篮设备经过大风、大雨后，要全面检查。

②挂篮走行必须在白天进行，严禁在夜间移动挂篮。

③挂篮设备施工时构部件不允许任意改动，不得任意增减挂篮构部件。

④箱梁各阶段立模标高 = 设计标高 + 预拱度 + 挂篮满载后自身变形；后浇筑梁段应在已施工梁段有关实测结果的基础上做适当调整，以逐渐消除误差，保证结构线形匀顺。

⑤箱梁各阶段混凝土浇筑前，必须严格检查挂篮中线、挂篮底模标高，纵、横、竖三向应力管道，钢筋、锚头、人行道及其他预埋件的位置，认真核对无误后方可浇筑混凝土。

⑥各梁段施工加强梁体测量、观测，注意挠度变化。梁段悬臂浇筑时，T 构两端施工荷载要尽可能保持平衡，并注意避免左右偏载。两端浇筑混凝土进度之差不得大于 $2m^3$，悬臂阶段混凝土应一次浇筑成型。

⑦张拉过程中，装锚、量尺工人必须正确佩戴安全绳，且张拉过程中千斤顶前方不得站人，防止张拉过程中预应力钢筋断裂千斤顶飞出伤人。

（三）边跨现浇梁段（直线段）施工

边跨支架上的现浇部分，可在墩旁搭设临时墩支承平台，通常采用万能杆件、贝雷架等拼装，在其上整体或分段浇筑。

当与采用顶推法施工的连接桥相接时，可把现浇梁段临时固结在顶推梁上，到位后再进行梁的连接。其步骤如下：

设置临时桩基→浇筑钢筋混凝土承台→加宽边墩混凝土承台和设置预埋件→拼装扇形全幅万能杆件支架→搭设型钢平台→加载试压→安装现浇底模和侧模，底模下设木楔调整块→测量底板高程（包含预抬量）和位置→绑扎底腹板钢筋、竖向预应力筋安装、底板纵向预应力管道及安装端模和腹板模→自检及监理工程师验收→浇筑底板和腹板混凝土→养生待强→安装内顶模→绑扎顶板底钢筋→安装纵向及横向预应力管道→绑扎顶板顶层钢筋→自检及监理工程师验收—浇筑顶板混凝土→养生凿毛→拆除端头模板→张拉竖向预应力筋和顶板横向预应力筋→拖移外侧模→拆除箱内模板。

（四）合龙段施工及体系转换

连续梁全梁施工是从各墩顶 0 号段开始至该 T 构的完成，再将各 T 构拼接而构成整体连续梁，这种 T 构拼接就是合龙。合龙是连续梁施工和体系转换的重要环节，合龙施工必须满足受力状态的设计要求和保持梁体线形，控制合龙段的施工误差。

1. 合龙段施工一般要求

①连续梁的合龙施工顺序为：边跨至中跨的顺序合龙、中跨至边跨的顺序合龙、先形成双悬臂刚构再顺序合龙、全桥一次性合龙。公路工程连续梁悬臂施工的合理施工顺序应按设计要求进行。设计无要求时，宜按照先边跨，后次边跨，最后中跨的顺序合龙。

②合龙施工前应对梁端悬臂梁段的轴线、高程和梁长受温度影响的偏移值进行观测，并应按照实际观测值进行合龙的施工计算，确定准确的合龙温度、合龙时间及合龙程序。

③对合龙段两端的悬臂梁段采取施加水平推力的方式调整梁体应力时，千斤顶施力应对称、均衡。

④合龙时，宜采取措施将合龙口两侧悬臂端予以刚性连接，再浇筑合龙段混凝土。合龙段混凝土宜在一天中气温最低且稳定的时间内浇筑，浇筑后应及时覆盖洒水养护。

⑤合龙时，在桥面上设置的全部临时施工荷载应符合施工控制的要求。对预应力混凝土连续梁，合龙后应在规定的时间内尽快拆除墩梁临时固结装置，按设计规定的程序完成体系转换和支座反力调整。

⑥合龙梁段混凝土应按设计使用微膨胀混凝土，混凝土强度等级宜较设计要求提高一级。

2. 合龙段施工方法

合龙段施工通常采用吊架或挂篮施工。其中合龙段锁定和合龙段配重是合龙段施工的两关键工作。

（1）合龙段锁定

合龙段锁定的目的是在合龙前将悬臂端与边跨现浇段做临时连接，使其保持相对固定，以防止合龙段混凝土在浇筑及早期硬化过程中发生明显的体积变化，保证合龙段接缝不会出现裂缝。合龙段锁定有内刚性支撑法、外刚性支撑法、刚性支撑和临时束共同作用法 3 种。

通常合龙段锁定采用刚性支撑和临时束共同作用法。该法一般采用焊接劲性骨架和张拉临时预应力束，达到对合龙段"既压又撑"。支撑劲性骨架采用"预埋组合型钢＋连接组合型钢＋预埋组合型钢"三段式结构，其断面面积及支承位置根据锁定设计确定。合龙时，在两预埋组合型钢之间设置连接组合型钢，并由连接钢板将连接组合型钢与预埋组合型钢焊接成整体。在合龙段和悬臂端上设置临时预应力束，通过张拉临时预应力束达到对合龙段的固定。临时预应力束按设计布置，并且在劲性骨架顶紧后进行张拉，临时束张拉锚固后不压浆，合龙完毕后将拆除。

（2）配重的设置

配重的目的是保持结构在施工中整个梁体的受力和变形协调一致。配重按其作用可以分为两种：一是基本配重，二是附加配重。基本配重主要是指等量替换合龙段混凝土湿重，这是为了确保梁体的挠度能达到设计值而设置。附加配重则是根据实际施工状况来定，浇筑时如果出现了重量偏差，就要施加附加配重。配重一般都是用水箱和砂袋来进行加载，根据经济、施工方便确定，在浇筑合龙段混凝土时随着浇筑同步释放压重。配重设置的方法有 3 种，主要包括等量配重法、等位移配重法、等弯矩配重法。

①等量配重法

这是一种在工程施工中最常用也是计算最简单的方法。等量配重法是浇筑前在各悬臂端施加与合龙段等重量的压重，并在施工中随着混凝土浇筑而等重地减压，从而确保合龙段在施工过程中两端的悬臂梁相对挠度不会很大。该方法的优点：容易计算，设计图上直接就有合龙段的混凝土重量，施工人员只要查找即可。然而该方法的缺点也很明显：加载位置设计文件没有说明，只能由施工人员凭经验确定。相对于另外两种方法，这种方法引起的合龙段两悬臂端挠度相对值最大。

②等位移配重法

相对于另外两种方法，这种方法从理论上来说能更加完美地实现合龙段两悬臂端不发生挠动。该方法是以合龙段两端不产生相对位移为基础，通过简化图形，运用理论计算来确定配重重量和配重位置。其优点：能够最大程度上确保合龙段梁端的挠动不会发生，且能够提供明确的加载位置。其缺点：计算复杂，运用公式多，普通施工人员不会计算。

③等弯矩配重法

该法是经过实际施工数据总结出来的，即悬臂端吊架或挂篮上的力对墩顶产生的弯矩要等于配重对墩顶产生的弯矩。其优点：容易计算，只有一个公式，很容易掌握，加载位置十分明确，而且经过对比可以算出不同位置的不同配重，从而选取最方便配重的位置。

3. 体系转换

对于悬臂浇筑的桥梁结构，根据一定的顺序施工合龙和解除支座、0 号段临时固结措施，将悬臂施工的静定结构转换为成桥状态的超静定连续梁，即为体系转换。公路工程连续梁悬臂施工中，体系转换步骤为：边跨合龙段施工→解除临时锁定和临时支座→

形成两个单悬臂静定梁体系→中跨临时锁定→中跨合龙段施工→中跨预应力施工→完成连续梁体系转换。

其中，需要注意的是公路工程技术规范规定在合龙段完成后解除墩梁临时固结，而铁路规范规定在合龙段混凝土浇筑前解除合龙段一侧的墩梁临时固结，其临时固结解除的时间点不同，表示其体系转换的方式有差异，造成结构的内力有变化。两种情况下，箱梁内力变化差异不大。先解除临时固结后浇筑合龙段混凝土，箱梁线形能够准确控制；先浇筑合龙段混凝土后解除临时固结，箱梁线形控制难度较高。

（五）施工监控

悬臂浇筑施工是一种自架设体系施工法，其在施工过程中必然给桥梁结构带来较为复杂的内力和位移变化。为使桥梁的线形和内力达到设计的预期值，桥梁施工监控成为十分关键的一环。其通过监测手段得到各施工阶段结构的实际变形，从而可以跟踪掌握施工进度和发展情况。当发现施工过程中监测实际值与计算的预计值相差过大时，就立即进行检查和分析原因，防止施工质量和安全事故的发生。

悬臂浇筑施工前应编写详细的监控方案，经批准审批后组织实施。监控的内容主要包括梁体的线形监控及施工应力、温度场、混凝土弹性模量、预应力等监控。

（六）悬臂浇筑梁段混凝土注意事项

①挂篮就位后，安装并校正模板吊架，此时应对浇筑预留梁段混凝土进行抛高，以使施工完成的桥梁符合设计高程。抛高值包括施工期结构挠度、因挂篮重力和临时支承释放时支座产生的压缩变形等。

②模板安装应核准中心位置及高程，模板与前一段混凝土面应平整密贴。如上一节段施工后出现中线或高程误差需要调整时，应该在模板安装时予以调整。

③安装预应力预留管道时，应与前一段预留管道接头严密对准，并用胶布包贴，防止灰浆渗入管道。管道四周应布置足够定位钢筋，确保预留管道位置正确，线形平顺。

④浇筑混凝土时，可以从前端开始，应尽量对称平衡浇筑。浇筑时应加强振捣，并注意对预应力预留管道的保护。

⑤为提高混凝土早期强度，以加快施工速度，在设计混凝土配合比时，一般加入早强剂或减水剂。混凝土梁段浇筑一般 5 ~ 7d 一个周期。为防止混凝土出现过大的收缩、徐变，应在配合比设计时按规范要求控制水泥用量。

⑥梁段拆模后，应对梁端的混凝土表面进行凿毛处理，以加强接头混凝土的连接。

⑦箱梁梁段混凝土浇筑，通常采用一次浇筑法。在箱梁顶板中部留一窗口，混凝土由窗口注入箱内，再分布到底模上。当箱梁断面较大时，考虑梁段混凝土数量较多，每个节段可分两次浇筑，先浇筑底板到肋板倒角以上，待底板混凝土达一定强度后再支内模，浇筑肋板上段和顶板。其接缝按施工缝要求进行处理。

⑧箱梁梁段分次浇筑混凝土时，为了不使后浇混凝土的重力引起挂篮变形，造成先浇筑混凝土开裂，应采取消除后浇混凝土引起挂篮变形的措施。

第三节　其他桥梁施工

一、斜拉桥施工

斜拉桥也称斜张桥、斜缆桥或牵索桥等，它是一个由基础、索、塔、梁 4 部分构件组成的超静定组合体系结构，由高强钢材制成的斜拉索从塔上斜向将主梁多点吊起，并将主梁的恒载和车辆荷载传至墩柱，再通过塔柱基础传至地基。主梁因斜拉索的作用而成为具有若干弹性支承点的连续梁，使其结构尺寸大大减小，自重显著减轻，既节省了材料，又大幅度地增大了桥梁的跨越能力。

斜拉桥上部结构的施工主要包含 3 部分，即索塔施工、主梁施工及拉索施工。

（一）索塔施工

斜拉桥索塔一般由基础、承台塔座、下塔柱、下横梁、中塔柱、上横梁、上塔柱（拉索锚固区）、塔顶建筑 8 大部分或其中几部分组成。索塔通常是钢筋混凝土索塔和钢索塔。

1. 钢筋混凝土索塔施工

钢筋混凝土索塔施工可以采用支架、滑模及翻模及预制吊装等多种方法，其横梁可使用满堂支架或托架现浇施工。

（1）支架现浇

这种方法工艺成熟，无需专用的施工设备，能适应较复杂的断面形式，锚固区的预留孔道和预埋件的处理也较方便，但其缺点是施工周期较长。跨度 200m 左右的斜拉桥，一般塔高在 40m 上下，支架现浇比较合适。

（2）滑模和翻模施工

此种方法是斜拉桥索塔最常用的施工方法。这种方法的最大优势是施工速度快，适用于竖直或倾斜的高塔施工；缺点是对斜拉索锚固区预留孔道和预埋处理困难。

（3）预制吊装

这种方法要求有较强起重能力的吊装设备，当桥塔不是太高时，可以加速施工进度，减轻高空作业的难度和劳动强度。混凝土结构一般采用卧式预制，由绞车和滑轮配合锚在对岸山壁上的钢丝绳和滑轮进行吊装。

2. 钢索塔施工

钢索塔通常采用预制拼装，主要包括工厂分段加工和现场吊装两个阶段。

（1）工厂分段加工

钢索塔构件在工厂依据设计图纸和技术规范进行加工，加工完毕后的构件经过立体式拼装合格后方可出厂。

（2）现场吊装

钢索塔在现场吊装时常采用现场焊接接头、高强度螺栓连接、焊接和螺栓混合连接等形式进行装配，其操作应遵循一般钢结构的拼装要求，尤其应注意尺寸的准确性，并使结构单元简化，减少拼装时的吊装次数。

（二）主梁施工

斜拉桥主梁施工方法与梁式桥基本相同，大体上可以分顶推法、平转法、支架法及悬臂法4种。

1.顶推法

顶推法的特点是施工时须在跨间设置若干临时支墩，顶推过程中主梁反复承受正、负弯矩。该法较适用于桥下净空较低、修建临时支墩造价不大、支墩不影响桥下交通、抗压和抗拉能力相同，能承受反复弯矩的钢斜拉桥主梁的施工。对混凝土斜拉桥主梁而言，因为拉索水平分力能对主梁提供免费预应力。例如，在拉索张拉前顶推主梁，临时支墩间距又超过主梁负担自重弯矩能力时，为满足施工需要，须设置临时预应力束，在经济上不合算。

2.平转法

平转法是将上部构造分别在两岸或者一岸顺河流方向的支架上现浇，并在岸上完成所有的落架、张拉、调索等所有安装工作，然后以墩、塔为圆心，整体旋转到桥位合龙。平转法适用于桥址地形平坦、墩身矮和结构系适合整体转动的中小跨径斜拉桥。我国四川马尔康地区金川桥（跨径为68m+37m），采用塔、梁、墩固体体系的钢筋混凝土独塔斜拉桥，塔高25m，中跨为空心箱梁，边跨为实心箱梁，就是采用平转法施工的。

3.支架法

当所跨越的河流通航要求不高或岸跨无通航要求，且允许设置临时支墩时，可以直接在脚手架上拼装或浇筑主梁，也可以在临时支墩上设置便梁，在便梁上拼装或浇筑主梁。这种方法的优点是施工简单方便，且能保证主梁结构满足设计线形的要求。

4.悬臂法

可以在支架上修建边跨，然后中跨采用悬臂拼装法和悬臂施工的单悬臂法；也可以是对称平衡方式的双悬臂法。悬臂施工法分为悬臂拼装法和悬臂浇筑法两种。悬臂拼装法一般是先在塔柱区现浇一段放置起吊设备的起始梁段，然后用各种起吊设备从塔柱两侧依次对称安装节段，使悬臂不断伸长直全合龙。悬臂浇筑法是从塔柱两侧用挂篮对称逐段就地浇筑混凝土。我国大部分混凝土斜拉桥主梁都采用悬臂浇筑法施工。

综上所述，支架法和悬臂法施工是目前混凝土斜拉桥主梁施工的主要方法，前者适用于城市立交或净高较低的岸跨主梁施工；后者适用于净高很大的大跨径斜拉桥主梁施工。

（三）斜拉索施工

斜拉索是斜拉桥的一个重要组成部分，桥跨结构的重力和桥上活荷载绝大部分或全部通过斜拉索传递到塔柱上。斜拉索施工包括拉索的制作、运输以及挂索、拉索张拉与索力测定。

1. 拉索制作

为保证拉索质量，斜拉索制作一般不宜在施工现场制作，最好进行工厂化生产，并对拉索进行跟踪检验。斜拉索的防护分为永久防护和临时防护。临时防护为从出厂到开始永久防护的一段时间。永久防护为拉索钢材下料到桥梁营运期间，分为内防护和外防护。内防护是直接预防拉索锈蚀，外防护是保护内防护材料不致露出、老化等。

2. 拉索运输

拉索在制索场制成后，暂时堆放在制索场并在安装前运到桥上。对小直径的短索来说，其困难不大，但对直径较大且已制作了钢性索套的长索来说，其运输困难是很大的。这不仅是由于大直径索比较重，更重要的是带有索套的索不允许有过小的弯曲半径，否则很容易造成索套开裂破坏。

在专门制索厂制作的拉索须经长途运输时，斜拉索可以盘绕成盘后用汽车或火车运送，盘绕外径不得小于索径的 250 倍。索表面应用麻条或纤维布两层缠包，以保护锚头不生锈。

3. 挂索

挂索是将斜拉索引架到桥塔锚固点和主梁锚固点之间的位置上，其作业方法一般有3 种。

①在工作索道上引架。这种方法是先在斜拉索位置安装一条工作索道，斜拉索沿着工作索道引架就位。国外早期的斜拉桥较多使用这种方法，目前这种方法已很少使用。

②由临时钢索及滑轮吊索引架。这种方法是在待引架的斜拉索上先安装一根临时钢索的导向索。斜拉索挂在沿导向索滑动并与牵引索相连接的滑动吊钩上，用绞车引架就位。

③利用卷扬机或起重机直接引架。这种方法最为简捷，也特别适合于密索体系的悬臂施工。浇筑桥塔时，在塔顶预埋扣件，挂上滑轮组，利用桥面上的卷扬机和牵引绳通过转向滑轮和塔顶滑轮将斜拉索起吊，一端塞进箱梁，一端塞进桥塔。这种方法在吊装过程中可能会损伤索外的防护材料，须小心施工。

4. 拉索张拉与索力测定

斜拉索张拉是用千斤顶对拉索的索力进行调整。索力的大小，由设计按照各个不同的工况，经计算后给定。要在施工中准确控制索力，首先掌握测定索力的方法。索力测定方法有压力表测定千斤顶液压、压力传感器直接测定和根据拉索振动频率计算索力。

（四）施工控制

斜拉桥是高次超静定结构，为了确保斜拉桥在施工过程中结构的受力状态和变形处在设计值的安全范围内，成桥后的主梁线形符合预期的目标，并使结构处于理想的受力状态，故在施工过程中对其进行施工控制有着极其重要的必要性。

斜拉桥上部结构施工时应对其施工过程进行控制，应保证结构在施工过程中始终处在安全范围内，成桥后的线形、内力和索力应符合设计要求。施工控制的方法宜根据结构特点、施工方案和环境条件等因素综合选择确定。

斜拉桥的施工控制宜遵守以下原则：在主梁悬臂施工阶段以高程控制为主；二期恒载施工阶段以索力控制为主。

施工控制应贯穿在斜拉桥施工全过程中，除施工应按规定的程序进行外，对各类施工荷载应当加强管理，并应对施工过程中的变形、应力和温度等参数进行监控测试，且采集的数据应准确、可靠。

二、悬索桥施工

悬索桥是从古老的以藤、竹、树茎为材料建造的悬式桥，到今天的利用主缆、吊索作为加劲（钢箱梁）的悬挂体系，主缆吊索将荷载作用传递到索塔、锚碇。其主要的锚碇、索塔、索鞍、主缆吊索与索夹、钢箱梁等构造部分使悬索桥具有跨径大、材料耗费较少、桥型轻巧优美等优势。

悬索桥施工的一般程序：基础施工→锚碇施工→索塔施工→主悬索施工→加劲梁施工→桥面工程及附属设施施工。

（一）施工准备

由于现代大跨度悬索桥的规模都很大，所处环境复杂多变，在施工前必须做好充分准备。准备工作内容包括施工场地的准备和加工件的制作。加工件制作内容繁多，具体工作有以下5项。

1. 主索鞍、散索鞍和索夹制作

主索鞍是设置于悬索桥索塔塔顶，用于支撑主缆的永久性大型钢构件。主索鞍主要由鞍头（放置主缆索股的承缆槽）、鞍身（支撑鞍头的骨架）、上底座板（整个鞍体的支撑）、附属装置（下底座板、摩擦副、导向装置等）4部分组成。主索鞍的制作方式有全铸式、铸焊式、全焊式、假焊式等。散索鞍设置于锚碇前端，将锚面与主索之间的主缆分为锚跨和边跨，其主要功能是将主缆索股在竖直方向散开，引入锚固点。散索鞍的制作方式有全铸式、铸焊式、全焊式。索夹是将主缆和吊索相连接的连接件，大跨悬索桥的索夹通常为两个半圆形的铸钢构件，由高强螺栓固定在主缆上。

2. 主缆制作

主缆是悬索桥的主要承重结构。主缆的形成有空中纺丝法（AS法）和预制平行索股法（PPWS法）两种，前者无须预先制作索股，直接在桥上架设。为便于主缆截面最终被压缩成圆形，PPWS法是将丝股先排成六边形，最后通过紧细挤压成圆形。

3. 吊索制作

吊索是连接主缆和加劲梁的主要构件，分为竖直吊索和斜用索两种，后者应用较少。竖直吊索通常采用镀锌钢丝绳制作。钢丝绳吊索的制作工艺流程：材料准备→预张拉→弹性模量测定→长度标记→切割下料→灌铸锥形锚块→灌铸热铸锚头→恒载复核→吊索上盘。

4. 锚头灌铸

悬索桥所用的锚头有主缆索股锚头和吊索锚头。锚头铸体一般采用锌铜合金材料。灌铸锚头的施工顺序如下：

①在索股端部的适当位置绑扎钢丝，以防索股扭转和滑动。

②清洗索股端部钢丝和锚杯内壁的污物，同时测量锚杯容积，以控制灌铸量。

③将索股端部穿入锚杯并均匀散开，使其中心尽量与锚杯中心一致，用清洗剂清洗插入的钢丝和锚杯内壁并安装定位夹具，以保证钢丝的位置正确和锚固长度。

④将准备好的索股提升到灌锚架上，对锚具进行拉平、定位，以保证锚杯顶面与索股保持垂直，然后封底。利用预热罩对装好的锚杯进行预热，用坩埚电炉镕合事先已配好的镀锌铜合金。当锚杯预热温度到指定温度时开始灌铸，并通过称量法检查合金的实际灌铸量（不得小于理论值的92%），灌铸后待合金温度降至80℃以下时，用千斤顶从锚杯后面对灌铸的合金进行预压，其变形量符合设计要求。

5. 加劲梁制造

加劲梁直接承受和传递车辆荷载、风荷载、温度荷载和地震作用，并且控制着荷载的分布和大小。加劲梁常采用钢箱梁和钢桁梁。钢箱梁的制造过程：切割→零件和部件矫正→部件及组拼件制造→梁段制造→梁段顶拼及验收→焊接。

钢桁梁的制造过程：切割→制孔→部件组装→梁段试装→焊接、铆接、栓焊接。

（二）锚碇施工

锚碇基础分为直接基础、沉井基础、复合基础和隧道基础等。锚碇施工包括主缆锚固体系施工、锚碇体施工和散索鞍安装。

1. 主缆锚固体系施工

在重力式锚碇中，锚固体系根据主缆在锚块中的锚固位置分为后锚式和前锚式两种结构形式。

后锚式是将索股直接穿过锚块，在锚块后面锚固；前锚式是索股锚头在锚块前锚固，通过锚固体系将主缆拉力作用到锚体上。前锚式锚固体系又划分为型钢锚固体系和预应力锚团体系两种结构形式。

型钢锚固体系的施工程序：预制锚杆、锚梁→现场拼装支架→安装前锚梁→安装锚杆→精确调整位置→浇筑锚体混凝土。

预应力锚固体系的施工程序：基础施工→安装预应力管道→浇筑→锚体混凝土→管道中穿预应力筋→安装锚固连接器→张拉预应力筋→预应力管道压浆→安装、张拉索股。

2. 锚碇体施工

悬索桥的锚碇体属于大体积混凝土结构，特别是重力式锚碇，因而要按大体积混凝土的施工方法进行施工。

3. 散索鞍安装

散索鞍安装在底座板安装好后进行，而底座板通过在散索鞍混凝土基础中精确预埋的螺栓固定在基础上。散索鞍是重型构件，需要大型起重设备安装。安装时，可采用重型起重机，也可采用贝雷架或万能杆件架设的龙门架。隧道锚的散索鞍则采用整体拖运和溜放，再用千斤顶顶升就位。

（三）索塔施工

索塔按材料可分为钢筋混凝土塔和钢塔。钢筋混凝土塔一般为门式刚架结构，由箱形空心塔柱和横系梁组成。钢塔常见的结构形式有桁架式、刚架式和混合式等。

钢筋混凝土塔身施工时，其模板常采用滑模、爬模、翻模、辊模等形式。塔柱竖向主钢筋接长常采用冷弯套管连接、电渣焊、气压焊等方法。混凝土常采用泵送或吊罐运输。塔身施工到塔顶时，须预埋主索鞍钢框架支座螺栓和塔顶吊架、施工猫道预埋件。

（四）主缆施工

1. 牵引系统

牵引系统是架于两锚碇之间，跨越索塔并用于空中拽拉的牵引设备。它主要承担猫道架设、主缆架设和部分牵引吊运工作。牵引系统常用的有循环式和往复式两种形式。架设牵引索之前，一般是先将比牵引索细的先导索渡江（海、河），然后利用先导索架设牵引索。

2. 猫道

猫道是为架设主缆、紧缆、安装索夹、安装吊索以及空中作业所提供的脚手架。猫道承重索的线形与主缆基本一致，在架设过程中要注意左右边跨、中跨作业平衡，尽量减少对塔的变位影响，确保主缆架设质量。猫道上有横梁、面层、横向通道、扶手绳、栏杆立柱、安全网等。

3. 主缆架设

主缆架设空中纺丝法（AS法）的施工步骤：首先进行标准丝股架设，即把预先在工厂制作好的标准丝段引上猫道，并按设计位置架设就位；其次实施丝股架设，通过多次空中纺丝，使钢丝在散索鞍、主索鞍和猫道上的成型导具内按设计位置排列，形成丝股；最后进行丝段调整。

主缆架设预制平行索股法（PPWS法）的施工步骤：首先进行索股架设，利用拽拉器将索股牵引到对岸的锚碇处，并且安装好索股前端的锚头引入装置；然后用塔顶和散索鞍顶横移装置将索股横移到规定的位置；再进行索股整形，放入鞍座内；最后将锚头引入并锚固。

4. 紧缆

索股架设完成后，必须通过紧缆工作，把索股群整形成为圆形。

5. 安装索夹

紧缆完成后，在主缆上用螺栓将索夹安装就位。索夹安装的顺序是中跨是从跨中向塔顶进行，而边跨是从散索鞍向塔顶进行。

6. 架设吊索

架设吊索时，使用塔顶吊机将吊索提升到索塔顶部，再用缆索天车将其从放丝架上吊运到架设地点后进行安装。

（五）加劲梁架设

对于桁架式加劲梁，其架设办法可分为按架设单元的架设方法和按连接状态的架设方法。按架设单元可分为按单根杆件、桁片（平面桁架）、节段（空间桁架）进行架设3种方法。这3种方法可以分别使用，也可以根据需要在同一座桥上采用多种方法。按连接状态架设可分为全铰法、逐次刚接法和有架设铰的逐次刚接法。

箱形加劲梁架设一般采用节段架设法，即在工厂预制成梁段，并且进行预拼，将梁段运到现场后，用垂直起吊法架设就位，最后进行加劲梁焊接。

三、拱桥施工

拱桥是比较常见、具有我国民族传统特点的桥梁结构形式。条件适当时，拱桥是十分经济、合理、坚劲和美观的结构。拱桥因为在跨径、材料、位置以及结构形式等方面存在差异，因此其施工方法也不同。拱桥的施工方法主要有拱架法施工、缆索吊装法施工、劲性骨架法施工和转体法施工。

（一）拱架法施工

采取施工时搭设临时性支架施工上部结构的方法，这种施工方法也称拱架施工。其步骤是先使用钢材以及木材等材料搭设形成拱架，接着在拱架上完成主拱圈施工，待主拱圈及其拱上结构施工完毕后，再拆除拱架。

在拱架上对拱圈进行施工时，拱架会由于荷载不断加大而发生相应的变形，可能导致已施工完成的部分圬工出现裂缝。为了使各个施工环节的拱架获得均衡受力，使变形程度最低，确保拱圈质量，务必要使用合理的施工方法以及步骤。该种施工方法对那些跨度较小的桥梁较为合适，而且工艺简单，能对施工精度产生影响的因素不多，再加上施工控制力度不足而导致的不良后果也不是非常明显，因此人们易于将其重要性忽略。

（二）缆索装法施工

缆索吊装法施工是通过缆索吊机开展水平运输工作，将拱圈节段垂直起吊并进行安装，利用悬扣（也可以是构成悬臂析架）进行分段安装，并于最后将拱圈合龙。缆索吊装法施工也称为无支架施工，属于拱桥施工过程中经常使用的一种方法。其不仅跨越能力强，而且不论是水平还是垂直运输都灵活、机动，不会因为地形或者是施工场地等而受到影响，同时施工方便快捷。当前该方法主要应用于跨度较大的钢管混凝土拱桥建设过程中。

（三）劲性骨架法施工

劲性骨架法施工是以钢骨架作为拱圈的劲性拱架，采用现浇混凝土包裹骨架，最后形成钢筋混凝土拱桥。施工中，首先将拱圈的全部受力钢筋按设计形状和尺寸制成，并安装就位合龙形成钢骨架，然后用系吊在钢骨架上的吊篮逐段浇筑混凝土。当骨架全部由混凝土包裹后，就形成钢筋混凝土拱圈（或拱肋）。用这种方法施工的钢骨架，不但须满足拱圈的要求，而且施工中还起临时拱架的作用，所以，须有一定的刚性。一般选用劲性钢材（如角钢、槽钢、钢管等）作为拱圈的受力钢筋。劲性骨架法因能解决拱桥施工的"自架设问题"，目前主要用于大跨径拱桥中。这种埋入式拱架的方法在国内外已有施工实例，国外称为"米兰拱"。

使用劲性骨架的拱桥上部施工，主要施工步骤：劲性钢骨架制作→劲性钢骨架安装→拱肋浇筑→横梁和吊杆安装。

（四）转体法施工

转体法施工是将拱圈或整个上部结构分成两个半跨，分别在河两岸利用地形或简单支架浇筑或预制装配成半拱。然后，利用动力装置将两半拱转动至桥轴线位置上或设计标高合龙成拱。转体施工法可减少大量的高空作业，施工安全，并可大幅度地减少对桥下交通的干扰。转体施工法可按转动方向分为三大类：竖向转体、平面转体和平竖结合转体。

竖向转体施工：拱肋制作时的平面位置相同，但拱肋在低位或靠山仰坡上制作，然后再从两边逐渐抬升或放倒预制拱肋搭接成桥。通常只在中、小跨径拱桥中使用。

平面转体施工：将拱圈分成两个半跨，分别利用两岸地形立简单支架，现浇或预制拼装拱肋，安装拱肋横向联系，把扣索一端锚固在拱肋端部（靠拱顶附近），慢速将拱肋转体180°（或小于180°）合龙，最后再进行主拱圈和拱上建筑施工。关键设备是转盘。

平竖结合转体施工：钢管混凝土拱桥施工中对转体施工方法发展所做出的突出贡献，同时转体重量也有了极大的提高，它使桥梁转体施工法进入了新的发展阶段。

第六章　隧道工程施工技术

第一节　新奥法与盾构法隧道施工技术

一、新奥法隧道施工技术

（一）新奥法施工原理

在大量的地下工程实践中，人们普遍认识到，隧道及地下洞室工程，其核心问题，都归结在开挖和支护两个关键工序上。即如何开挖，才能更有助于洞室的稳定和便于支护：若须支护时，又如何支护才能更有效地保证洞室稳定和便于开挖。这是隧道及地下工程中两个相互促进又相互制约的问题。

在隧道及地下洞室工程中，围绕着以上核心问题的实践和研究，在不同的时期，人们提出了不同的理论并逐渐建立了不同的理论体系，每一种理论体系都包含和解决（或正在研究解决）了从工程认识（概念）、力学原理，工程措施到施工方法（工艺）等一系列工程问题。

1. 施工原理

①新奥法中认为，岩体是结构体系中的主要承载单元，在施工中必须充分保护岩体尽量减少对它的扰动，以免过度破坏岩体的强度。

②为充分发挥岩体的承载能力，应允许并控制岩体的变形。

③为了改善支护结构的受力性能，施工中应尽快闭合而成为封闭的筒形结构。

④在施工中的各个阶段，应开展现场量测监视，及时提供可靠的数量足够的量测信息。

⑤为了铺设防水层，或为了承受由于锚杆锈蚀，围岩性质恶化，流变，膨胀所引起的后续荷载，可采用复合式衬砌。

⑥二次衬砌原则上是在围岩与初期支护变形基本稳定的条件下修筑的，围岩和支护结构形成一个整体，因而提高了支护体系的安全度。

在大量的地下工程实践中，人们普遍认识到，隧道及地下洞室工程，其核心问题，都归结在开挖和支护两个关键工序上。即如何开挖，才能更有利于洞室的稳定和便于支护：若须支护时，又如何支护才能更有效地保证洞室稳定和便于开挖。这是隧道及地下工程中两个相互促进又相互制约的问题。

在隧道及地下洞室工程中，围绕着以上核心问题的实践和研究，在不同的时期，人们提出了不同的理论并逐步建立了不同的理论体系，每一种理论体系都包含和解决（或正在研究解决）了从工程认识（概念）、力学原理，工程措施到施工方法（工艺）等一系列工程问题。

2. 设计理论

（1）松弛荷载理论其核心内容

稳定的岩体具有自稳能力，不产生荷载：不稳定的岩体则可能产生坍塌，需要用支护结构予以支撑。这样，作用在支护结构上的荷载就是围岩在一定范围内由于松弛并可能塌落的岩体重力。这是一种传统的理论，其代表人物有泰沙基和普氏等人。

（2）岩承理论其核心内容

围岩稳定显然是岩体自身有承载自稳能力：不稳定围岩丧失稳定是有一个过程的，如果在这个过程中提供必要的帮助或限制，则围岩仍然能够进入稳定状态。前一种理论更注意结果和对结果的处理：而后一种理论则更注意过程和对过程的控制，即对围岩自承能力的充分利用。因为有此区别，因而两种理论体系在过程和方法上各自表现出不同的特点。新奥法是岩承理论在隧道工程实践中的代表方法。

3. 基本介绍

①岩体是隧道结构体系中的主要承载单元，在施工中必须充分保护岩体，尽量减少对它的扰动，避免过度破坏岩体的强度。为此，施工中断面分块不宜过多，开挖应当采用光面爆破、预裂爆破或机械掘进。

②为了充分发挥岩体的承载能力，应允许并控制岩体的变形。一方面允许变形，使围岩中能形成承载环；另一方面又必须限制它，使岩体不致过度松弛而丧失或大大降低承载能力。在施工中应使用能与围岩密贴、及时筑砌又能随时加强的柔性支护结构，例如，锚喷支护等。这样，就能通过调整支护结构的强度、刚度和它参加工作的时间（包括闭合时间）来控制岩体的变形。

③为了改善支护结构的受力性能，施工中应尽快闭合，而成为封闭的筒形结构。另外，隧道断面形状应尽可能圆顺，以避免拐角处的应力集中。

④通过施工中对围岩和支护的动态观察、量测，合理安排施工程序、进行设计变更及日常的施工管理。

⑤为了铺设防水层，也可能是为了承受由于锚杆锈蚀，围岩性质恶化、流变、膨胀所引起的后续荷载，可采用复合式衬砌。

⑥二次衬砌原则上是在围岩与初期支护变形基本稳定的条件下修筑的，围岩和支护结构形成一个整体，因而提高了支护体系的安全度。

上述新奥法的基本要点可扼要地概括为："少扰动、早喷锚，勤量测、紧封闭"。

4. 弹簧解法

（1）洞室边缘某一点 A 在开挖前具有原始应力（自重应力和构造应力）处于一个平衡状态。若同一根弹性刚度为 K 的弹簧，在 P_0 作用下处于压缩平衡状态。

（2）洞室开挖后，A 点在临空面失去约束，原始应力状态要调整，如果围岩的强度足够大，那么经过应力调整，洞室可处于稳定状态（不须支护）。然而大多数的地质情况是较差的，即洞室经过应力调整后，如不支护，就会产生收敛变形，甚至失稳（塌方），所以必须提供支护力 P_E，方可防止塌方失稳。等同于弹簧产生了变形 u 后，在 P_E 作用又处于平衡状态。

（3）由力学平衡方程可知，弹簧在 P_0 作用时处于平衡状态；弹簧在发生变形 u 后，在 P_E 的作用下又处于平衡状态，假设弹簧的弹性系数为 K_u，则有：

$$P_0 = P_E + K_u$$

讨论：

①当 u=0 时，$P_0=P_B$ 即不允许围岩变形，采用刚性支护，不经济；

②当 u↑时，u↓；当 u↓时，P_E↑。即围岩发生变形，可释放一定的荷载（卸荷作用），所以要允许围岩产生一定的变形，以充分发挥围岩的自承能力。是一种经济的支护措施，围岩的自稳能力 $P=P_0-P_B=K_u$；

③当 $u=u_{max}$ 时，发生塌方，产生松弛荷载，不安全。

5. 要点

①围岩是受洞室开挖影响的那一部分岩（土）体，围岩是三位一体的即：产生荷载、承载结构、建筑材料。

②隧道是修筑在应力岩体中的，具备特殊的建筑环境，不能等同于地面建筑。

③隧道结构体系 = 围岩 + 支护体系。

（二）新奥法的施工方法

1. 全断面开挖法

这种方法是先将洞室一次开挖成形，然后再衬砌。在围岩很稳定、无塌方掉块危险或断面只寸较小时，适于全断面开挖。这种方法的优势是施工场地开阔、出渣方便、掘进速度快。全断面开挖又可分为全断面一次掘进法和导洞全断面开挖法两种。

全断面开挖法又称全断面掘进法。按巷（隧）道设计开挖断面，一次开挖到位的施工方法。其开挖方式主要有三种：即新奥地利全断面开挖法、护板全断面开挖法和掘进机护板全断面开挖法。

（1）施工顺序

全断面开挖法施工操作比较简单，主要工序：使用移动式钻孔台车，首先全断面一次钻孔，并进行装药连线，然后将钻孔台车后退到50m以外的安全地点，再起爆，一次爆破成型，出渣后钻孔台车再推移至开挖面就位，开始下一个钻爆作业循环。同时，施作初期支护，铺设防水隔离层（或不铺设），进行二次筑模衬砌。该流程突出两点：增加机械手进行复喷作业，先初喷后复喷，以利于稳定地层和加快施工进度；铺底混凝土必须提前施作，且不滞后200m。当地层较差时铺底应紧跟，这是保证施工安全和质量的重要做法。

（2）适用范围

全断面法主要适用于Ⅰ～Ⅲ级围岩。当断面在 $50m^2$ 以下，隧道又处于Ⅲ类围岩地层时，为了减少对地层的扰动次数，在采取局部注浆等辅助施工措施加固地层后，也可采用全断面法施工。但在第四纪地层中采用此施工方法时，断面一般均在 $20m^2$ 以下，且施工中仍须特别注意，山岭隧道及小断面城市地下电力、热力、电信等管道工程施工多用此法。

（3）优点

①工序少，相互干扰相对减少，便于施工组织的管理。

②全断面开挖有较大的作业空间，有利于采用大型配套机械化作业，提高施工速度。

③全断面一次成型，对围岩的扰动次数减少，对隧道的围岩稳定有利。

（4）缺点

由于开挖面较大，围岩稳定性降低，并且每个循环工作量较大。

2. 台阶开挖法

台阶法是指先开挖隧道上部断面（上台阶），上台阶超前一定距离后开始开挖下部断面（下台阶），上下台阶同时并进的施工方法。按照台阶长度，可分为短台阶、长台阶、超短台阶（微台阶）法等。

台阶法是两车道隧道Ⅱ级、Ⅲ级、Ⅳ级和部分Ⅴ级围岩深埋段常用的施工方法，一般划分为上、下两个台阶。该方法将设计断面分成上半部断面和下半部断面，错开一定距离（台阶长度）先开挖上半断面，待开挖至一定长度后再开挖下半断面，上、下半断面在不同的工作面同时掘进施工。三车道隧道一般采用三台阶。

（1）台阶法的优缺点

①增加了工作面，前后干扰较小，有利于机械化作业，进度较快。

②一次开挖面积较小，有利于掌子面稳定，尤其是下台阶开挖时较为安全。

③短台阶法相互干扰，增加对围岩的扰动次数。

（2）分类

根据台阶长度不同，划分为长台阶法、短台阶法和微台阶法三种。

施工中采用哪一种台阶法，要根据两个条件来决定：第一是对初期支护形成闭合断面的时间要求，围岩越差，要求闭合时间越短；第二是对上部断面施工所采用的开挖、支护、出渣等机械设备需要施工场地大小的要求。对软弱围岩，主要考虑前者，以确保施工安全；对较好围岩，主要考虑如何更好地发挥机械设备的效率，保证施工中的经济效益，因此只考虑后者。

①长台阶法

长台阶法开挖断面小，有利于维持开挖面的稳定，适用范围较全断面法广，一般适用Ⅰ～Ⅲ级围岩。在上、下两个台阶上，分别进行开挖、支护、运输、通风、排水等作业线，所以台阶长度长。但台阶长度过长，如大于100m时，则增加了支护封闭时间，同时也增加了通风排烟、排水的难度，降低了施工的综合效率。因此，长台阶通常在围岩条件相对较好、工期不受控制、无大型机械化作业时选用。

②短台阶法

短台阶法适用于Ⅲ～Ⅴ级围岩，台阶长度定为10～15m，即1～2倍开挖宽度，主要是考虑既要实现分台阶开挖，又要实现支护及早封闭。上台阶一般采用小药量的松动爆破，出渣采用人工或小型机械转运至下台阶。因此，台阶长度又不宜过长，如果超过15m，则出渣所需的时间显得过长。

短台阶法可缩短支护闭合时间，改善初期支护的受力条件，有利于控制围岩变形。缺点是上部出渣对下部断面施工干扰较大，不能全部平行作业。

③微台阶法

微台阶法是全断面开挖的一种变异形式，适用于Ⅴ～Ⅵ级围岩，一般台阶长度为3～5m。台阶长度小于3m时，无法正常进行钻眼和拱部的喷锚支护作业；台阶长度大于5m时，利用爆破将石渣翻至下台阶有较大的难度，必须采用人工翻渣。微台阶法上下断面相距较近，机械设备集中，作业时相互干扰大，生产效率低，施工速度慢。

（3）适用范围

台阶法一般适用于Ⅲ、Ⅳ级围岩，Ⅴ级围岩应在必要的超前支护措施稳定开挖面后采用台阶法开挖，单线隧道及围岩地质条件较好的双线隧道可采用二台阶法；隧道断面较高、单层台阶断面尺寸较大时可使用三台阶法；当地质条件较差时，为增加掌子面自稳能力可采用三台阶预留核心土法开挖。

台阶长度必须根据隧道断面跨度、围岩地质条件、初期支护形成闭合断面的时间要求、上台阶施工所需空间大小等因素来确定。地质条件较好时往往采用长台阶法开挖，通过普通凿岩机上下台阶同时钻孔和起爆，达到隧道同时开挖掘进的目的，效率比全断面开挖略低，但设备投入相对较低。地质条件较差时，为利于支护及时封闭成环，台阶长度应缩短，宜为 5m 左右，如采用三级台阶法，第一个台阶高度宜控制在 2.5m 以下。三级台阶法所使用的辅助施工措施使得上下台阶相互干扰较大，施工效率降低，需要解决好上下台阶施工干扰问题。

（4）施工注意

采用台阶法施工时应注意以下事项：

①台阶长度不宜超过隧道开挖宽度的 1.5 倍。台阶不宜多分层。一般以一个垂直台阶开挖到底，保持平台长 2.5～3m 为好，易于掌握炮眼深度和减少翻渣工作量，装渣机应紧跟开挖面，减少扒渣距离以提高装渣运输效率。应根据两个条件来确定台阶长度：一是初期支护形成闭合断面的时间要求，围岩稳定性越差，闭合时间要求越短；二是上半部断面施工时开挖、支护、出渣等机械设备所需的空间大小的要求。

②上部开挖时，因临空面较大，易使爆破面渣块过大，不利于装渣，应适当密布中小炮眼。但采用先拱后墙法施工时，对于下部开挖时，应注意上部的稳定，必须控制下部开挖厚度和用药量，并采取防护措施，避免损伤拱圈及确保施工安全。若围岩稳定性较好，则可以采取分段顺序开挖。如果围岩稳定性较差，则应缩短下部掘进循环进尺；若稳定性更差，则可以左右错开，或先拉中槽后挖边帮。

③上台阶钢架施工时，应采取有效措施控制其下沉和变形，下台阶应在台阶喷射混凝土强度达到设计强度的 70% 后开挖。

3. 分部开挖法

分部开挖法是把设计的巷（隧）道断面划分成若干部分，进行二次及其以上开挖，最后达到巷（隧）道设计开挖断面的一种施工方法。

分部开挖法通常分为上下导坑法、台阶分部开挖法、单（双）侧壁导坑法、上导坑超前开挖法五种施工方案。分部开挖法利用对开挖断面进行局部开挖整体成型，因为分部开挖法是把某一部分作为前导提前开挖，所以亦称导坑超前开挖法。与超台阶法相比，台阶分部法可以加长台阶，通常情况下单车道隧道为 2 倍洞跨，双车道隧道为 1 倍洞跨，适用于一般土质或易坍塌的软弱围岩地段；与单（双）侧臂导坑法相比台阶分部法机械化程度高，施工进度更快。

（三）新奥法隧道施工技术要点

新奥法隧道施工工艺主要体现在先排水、短开挖、弱爆破、强支护、早衬砌、勤测量的十八字方针上。

1. 必须有详细的施工方案为依据

施工方案是确保施工计划、施工组织设计等的基础，往往根据实际开挖过程中围岩条件变化与施工主客条件不同等因素影响，以施工安全为前提，质量为核心，利用经济技术可行性分析，结合施工单位与建设单位实际情况选用全断面法、台阶法、分部开挖法、中隔墙法、交叉中隔墙法等作为主要施工方案。施工方案的确定，为后续工作的开展提供了方法和依据。

2. 做好施工计划是项目成功的关键

施工计划是保证隧道顺利施工的指导纲领性文件，其内容很宽泛，施工组织设计、工期计划图表等对未来实施活动有计划性的文件，都属于施工计划的范畴。做好施工计划，是考查施工方案是否落实的关键。

3. 及时反馈岩体情况是保证施工安全的重点

施工过程中，不仅要采用超前钻孔、TSP（TGP）等超前地质预报手段对掌子面前方的地质情况有一定的认识，随时做到心中有数，而且要在钻爆开挖掌子面过程中随时监测前方岩体变化，避免出现探报纰漏以及人员疏忽造成的意外瓦斯、涌水事故，造成不必要的经济损失和人员伤亡。

4. 及时锚喷支护是新奥法施工的主要手段

开挖后通过及时地锚喷支护，不仅能够控制岩层形状变化，防止围岩松动脱落，保证施工质量安全，而且利用混凝土与锚杆、钢支撑的全面黏结，能够形成初步的柔性支撑体系，为承受外界环境带来的各种应力提供帮助，加强了岩层的稳定性。不但如此，组织及时地喷锚支护，可以最大限度地利用流水施工保证施工空间有效利用、满足进度计划的要求。

5. 监控量测是消除开挖安全隐患的核心步骤

复合式衬砌的量测内容主要有目测、收敛位移量测、地层性态参数的测定等。现场测量技术人员将系列量测数据进行分析，对隧道围岩的变化趋势进行预测，及时反馈隧道变形中出现的"反弯点"，进而通过调整支护参数，使围岩变形控制在规定的红线以下。所以，监控量测工作既是新奥法施工的前提，又是新奥法施工的核心。

6. 防水排水措施是保证施工顺利进行的重要因素

隧道施工过程中，造成岩体坍塌的大部分原因都与水患有关，如外部水压作用岩体、膨胀性地压和湿陷性黄土、流沙、熔岩等自身特性，都与水的存在有直接的联系。因此，在施工过程中必须采取排、堵、截、引等一系列措施手段，对地表水、衬砌背后的水以及地下水进行有效处理。

（四）新奥法的适用范围

根据隧道所处地理位置、水文条件的不同，隧道施工常用的方法主要有以下几种，新奥法与其他隧道掘进方法的适用范围在这里可由对比法做简单的阐述。

新奥法作为山岭隧道施工方法中的一种，其区别于传统矿山法和掘进机法（TBM）主要表现在：

1. 传统矿山法

主要采用钻爆法开挖，运用钢木构件支撑；而新奥法则主要是采取锚喷混凝土的方式作为主要支护手段。

2. 掘进机法（TBM）

主要采用掘进机械破碎岩石后将石渣传送出机外的一种"开挖＋出渣"的连续作业方式；而新奥法则主要使用钻爆法作为主要的掘进方式。

当遇到地质条件较恶劣的地质情况时，如遇到围岩等级较低、岩石节理发育、浅埋暗挖段等情况，则通常考虑浅埋暗挖法、明挖法、盖挖法等施工方法。而在穿越软弱含水层时，通常采用盾构机"边掘进边衬砌"的施工方法在隧道掘进过程中及时有效地控制隧道变形，维护围岩稳定性，常见的盾构法施工案例有海底隧道以及城市中心区修建隧道的施工项目。

综上所述，新奥法之所以能成为山岭隧道施工的主要方法，归功于其能在一般地质条件较好山岭地区有既经济、又稳定的优势，能在开挖后形成自稳的山岭围岩使用。然而，若在水文地质条件较差、围岩坚硬或者极度软弱的山岭地区，就得采取其他的施工方法保证隧道项目的顺利建设。

二、盾构法隧道施工技术

（一）盾构法施工

盾构法是暗挖法施工中的一种全机械化施工方法。它是将盾构机械在地中推进，通过盾构外壳和管片支承四周围岩避免发生往隧道内的坍塌。同时在开挖面前方用切削装置进行土体开挖，通过出土机械运出洞外，靠千斤顶在后部加压顶进，并拼装预制混凝土管片，形成隧道结构的一种机械化施工方法。

盾构机是一种带有护罩的专用设备。利用尾部已装好的衬砌块作为支点向前推进，用刀盘切割土体，同时排土和拼装后面的预制混凝土衬砌块。盾构机掘进的出碴方式有机械式和水力式，以水力式居多。水力盾构在工作面处有一个注满膨润土液的密封室。膨润土液既用于平衡土压力和地下水压力，又用作输送排出土体的介质。

盾构机既是一种施工机具，也是一种强有力的临时支撑结构。盾构机外形上看是一个大的钢管机，较隧道部分略大，它是设计用来抵挡外向水压和地层压力的。它包含三部分：前部的切口环、中部的支撑环以及后部的盾尾。大多数盾构的形状为圆形，也有椭圆形、半圆形、马蹄形及箱形等其他形式。

1. 盾构法特点

（1）盾构法的优越性

①在盾构的掩护下进行开挖和衬砌作业，有足够的施工安全性。

②地下施工不影响地面交通，在河底下施工不影响河道通航。

③施工操作不受气候条件的影响。

④产生的振动、噪声等环境危害较小。

⑤对地面建筑物及地下管线的影响较小。

（2）适用条件

在松软含水地层，或地下线路等设施埋深达到 10m 或更深时，可以采用盾构法。

①线位上允许建造用于盾构进出洞和出碴进料的工作井。

②隧道要有足够的埋深，覆土深度宜不小于 6m 且不小于盾构直径。

③相对均质的地质条件。

④如果是单洞则要有足够的线间距，洞与洞及洞与其他建（构）筑物之间所夹土（岩）体加固处理的最小厚度为水平方向 1.0m，竖直方向 1.5m。

⑤从经济角度讲，连续的施工长度不小于 300m。

（3）优点

①安全开挖和衬砌，掘进速度快。

②盾构的推进、出土、拼装衬砌等全过程可实现自动化作业，施工劳动强度低。

③不影响地面交通与设施，并且不影响地下管线等设施。

④穿越河道时不影响航运，施工中不受季节、风雨等气候条件影响，施工中没有噪声和扰动。

⑤在松软含水地层中修建埋深较大的长隧道往往具有技术和经济方面的优越性。

（4）缺点

①断面尺寸多变的区段适应能力差。

②新型盾构购置费昂贵，对施工区段短的工程不太经济。

③工人的工作环境较差。

2. 施工步骤

盾构施工方法由以下几个步骤组成：

①在置放盾构机的地方打一个垂直井，再用混凝土墙进行加固。

②将盾构机安装到井底，而且装配相应的千斤顶。

③用千斤顶之力驱动井底部的盾构机往水平方向前进，形成隧道。

④将开挖好的隧道边墙用事先制作好的混凝土衬砌加固，地压较高时能够采用浇铸的钢制衬砌加固来代替混凝土衬砌。

盾构法施工中，其隧道一般采用以预制管片拼装的圆形衬砌，也可采用挤压混凝土圆形衬砌，必要时可再浇筑一层内衬砌，形成防水功能好的圆形双层衬砌。

3. 施工工序

采用盾构法施工时，首先要在隧道的始端和终端开挖基坑或建造竖井，用作盾构及其设备的拼装井（室）和拆卸井（室），特别长的隧道，还应设置中间检修工作井（室）。拼装和拆卸用的工作井，其建筑尺寸应根据盾构装拆的施工要求来确定。拼装井的井壁上设有盾构出洞口，井内设有盾构基座和盾构推进的后座。井的宽度一般应比盾构直径大 1.6 ~ 2.0m，以满足铆、焊等操作的要求。当使用整体吊装的小盾构时，则井宽可酌量减小。井的长度，除了满足盾构内安装设备的要求外，还要考虑盾构推进出洞时，拆除洞门封板和在盾构后面设置后座，以及垂直运输所需的空间。中、小型盾构的拼装井长度，还要照顾设备车架转换的方便。盾构在拼装井内拼装就绪，经运转调试后，就可拆除出洞口封板，盾构推出工作井后即开始隧道掘进施工。盾构拆卸井设有盾构进口，井的大小要方便盾构的起吊和拆卸。

其他施工主要有土层开挖、盾构推进操纵与纠偏、衬砌拼装、衬砌背后压注等。这些工序均应及时而迅速地进行，决不能长时间停顿，以免增加地层的扰动和对地面、地下构筑物的影响。

（二）盾构隧道工程中的技术问题

1. 隧道管片设计问题

作为盾构施工的最终产物，隧道衬砌结构主要是由管片构成。而管片所形成的结构物是永久性的，因此，管片的设计是非常重要的环节。管片的设计要考虑隧道断面上的问题和轴线方向上的问题。除了地基可能发生较大不均匀沉降或者特殊部位需要进行地震时轴线方向的计算以外。隧道管片主要还是根据断面上的受力进行计算。而断面上的设计计算主要涉及两个问题：一个是管片设计荷载的设定问题。另一个则是管片环的结构计算模型的问题。

2. 开挖面的稳定问题

盾构法的主要原理就是尽可能在不扰动围岩的前提下完成施工，因此其施工的关键就是维持开挖面的稳定性。泥水加压式盾构与土压平衡式盾构在维持开挖面稳定性方面机理稍有不同，主要区别于其控制开挖面的压力时分别采用了泥浆和流塑性土体。

泥水加压式盾构是通过压力舱内泥水的压力、泥水的特性来控制开挖面维持稳定的。

土压平衡式盾构需要在压力舱内充满开挖泥土，通过对开挖土体施加压力来平衡开挖面上的土压力和水压力。

3. 盾构姿态和线路控制的问题

盾构机是一个由盾构千斤顶驱动、在地中运动的庞然大物。而隧道设计对盾构机行走轨迹的要求非常严格。这是因为：

①盾构机的过大偏移会造成隧道的偏移而影响使用。

②盾构机的偏移会造成施工操作上的困难。

因为盾构机姿态的偏移会直接造成线路的偏移，同时也造成管片拼装困难，有时也会因为不得不偏心推进而对管片产生过大的施工荷载造成管片开裂。

4. 盾构施工对周围环境的影响问题

盾构技术之所以能够在城市地下工程中广泛使用。主要是可以将施工对周围环境的影响控制到很小的程度。除了对城市交通、商业、城市噪声、粉尘等环境的影响以外，对城市地面建筑物、地下建筑物（结构物）的影响也是一个重要的问题。

伴随盾构推进一般会发生一定的地基变形，其发生原因可以分为以下几点：

①开挖面上的土水压力不平衡导致开挖面失去稳定性。此时，压力舱压力大于开挖

面土压力和水压力时出现地基隆起，相反会出现地基沉降。

②盾构推进对围岩的扰动。盾构壳板和围岩的摩擦、以及围岩的扰动会引起地基隆起和沉降。特别在蛇曲修正、曲线推进时如采用超挖，会使围岩松动的范围变大加大地基的沉降量。

③盾尾空隙的发生和壁后注浆的不足。盾构施工必然产生盾尾空隙，这一空隙会引起地基的应力释放而产生弹塑性变形。

④管片的变形和变位。管片从盾尾脱出后，受到围岩荷载作用发生一些变形或变位，造成地基沉降，但其量一般较小。

⑤地下水位下降。由于漏水或降水引起的地基沉降。

5. 无论任何技术问题都可从两方面进行概述：即从施工方与设计方

从施工方而言，重要的是保证扩挖时围岩的稳定和控制相邻管片应力的恶化，对比，需要重点研究管片拆除前对围岩的超前加固和拆除后扩挖过程中的临时支护技术：包括设置临时支柱，对管片后围岩超前注浆加固处理等措施：其次需要研究运用于异型断面区段的特殊管片形式以及连接异型断面与普通断面的合理连接构件。连接构件要保证异型断面处受力状态合理，外观上符合审美标准等。

从设计方而言，主要针对特殊异型断面形式的结构计算方法和模式。同时要能够全面模拟施工过程隧道的力学行为，即加固，管片拆除，开挖，模筑衬砌或拼装特殊管片等过程。在盾构隧道基础上扩挖的最大不同就是在原基本稳定的围岩和管片系统基础上拆除管片。管片拆除后围岩和相邻管片应力将重新分布，紧接着的开挖将再次破坏上一次的应力状态，管片安装后对这一应力状态又将产生新的调整，这些过程对于异型断面的施工安全都极为重要，需要系统的分析计算，找出应力变化和调整的规律，便于施工时采取相应的对策。

（三）盾构法隧道内部结构施工技术

1. 盾构机纠偏原则

下掘进过程中，铰接千斤顶形成较大，推进千斤顶分区控制，以确保盾构姿态。在小曲率段，自动导向系统的激光站每次移站的距离短，移站频率高，否则盾构机自动导向系统无法反映盾构机的真实姿态。但移站频率高、吊篮不及时复测，会对自动导向精度造成一定影响，因此须增加人工复测频率。为确保盾尾密封效果、管片质量，减小对地层的扰动，盾构机纠偏原则：每环的纠偏幅度不应太大，当水平、垂直都需要纠偏时：一个方向纠完，再纠另外一个方向，宜先稳住垂直姿态，再水平纠偏；同时纠偏效果不理想。盾构机在全、强风化凝灰熔岩地层中施工小曲率隧道，保证速度的稳定性，也可以比较容易控制纠偏的尺度，太快或太慢都不利于模拟机盾构机纠偏。

2. 盾构法隧道施工管片保护

隧道姿态不理想时，利用管片吊装孔，同步注水泥水玻璃速凝浆液。另外，考虑到曲线等同于超挖，浆液注入量也需要适当增加。在软弱地层中，由于围岩自稳性差，应力释放快，塑性变形大，这一环形空间在管片脱出盾尾后，拱顶围岩极有可能发生变形或拱顶围岩下沉，减小了围岩与管片之间的间隙，同时建压掘进和及时地同步注浆使此间隙能得到有效填充，有利于管片快速稳定。在盾构掘进施工中，盾构通常保持微微抬头姿势掘进，一般底部油缸推力较大，此推力会在设计轴线法线上产生一个向上的分力，特别是下坡段时，底部推进力增大，分力随之增大，这个分力加剧了管片的上浮，尤其是在同步注浆浆液没有完全提供约束力的情况下。由于双液浆在同步注浆管过程中易堵管，可选择在管片注浆孔进行注浆，即管片脱出盾尾后采用人工对管片进行注浆。但通过吊装孔注双液浆往往要停止掘进，为减小注浆对施工进度的影响，可根据管片脱出盾尾后管片间相对上浮量不超过限界要求的前提下，选择隔环注双液浆的方式减小管片悬臂距离，同时优化同步浆液配合比。一方面可有效封堵后部来水，减小同步注浆浆液前窜机率；二是有效填充管片壁后建筑间隙以达到防止管片上浮和稳定管片的目的。

3. 地铁隧道盾构机选用

盾构机是采用盾构方法挖掘隧道的高科技施工设备，能在施工过程中实现渣土装运、隧道掘进及衬砌支护等一次性开挖成型功能。盾构机工作原理为利用盾体在挖掘隧道时作临时支护，并在其保护下通过拼装管片形成稳固的衬砌，反复重复上述动作直到贯通隧道为止。具体施工过程为在隧道某段的一端修建竖井，之后把盾构机相应的施工主体、配件放入井中并在预定始发位置上组成整机并调试设备。在地层中根据所设计的运动轴线从竖井的墙壁开孔处向另一竖井的设计孔洞推进，盾构机的刀盘在推进过程中持续对位于盾构机前端的开挖面进行切削并把产生的渣土送到竖井中并运送出竖井。在推进过程中通过盾构千斤顶将所受到的低层阻力传送到已拼装完成的管片上，平衡压力。盾构机每推进一定的距离，管片拼装机在盾尾支护下拼装一环衬砌管片并通过注浆装置向开挖隧道外围压注足够的浆体，该步骤的目的在于形成稳固的支护防止隧道及地面下沉，最后在盾构机挖掘到预定接收竖井时则表现挖掘完成。地铁隧道盾构机常见故障主要有刀盘故障和盾构机推进系统故障。这就需要控制盾构机推进的偏移量，并且也是控制超挖现象，保证盾构开挖面的稳定性。同时检测在盾构掘进时地面发生变形而产生的曲线并及时反馈，要不断调整和优化掘进参数保证施工参数的合理性，进一步从根本上对地面土体位移和地面沉降的程度进行控制。盾构机掘进偏移带来的一个较明显的后果即姿态控制难，即对油缸的有效控制。所以在推进油缸行程时要控制推进速度，不宜过快。要在推进时定期派人检查和监测盾构机的推进情况。检查范围为盾构机回的填料是否饱满，机体下部与导台的结合情况，同时还要检查盾构机的掘进参数。

4. 盾构法隧道施工通风技术

为了实现较好的节能降耗的效果，尽量采用可变化风量的轴流式通风机。当要求风量大时，风机以高转速运转；当要求风量较低时，风机又可以较低转速运行。为降低设备采购成本和便于管理，同一标段的各区间配置的设备型号规格不宜过多、过杂，尽量统一，也便于灵活组合。压入式通风机必须装设在洞外，防止污风的循环。通风机应设两路供电。并设风电闭锁装置，当一路电源停止供电时，另一路电源应在15分内接通，保证风机正常运转。必须有一套同等性能的备用通风机，并经常持续良好的使用状态。通风机开关应设置于专用开关箱内，采用专用线路、专用开关、专用断路器控制。隧道应采用抗静电、阻燃的风管。风管口到开挖面的距离应小于 5m，风管百米漏风率应不大于 2%。为保证盾构法隧道施工通风安全，需要采取的技术措施为：①风机安装：风机必须具有产品合格证，使用前进行外观检查，风机的支座应稳固结实，避免运行中产生振动，风机出口处应设置加强型柔性风管与风筒布连接，风机与风筒布连接处应多道绑扎，减少漏风。通风机前后 5m 范围内不要堆放杂物，确保进气通畅，通风机进气口应设置铁丝网，并应装有保险装置。随着盾构机的掘进，自带风机以及后配套风管储存支架也在移动，应及时做好管片拼装后风管的及时延伸。②风管安装：风管必须有出厂合格证，使用前进行外观检查，确保无损坏，粘接缝牢固平顺，接头完好严密。通风管应优先采用高强、抗静电、阻燃的软质风管。风管挂设应做到平、直，无扭曲和褶皱。在隧道作业时，已衬砌管片的区间隧道应根据衬砌管片缝在洞顶每 5m 标出螺栓位置，然后用电钻打眼，安置膨胀螺栓。布八号镀锌铁丝，用紧线器张紧，风管吊挂在拉线下。为避免铁丝受冲击波振动、洞内潮湿空气腐蚀等原因导致断裂，每 10m 增加设置一个尼龙绳挂圈。通风管破损时，应及时修补或更换。通风管的节长尽量加大，以减少接头数量，接头应严密，每 100m 平均漏风率不宜大于 2%。弯管平面轴线的弯曲半径不得小于通风管直径的 3 倍。

（四）盾构法隧道异型断面施工技术

盾构隧道异型断面通常是在原隧道的基础上进行扩挖修建，这一工程施工的关键在于扩挖技术的应用。现阶段，主要采用扩径盾构法以及在盾构隧道基础上的人工扩挖法两种方法进行异型断面施工。

1. 扩径盾构法

在隧道工程建设过程中，为了更好地满足修建地铁车站或者是安装其他设备的需要，往往采用扩径盾构法，在原有盾构隧道的部分区间进行直径扩展。在扩径盾构施工过程中，首先将撤去原有衬砌并要挖去部分围岩，进而保证有足够的空间作为扩径盾构机的出发基地。

在撤除衬砌过程中，难免会对原有隧道产生扰动，促使其作用荷载和应力发生变化，进而影响到原有结构的稳定性。因此，在实际施工中，应采取有效预防措施，特别是对原有隧道的开孔部及其附近进行加固处理，进而保证隧道结构的稳定性。

在撤除衬砌后，要对扩径盾构进行组装，在组装完成之后就可以开始掘进。通常情况下，应设置合适的反力支承装置以便于使推力均匀作用于机体尾部的围岩。在尾部围岩抗力不足的情况下，还要对围岩进行加强处理。除此之外，也可以采用设置有效装置的方式实现推力的转移。

采用扩径盾构法进行施工一般应遵循以下步骤：

一次盾构掘进，修建一次盾构基地，圆周盾构，圆周盾构掘进，完成扩径盾构出发基地，组装扩径盾构，扩径盾构掘进，完成扩径等。

扩径盾构法是一项先进的施工技术，当前在隧道工程施工中的应用越来越多。扩径部位是特殊的异型断面，这个部位的应力状态极其复杂。在进行施工过程中，要注意以下几点：

①在实际施工开始之前，为了减小出发基地的规模，应尽量缩短盾构机长。

②开挖面作业空间的对盾构开挖作业效率有着直接影响，因而，在确定开挖作业面的空间时必须要综合考虑其作业性，通常要达到30cm以上。

③进行扩进盾构施工，应配备能够迅速进行组装和拆卸扩径管片的装置。

④在拆除衬砌以及挖掉部分围岩可能会导致原有隧道的结构作用荷载和应力的变化，进而影响结构的稳定性，为此，要在原有隧道开孔部及其附近采取加固措施，除此之外，还要进行测量以掌握衬砌应力，在施工过程中实时监测围岩的状态。

2. 人工扩挖法

现阶段，我国还未实现大量采用扩径盾构法进行施工。综合考虑我国隧道工程的实际情况，在须扩挖的异型断面施工时，通常采用在盾构隧道的基础上进行人工扩挖的修建方法，也就是说，在盾构完成之后，再采用传统的方法进行扩挖。在具体施工过程中，通常是先采用盾构法贯通全部或部分暗挖区间，之后再在已形成的区间隧道基础上扩挖联络通道、车站等特殊异型断面。

总的来说，采用盾构隧道基础上的人工扩挖法修建异型断面能够有效地缩短建设周期，提高工程质量，而且能够有效确保施工安全，将对周围环境的影响降低到最低，除此之外，盾构法的长距离应用还能够产生规模效益，进而大幅降低工程成本投入，可以说一举多得。

总的来说，使用盾构隧道基础上的扩挖法进行异型断面施工的具体步骤为：对地层进行加固处理，隧道结构超前支护→拆除管片→扩挖施工→临时支护，确保结构的稳定性→模筑混凝土，管片安装→拆除支护。

现阶段，大部分隧道工程都是采用敞开开挖面的方法进行地中扩挖施工，先行隧道施工已经造成了围岩一定程度的松动，对此，在进行施工时要采用辅助施工法等来加固围岩，进而保证围岩的稳定性，随后再进行分步开挖。

除此之外，还应该采取适当的措施来避免隧道及结构物发生变形。通常情况下，可以采用特殊的管片或钢制支架等边支护围岩边扩挖。

在施工过程中，要重点考虑渡线和联络通道的接合方式，这是因为异型断面位置应力相对较为复杂，应给予足够的考虑与重视并采取有效的处理措施，避免出现质量问题。

（五）盾构法隧道软土地层盾构进出洞施工技术

1. 主要洞门土体加固技术

盾构进出洞时必须采取合理的土体稳定措施，使洞门外土体能稳定自立，为盾构进出洞提供条件。当前常用的土体稳定技术有SMW工法、高压旋喷桩、深层搅拌桩、降水法、分层注浆法、冻结法等。主要采取深层搅拌桩法洞门加固技术。洞门加固技术主要对洞门外一定范围内的土体采用深层搅拌桩进行土体加固,工作井边缘与搅拌桩之间的间隙采用高压旋喷桩进行封闭。土体加固范围向四周一般不小于一倍盾构半径,向前加固范围一般不小于盾构自身长度。为使土体密实,防止渗水,被加固须有一定的强度,但为方便盾构进出洞作业,其强度又不宜过高,普通加固土体的强度达到 0.8MPa 比较合适。

2. 影响盾构进出洞安全的主要因素

影响盾构进出洞安全的因素主要有以下几方面:

(1)洞门土体加固方案的合理性

洞门前土体加固区域是连接车站工程和区间工程的过度区域,其加固方案的合理性是决定盾构进出洞安全的前提。洞门土体加固方案须统筹考虑洞门埋置深度、水文地质条件、周边环境情况等,明确加固方案的目标和目的,进行合理的方案设计。对于复杂水文地质和工况条件下进出洞作业,在满足洞门土体自立稳定的同时,还应考虑到渗透稳定性及其他一些不利的影响因素。对于工程周边有重要建构筑物需要保护时,须明确环境保护等级,制订明确的变形控制要求和目标,按相关控制要求制订合理的土体加固方案。

(2)洞门土体加固施工质量控制

制定合理的洞门土体加固方案后,如何按设计要求做好洞门土体加固十分重要,如果洞门加固处理不到位,可能会造成洞门土体失稳、渗透破坏等重大事故。洞门土体加固在满足设计要求范围及强度的同时,土体加固的均匀性极其重要,土体加固不均匀,硬度过大的加固体将成为进出洞时的掘进障碍物,会造成盾构进出洞时姿态发生偏移,使土体扰动过大,对周边环境产生十分不利影响。

(3)进出洞时盾构掘进参数控制

洞门土体加固区是车站与区间的过渡区域,土体加固区与天然土区域的地质条件相差很大。为确保盾构顺利进出洞,并且保证进出洞时对周边环境控制在可承受范围内,在盾构进出洞前必须请检测单位对加固土体的强度和均匀性进行检测,为盾构进出洞门加固土体区域时设定合理的掘进参数提供依据。在盾构掘进过程也必须清楚自身所处位置,经过不同地质区域时应及时调整掘进参数,避免盾构进出现严重超挖欠挖、轴线偏移、姿态突变等情况,对自身安全及周边环境造成不利影响。

(4)进出洞时洞门防水装置的安装

洞门外部注浆孔的布设洞门防水装置的按装在进出洞过程中也起到重要的作用,在加固施工过程中不可能做到完美,所以进出洞过程中的防水装置及洞门外部的注浆孔起到了重要的作用。

3. 盾构进出洞质量控制措施

盾构进出洞风险控制是一项系统的工程,应该从前期周边环境排摸、方案制定,到后期监测、检测、施工阶段都做好充分的准备工作。

(1)盾构进出洞作业前的周边环境排摸

盾构进出洞作业前,施工单位应委托专业单位对施工影响范围内的雨污水管进行探测。管径在 1.2m 及以上的雨污水管必须使用潜水员进入雨污水管内直接探测的方法；管径在 0.45m ~ 1.2m 的雨污水管应采取 CCTV 等探测方法，根据探测情况形成书面报告，书面报告应包括平面关系图、纵断面关系图、雨污水管病害探测情况、修理建议等。根据探测情况报告，并结合工程所处的水文地质及周边工况等条件，编制合理的盾构进出洞专项方案，提出进出洞对周边环境保护指标参数。

（2）盾构进出洞施工作业中的监测和检测

盾构进出洞作业前，检测单位在对加固土体进行强度检测的同时，应采取垂直和倾斜取芯的检验方法（其中斜孔不少于 2 孔）对加固土体的均匀性进行检测，并出具检测报告。在城市重要干线和敏感地段（包括施工影响范围内有重要建（构）筑物、重要管线或管道和密集住宅小区等）盾构进出洞作业，必须设置深层监测点，加强对路面沉降的监测；在施工影响范围内有大口径管线的，应对管线布设直接监测点。

（3）盾构进出洞作业的应急预案制度

盾构进出洞专项方案应包括应急预案，应急预案应明确工程万一出险后的施救技术路线，保证相关抢险设备和专业抢险队伍能及时赶到现场救援。盾构进出洞作业前，应由建设单位组织召开进出洞作业涉及的各类地下管线单位会议，工程参建单位参加，确定工程出险后地下管线单位的抢险配合工作。

（4）盾构进出洞施工的降低施工风险技术措施

①进出洞区域加固应根据所处的水文地质条件，选择可靠的加固方法，其中对在砂性土层中进出洞，土体加固（非冰冻法）长度应不小于盾构机长度，如果条件不能满足，应采取相应措施。

②盾构在复杂水文地质条件下进出洞作业时，应事先在加固土体外侧打设降水井、在洞门周边结构上预埋至少 8 个注浆孔，上下 4 个作为备用应急措施，但在降水过程中应注意环境保护，注浆孔注意堵塞。

③盾构在复杂水文地质条件下进出洞作业时，洞圈宜采用箱体密封装置。

④在规划设计阶段和管线搬迁规划时，重要的管线距洞口水平距离不应少于 10m，如不满足要求，应采取相应的技术措施。

第二节 沉管法与明挖法隧道施工技术

一、沉管法隧道施工技术

（一）沉管法施工

沉管法是在水底建筑隧道的一种施工方法。沉管隧道就是将若干个预制段分别浮运到海面（河面）现场，并一个接一个地沉放安装在已疏浚好的基槽内，用该方法修建的水下隧道。

沉管法是预制管段沉放法的简称，是在水底建筑隧道的一种施工方法。其施工顺序是先在船台上或干坞中制作隧道管段（用钢板和混凝土或钢筋混凝土），管段两端用临时封墙密封后滑移下水（或在坞内放水），使其浮在水中，再拖运到隧道设计位置。定位后，向管段内加载，使其下沉至预先挖好的水底沟槽内。管段逐节沉放，并用水力压接法将相邻管段连接。最后拆除封墙，使各节管段连通成为整体的隧道。在其顶部和外侧用块石覆盖，以保安全。水底隧道的水下段，采用沉管法施工具有较多的优点。20世纪50年代起，由于水下连接等关键性技术的突破而普遍采用，现已成为水底隧道的主要施工方法。用这种方法建成的隧道称为沉管隧道。

1. 优点

采用沉管法施工的水下段隧道，比用盾构法施工具有较多优势。主要有：

（1）容易保证隧道施工质量

因管段为预制，混凝土施工质量高，易于做好防水措施；管段较长，接缝很少，漏水机会大为减少，而且采用水力压接法可以实现接缝不漏水。

（2）工程造价较低

因水下挖土单价比河底下挖土低；管段的整体制作，浮运费用比制造、运送大量的管片低得多；又因接缝少而使隧道每米单价降低；再因隧道顶部覆盖层厚度可以很小，隧道长度可缩短很多，工程总价大为降低。

（3）在隧道现场的施工期短

因预制管段（包括修筑临时干坞）等大量工作均不在现场进行。

（4）操作条件好、施工安全

因除极少量水下作业外，基本上无地下作业，更不用气压作业。

（5）适用水深范围较大

由于大多作业在水上操作，水下作业极少，故基本上不受水深限制，如以潜水作业适用深度范围，则可达70m。

（6）断面形状、大小可自由选择，断面空间可充分利用

大型的矩形断面的管段可容纳4～8车道，而盾构法施工的圆形断面利用率不高，且只能设双车道。

2. 适用条件

适合于沉管法施工的主要条件是：水道河床稳定和水流并不过急。前者不仅便于顺利开挖沟槽，并能减少土方量；后者便于管段浮运、定位和沉放。

3. 制作方法

按管段制作方式可划分为船台上制作和干坞中制作两大类型：

（1）船台型管段制作

船台型管段制作是利用船厂的船台，先预制钢壳，将其沿滑道滑移下水后，在浮起的钢壳内灌筑混凝土。该类管段的横断面一般为圆形、八角形和花篮形。由于管段内轮

廓为圆形，在车辆限界以外的上下方空间虽可利用为送、排风道，但车道高程相应压低，致使隧道深度增加，因此沟槽深度和隧道长度均相应增大；又因其内径受限制而只能设置双车道的路面，亦即限制了同一隧道的通行能力；同时耗钢量大，管段造价高，而且钢壳焊接质量及其防锈尚未能完善解决。

（2）干坞型管段制作

干坞型管段制作是在临时的干坞中制成钢筋混凝土管段，向干坞内放水后，将其浮运到隧址沉放。其断面大多为矩形，不存在圆形断面的缺点；不用钢壳，可节省大量钢材。但在制作管段时，对混凝土施工工艺须采取严格措施，以满足其均质性和水密性特别高的要求，并确保必需的干舷（管段顶部浮出水面的高度）和抗浮安全系数。

4. 沉放

浮箱吊沉法是比较新的一种管段沉放法。一般在管段上方放 4 只方形浮箱，用吊索直接将管段系吊，浮箱分成前后两组，每组两只浮箱用钢桁架联成整体，并用锚索将各组浮箱定位，在浮箱顶上安设起吊卷扬机和浮箱定位卷扬机。管段的定位须在其左右前后另用锚索牵拉，其定位卷扬机则设于定位塔的顶部。这一沉放法的主要特点是设备简单，适用于宽度 20m 以上的大、中型管段。沉管法小型管段可采用方驳杠吊法，即在管段两侧分设 4 艘或 2 艘方驳船，左右两艘之间设钢梁作杠吊管段的杠棒。这一方法在沉放时较平稳，且在浮运时可以用左右的方驳夹住管段以提高稳定性。

5. 水下连接

20 世纪 50 年代以前，对钢壳制作的管段，曾采用水下灌筑混凝土的方法进行水下连接。对钢筋混凝土制作的矩形管段，普遍采用水力压接法。此法是在 50 年代末期在加拿大隧道实践中创造成功的，所以也称温哥华法。它利用作用于管段后端封墙上的巨大水压力，使安装在管段前端周边上的一圈尖肋型胶垫产生压缩变形，形成一个水密性良好的止水接头。施工中在每节管段下沉着地时，结合管段的连接，进行符合精度要求的对位，然后使用预设在管段内隔墙上的 2 台拉合千斤顶（或利用定位卷扬机），将刚沉放的管段拉向前一节管段，使胶垫的尖肋略为变形，起初步止水作用。完成拉合后，即可将前后两节管段封墙之间被胶垫封闭的水，经前节管段封墙下部的排水阀排出，同时利用封墙顶部的进气阀放入空气。排水完毕后，作用在整个胶垫上更为巨大的水压力将其再次压缩，达到完全止水。完成水力压接后，便可拆除封墙（一般用钢筋混凝土筑成），使已沉放的管段连通岸上，并可开始铺设路面等内部装修工作。

6. 基础处理

处理沉放管段基础的目的是使沟槽底面平整，而不是为了提高地基的承载力。在水下开挖的沟槽，其底面凹凸不平，如不加以整平，管段沉放后会因地基受力不均匀而导致局部破坏，或因不均匀沉陷而开裂。为了提高沟槽底面的平整性，绝大多数建成的水底隧道采用垫平的方法。早期大多使用一种在管段沉放之前先铺沙石作为垫层的先铺法。它是在作业船上通过卷扬机和钢索操纵特制的刮铺机或钢犁，沿着沟槽底面两侧设置的、具有规定标高和坡度的导轨，将放下的垫料往复刮平。该法缺点较多。另一种垫平的方法为后填法。即先将管段沉放在沟槽底上的临时支座上，并使管底形成一定的空间（管段底板内预设液压千斤顶，在定位时能够顶向支座，调节管段高程），随后用垫层材料充填密实。后填法中最早用的是灌砂法，仅适用于底宽不大的船台型管段。

20 世纪 40 年代初创造成功的喷砂法，适用于宽度较大的大型管段。从水面上用砂泵将砂水混合料通过伸入管段底下的喷管向管底空间喷注，使形成一厚实均匀的砂垫层，喷砂作业须设专用台架和一套喷砂与回吸用的 L 形钢管。喷砂开始前，可利用它清除沟槽底上回淤土或塌方土。喷砂完毕，随即松开定位千斤顶，利用管段重量将砂垫层压实。这一基础处理方法在欧洲用之较多。

（二）沉管法隧道管内施工

当管段水下成功对接结束，对其管段基础底部灌砂及灌浆封孔完成，之后的管内施工中，首先要将管段的重量改由沙基础承托，即在管内将垂直千斤顶推杆回收到管段底部平齐管底；同时将上下鼻托间的临时导向装置拆除，以使管段完全支承在沙基础上；紧跟着对其管段外两侧及顶部抛石回填完成，即管段相对稳定后，可以进行置换水箱和端封墙的拆除。

管段沉放时是依靠管内水箱压载，使管段达到要求的负浮力进行沉放，沉放完成后也是靠在压载水箱内增加水量达到稳定压载。置换水箱就是分段分步地替换压载水箱，最后用压重混凝土来达到管内稳定压载。

管内施工是沉管隧道建设中一项非常重要、非常关键性的环节，直接影响管段沉放后的稳定，施工工艺步骤环环相扣，前后顺序不能有误，严格按照一套完善的技术方案进行，否则将会带来严重的甚至是难以弥补的后果，所以以采用严谨的技术方案是确保管内施工顺利的唯一保障。

1. 垂直千斤顶推杆回收及同步进行上、下导向装置的拆除

管段沉放对接时，A 端用导向装置支承在鼻托上，而另一 B 端用垂直千斤顶支承在临时垫块上。

垂直千斤顶是沉管沉放过程中管段尾部的高程调节系统即高程定位；垫块承载力按管段在 1.05 抗浮安全系数下所要求的负浮力进行设计。垂直千斤顶中心轴距管段 B 端 15m 左右，距边墙 0.5m 左右。

导向装置是沉管沉放过程中管段头部的定位，即轴线与高程定位；在管段沉放对接时，可通过导向装置把对接管段 A 端与已安装管段 B 端对接位置横向误差控制在 ±10mm 范围内，导向装置由预埋件和主体结构两部分组成，在管段制作时先将预埋件埋入鼻托端面，导向装置主体结构安装时须严格按设计精度实施复测，以满足管段沉放精度要求。

2. 管内压重混凝土浇筑同时置换压载水箱

沉管安装有一套完整的沉放系统来保障管段沉放安装就位，其中沉放过程中向管内的压载水箱注水可以达到两个目的：一是调节沉管的平衡，确保吊驳的四个吊点受力均

衡；二是得到准确的负浮力。当沉管安装完成、底部灌砂和侧面回填完毕即是沉管相对稳定后进行管内压重混凝土的浇筑同时进行压载水箱置换。必须注意，在管段完成从临时支承转换到永久灌砂基础之前，抗浮安全系数均须严格控制在 1.05。压重混凝土浇筑完毕后，管段的结构抗浮安全系数应不小于 1.1。

3. 端封墙拆除

端封墙分为混凝土端封墙和钢端封墙二种。端封墙就是将预制好的沉管两端封起来的一堵墙，使沉管成为一个密闭体，既是在管段浮运、沉放时密封管段的临时性结构，在进行端封墙的设计中，必须为管段沉放对接作业在封墙面板上留有进气管、进（排）水管、电缆孔管、水密门等。这样就可以将沉管浮在水面上，通过一套完整的沉管沉放系统控制可使沉管处在水中的任何位置，沉管沉放对接成功后，管内施工第三步就是端封墙拆除。

仑头隧道采用混凝土端封墙。端封墙的拆除必须是在管段对接完成，沉管底部灌沙、沉管外两侧及顶部抛石回填施工结束，沉管沉降量趋于稳定后，清除接头位置的淤泥、杂物及污水，并对 GINA 止水带实施临时保护，随后进行的工作是拆除接头位置的两道端封墙。

（1）端封墙拆除工艺顺序

端封墙的拆除工作应严格按照施工工艺顺序进行。以 E1、E2 两条管段制订如下拆除计划。

E1 管段与暗埋段对接安装完成并稳定 → E2 管段与 E1 对接安装完成并稳定 → E1 管内置换水箱完成 → 拆除暗埋段与 E1 沉管接头端封墙 → E2 管内置换水箱完成 → 拆除 E1 与 E2 沉管接头端封墙。

端封墙拆除施工尽量在暗埋段通路的情况下进行，也可在所有沉管沉放对接安装结束并稳定后进行。

（2）端封墙拆除内容及工艺方法

端封墙包括有混凝土枕梁、钢牛腿、H 型钢、水密门和封墙体。拆除施工先从 H 型钢开始，包括钢牛腿和混凝土枕梁，单根 H 型钢长度约 6.5m 左右，重量约 2.6t 左右，通过螺栓与预埋件上部牛腿、下部枕梁连接。拆除工艺如下：

①在 H 型钢内边近处及 H 型钢顶部 1 ~ 1.5m 位置，腹板两面各焊接两只 30kN 眼板，左右各通过一只 30kN 手拉葫芦连接，并调整使其处于轻载状态，用气割割除 H 型钢顶部与钢牛腿连接的固定螺栓，缓慢收左侧葫芦同时松右侧葫芦，使 H 型钢偏离钢牛腿支座，接着在其上部重新锁定一条吊索，交于汽车吊或者凿打机，同时松左右两个葫芦，并将重量交给汽车吊，解除两只 30kN 手拉葫芦，移离脚手架，将拆除的 H 型钢翻码装车。

②在脚手架上用气割割除钢牛腿固定支座。

③封墙体采用破坏性拆除，自上而下分区作业约 3m×2m，每个孔分三层三列 9 个区，维修通道端封墙则不作分区，混凝土封墙体拆除后将与其相接的管段四周残留钢筋头清除，再用不低于管段混凝土标号的环氧砂浆填平、补平毛面。

④制作路面处理施工即防撞侧石、电缆沟、廊道排水沟、廊道中隔板等。

二、明挖法隧道施工技术

（一）明挖法施工

1. 概念

所谓明挖法，是指地下结构工程施工时，从地面向下分层、分段依次开挖，直至达到结构要求的尺寸和高程，然后在基坑中进行主体结构施工以及防水作业，最后恢复地面的一种工法。明挖法施工简单、方便，地层表面附近（浅埋）的地下工程多采用明挖法进行修建，比如房屋基础、地下商场、地下街、地下停车场、地铁车站、人防工程及地下工业建筑等。

明挖法通常分为无支护放坡开挖和基坑支护开挖两种形式。放坡开挖的优点是不必设置支护结构，而且主体结构施工时场地较大，便于施工布置；缺点是开挖工程量相对较大，而且占用场地大，适合在旷野采用明挖法修建的地下工程。在场地条件受限的情况下，如城市地下工程施工，常采用基坑支护开挖方法。通常，为保证基坑侧壁稳定及邻近建筑物的安全，须采取基坑侧壁的支护加固措施，即设置基坑支护结构，包括支护桩墙、支撑系统、围檩、防渗帷幕、土钉及锚杆等。基坑支护结构安全与否，不但直接关系到所建工程的成败，而且关系到邻近已建工程的安危。

施工时，采用无支护放坡开挖还是基坑支护开挖，应根据工程地质条件、开挖工程规模、地面环境条件、交通状况等因素综合确定。

2. 适用条件

明挖法的应用与许多因素相关，例如建筑周边的环境条件，工程地质、水文地质条件，结构物的埋深及技术经济指标等。因此，选用明挖法修建各种地下工程时，应全面、综合考虑各种因素。

（1）浅埋地下工程施工

常见的浅埋地下工程主要有地铁车站、地铁行车通道、城市地下人行通道、地下综合管网工程等。这些浅埋工程的覆土厚度（埋入土中的深度）多为 5 ~ 10m，一般都采用明挖法施工。在某些情况下，有的埋深达 10 多米甚至 20 多米的地下工程，也可采用明挖法施工。但是，明挖法施工明显受结构埋深的制约。当埋深较大时，由于施工技术难度大，同时经常因开挖和回填工程量很大，工程费用有可能比暗挖法高，此时从技术经济角度考虑，选用明挖法就不适宜了。

（2）平面尺寸较大的地下工程

某些地下工程埋深不大，但平面尺寸很大，如一些城市的地下广场、大规模地铁车站、地下商场等，其内部结构也多采用一般的梁板结构，这类工程适宜采用明挖法施工。对于这类大平面尺寸的地下工程，明挖法施工时通常采用分部开挖法或沟槽开挖法。先在周边开挖至设计标高，建造好外围结构，然后开挖中间部分，再进行内部结构施工及顶板施工和覆土回填。

（3）基坑工程

基坑工程是许多工程建设的辅助工程，并且基坑工程也只能采用明挖法施工。

（4）其他工程

与高层建筑深基坑工程类似，有些工程在施工中也需要深基坑作为施工辅助工程，如桥梁工程中的锚锭基坑工程，需要将锚锭板埋置于很深的地层中，这就需要开挖深基坑。此外，盾构法和顶管法施工的施工井也采用自地面垂直向下开挖的明挖法进行修建。

3. 分类

按照对边坡维护方式的不同，明挖法可分为放坡明挖法、悬臂支护明挖法和围护结构加支撑明挖法。应当注意的是，当使用悬臂支护明挖法或围护结构加支撑明挖法时，工程的重点和难点就转化为深基坑的维护问题。

（1）放坡明挖法

放坡明挖法是根据隧道侧向土体边坡的稳定能力，由上向下分层放坡开挖隧道所在位置及其上方土体至设计隧道基底高程后，再由下向上顺隧道衬砌结构和防水层，最后施作结构外填土并恢复地表状态的施工方法。

放坡明挖法主要适用于埋置特浅、边坡土体稳定性较好，且地表没有过多的限制条件的隧道工程中。放坡明挖法虽然开挖方量较大且易受地表和地下水的影响，但可以使用大型土方机械。施工速度快，质量也易得到保证，作业场所环境条件好，施工安全度高。边坡局部稳定性较差时，可采用喷射混凝土进行坡面防护或者采用锚杆加固边坡土体。

（2）悬臂支护明挖法

悬臂支护明挖法是将基坑围护结构插入基底高程以下一定深度，然后在围护结构的保护下开挖基坑内的土体至设计隧道基底高程后，再由下向上顺作隧道主体结构和防水层，最后施作结构并回填土以恢复地表状态的施工方法。

悬臂支护明挖法常用的围护结构有打入木桩、钢桩、钢筋混凝土预制桩、就地挖孔或钻孔灌注钢筋混凝土桩、钻孔灌注钢筋混凝土连续墙等，以上各种措施也可联合采用。悬臂支护明挖法主要适用于埋置较浅、边坡土体稳定性较差，且地表有一定的限制性要求隧道工程中。

（3）围护结构加支撑明挖法

围护结构加支撑明挖法是当基坑深度较大、围护结构的悬臂较长时，在不增加围护结构的刚度和插入深度的条件下，围护结构的悬臂范围内架设水平支撑以加强维护结构，共同抵抗较大的外侧土压力；在主体结构由下向上顺作的过程中，根据要求的时序逐层分段拆除水平支撑，完成结构体系转换，最后施作结构外回填土并恢复地表状态的施工方法。

围护结构加支撑明挖法主要适用于埋置不太浅、边坡土体稳定性较差、外侧土压力较大且地表有一定限制性要求的隧道工程中。

水平支撑的强度、刚度、间距、层数及层位等技术参数，应按照对水平支撑与围护结构的共同工作状态、结构体系转化过程工艺的要求进行力学分析计算确定。施工中必须经常检查支撑状态，必要时应对其应力进行监控和量测。采用水平支撑的优点是：墙体水平位移小，可靠安全，开挖深度不受限制。

水平支撑常用的形式有横撑、角撑和环梁支撑。平面矩形围护结构的基坑拐角或断面变化处用角撑，短边方向通常用横撑，平面环形同护结构也采用环形支撑。开挖基坑宽度较大，水平支撑刚度不足时，还可考虑加设中间支柱来保持其稳定性。水平支撑结构以钢管、型钢及型钢组合构件为好，因其拆装方便，占空间较小，回收率较高，故在实际工程中应用较多。

（二）明挖隧道止水帷幕补强施工技术

1. 施工技术准备

组织技术人员熟悉须补强的围护桩部位的具体情况，编制施工技术交底书，并向施工班组人员进行全面交底。

2. 开挖土方，桩空隙间挂网、喷砼封闭

（1）在喷射砼施工前，作好场地布置图、机具、混合料配合比资料，并附简要说明。

（2）原材料要求

①水泥采用 425# 粉煤灰水泥，使用前做复查试验。

②细骨料采用硬质洁净的中粗砂，细度模数适宜大于 2.5，预先用水冲洗浸润，使含水率达到 8% ~ 12%。

③粗骨料采用坚硬耐久的碎石，粒径不大于 15mm，级配良好，预先用水冲洗浸润，使得含水率达到 4% ~ 6%。

④速凝剂使用前做与水泥相容性试验及水泥净浆凝结效果试验，使用时按最佳掺量准确计量。

（3）喷射砼的配合比满足砼强度和喷射工艺的要求，可按经验选定并通过试验确定。一般水泥与砂、石重量比为 1：4 ~ 1：5，骨料含砂率宜为 45% ~ 55%，水灰比宜为 0.4 ~ 0.45，速凝剂一般为水泥重量的 5%。

（4）混合料的搅拌时间不小于 2min，运输时间不超过 20min，随拌随用。

（5）工作风压一般为 0.12 ~ 0.25MPa，喷头处的水压不低于 0.15 ~ 0.2MPa。

（6）喷射前用风冲洗受喷面，设置喷层厚度检查标志，检查机具设备及管路，并进行试运转。

（7）喷射砼分段分片进行，喷射作业自下而上，复喷时先喷平凹面，后喷凸面，后一层喷射在前一层砼终凝后进行，如果终凝后间隔 1h 以上再次喷射时，受喷面用风、水清洗。

（8）喷射砼喷头垂直于受喷面，喷头距受喷面的距离以 0.6 ~ 1.0m 为宜，喷头运行轨迹为螺旋状，使喷层厚度均匀、密实。喷射砼终凝后 2h 起，即开始洒水养护。

（9）喷射砼过程中，经常会发现喷料不均匀、不稳定和不连续，使混合料拌合不匀，

水泥与砂、石分离，工作水压与水量突然变化，水环孔眼部分堵塞等情况，都会引起水灰比变化，对这些短时变化，及时判断予以调节。

（10）喷射砼作业时加强通风、照明，采用防尘措施降低粉尘浓度，并且确保施工、机具设备安全。

3. 在桩缝之间对封闭后对土体进行注浆加固。

（1）小导管制作

采用 φ32×3.25 普通水煤气管，管长 3.5m，一端呈尖头形，另一端焊上铁箍，沿管壁间距 100～200mm，呈梅花形布设注浆孔，孔位互成 90 度，孔径 6～8mm。

①注浆管向漏桩外插角 20°～30°。

②注浆压力根据地层致密程度确定，一般为 0.4～0.6MPa。

③注浆小导管上下垂直间距 0.5m。

④水泥浆水灰比为 0.8：1～1：1，水玻璃模数 2.4～2.8，水玻璃浓度使用范围为 20～35 的波镁度，水泥与水玻璃浆体积比为 1：1，初凝时间可通过配合比和掺入少量磷酸氢二钠来控制。

（2）施工操作要求及注意事项

①检查各种机具，进行试运转。

②按设计要求选择好耐侵蚀性注浆材料，浆液配合比须经试验确定，并且报监理工程师审定。

③注浆前喷射砼封闭作业面，防止漏浆。

④准确测定孔位，按照设计的外插角采用钻机顶入，其顶人长度不小于管长的 90%。

⑤注浆过程中根据地质情况等控制注浆压力，注浆压力一般为 0.3～0.5MPa，注浆终压为注浆压力的 2～3 倍，并设专人做好记录，注浆达到需要的强度后方可进行开挖。

⑥注浆过程中严格控制注浆压力，不得使浆液逸出地面及超出有效注浆范围，施工原则"多打管，适量均匀注浆"。

⑦处理措施必须与开挖同时进行，直到基坑止水达到要求为止。

（三）明挖隧道结构防水层施工技术

1. 明挖隧道结构防水层施工概述

防水工程应该遵循"以防为主、防排结合、刚柔相济、多道防线、因地制宜、综合治理"等多种原则，在进行施工过程中要注意对使用材料以及技术的加工和处理，进行全面性的科学施工，从而在真正意义上达到防水的效果。

隧道无论是在进行施工期间还是建成后，始终都会受到地下水不同程度上的影响，这一点在建成后的隧道表现得最为明显。建成后的隧道经常处于地下水的包围之中的情况十分明显，进而破坏了隧道的整体使用功能。因为防水工程处理得不好，地下水就会通过漏洞源源不断的流入到隧道内，会对隧道整体结构造成毁坏，为行人的生命安全造成威胁连正常的出行都无法得到真正保证。有关数据显示，我国现在已经建成的隧道都在一定程度上存在着渗水的不良情况。因此，为了满足社会发展和人们安全的需要，加强明挖隧道的防水层施工技术问题我们必须予以重视。

2. 明挖隧道经常出现地下水渗漏的原因

（1）施工人员对防水层施工在明挖隧道中的意义认识不足

在进行明挖隧道的过程中，势必就会联系到防水设计、防水材料以及防水施工等多种工序。因为只有保证防水效果，才能真正保证隧道建成后的良好使用。可是在明挖隧道的过程中，施工人员却常常忽视对防水层的正确认识，只是使用传统的防水工艺，简单地进行了常规性操作，做足了表面工作，可是却没有从真正意义上为明挖隧道做好防水层工作。所以使得隧道在建成的初期就会出现不同程度的渗水情况，严重情况影响整个隧道的正常使用，还会危及乘客生命安全。

（2）在施工过程中使用的混凝土密度不够

在防水层的施工过程中，会使用到大量的混凝土。而混凝土作为一种非均质材料存在较多缺点，在它的内部有很多孔隙，而这些孔隙又大小不同。所以在施工过程中由于对混凝土的处理不到位，地下水就会通过这些大小不同程度的空隙进入到隧道当中，严重时还会引起隧道出现不同程度裂缝的情况，进而影响到隧道的正常使用效果。

（3）对材料处理的不当引起隧道渗水情况

在对防水层进行施工过程中，对使用材料进行搅拌十分重要，因为对材料的搅拌方式以及搅拌的时间处理不当，在涂抹的过程中，被涂抹的地方就会出现不均匀的情况，由于涂抹不均匀就会在涂抹的过程中出现大量的气泡或者是形成大小不同的气孔，使得隧道在基层就受到了损害，所以地下水就会通过这些基层的薄弱部位进入到隧道之中，这样也会引起隧道出现大面积水患的严重情况。

（4）设计人员对于不同隧道制订的防水方案不合理

对不同地质进行隧道的施工，要更注意方式方法。不能固守传统的思维模式，要制定有针对性的防水方案，因为有些地区是需要对混凝土进行加工处理的而还有一些施工过程需要使用大量的防水板，所以要有针对性地进行防水层施工。可是现在有很多施工队伍在对要实施的路段，没有进行实质上的地质分析，而盲目地选择他们认为较为简单、实用的施工方案，可是因为所处环境的不同，他们所进行的操作根本无法达到要求，进而出现隧道渗水的问题也是难免的。

3. 如何加强对防水层的施工技术

（1）加强在施工过程中对使用材料的处理

在施工的过程中应该注意对所用材料的处理，因为对于材料的搅拌方法或是时间掌握的好坏都将直接决定材料的使用价值，所以材料在进行搅拌时要使用功率大但是转速不是很高的电动搅拌器，要尽量使用圆桶，以方便搅拌的均匀性。搅拌的时间要控制在两分钟至五分钟之内，这样才能够确保搅拌的效果。涂抹防水层的基层一定要干净，不能留有沙粒或是大量灰尘存在，在涂抹过程中对于基层所出现的空隙要及时使用材料涂抹密实，这样才能从根本上保证防水层的防水效果。

（2）对防水层出现的不良情况要进行及时的处理

防水层因为人为或是不良环境的影响常会引起起鼓、翘边、破损等情况的出现，所以为了保证防水层的使用效果，就要对防水层出现的问题进行及时的处理。当发现防水层出现起鼓的情况时，要及时将起鼓部分割去，进而把潮气放出来，等基层真正干燥后，要对其进行涂料，然后再按照施工的正规方法进行逐层涂抹的过程，对于出现破损和翘边的地方也要使用专业方法进行处理，这样才会防患于未然，保证防水层的使用效果。

（3）对防水层施工技术进行加强

由于防水层对于隧道的使用影响巨大，因此一定要加强防水层的施工技术。随着时代的不断发展，越来越多的新设备、新技术不断产生，所以只有加强对技术的改造才能提高核心能力，加强对工人的技术培训，引进先进的设备，施工人员要进行全面了解和掌握，这样才会在施工过程中不断改善原有的传统方法，施工技术得到创新，从而保证防水层施工技术的完整。

（4）要对混凝土进行加工处理

对于表面有油污的混凝土要用高压水及时冲洗干净，用钢刷刷毛，并用水进行浸透但保证表面不能有明水，以便加强表面的虹吸作用。由于混凝土的自身性质存在空隙较多的问题，所以要加强对混凝土的处理工作，可以通过调整混凝土配合的比例以及填入外加剂来增加混凝土自身的密实度，这样就会避免混凝土出现大小不同的空隙，从而达到混凝土的抗渗性强的能力，满足我们想要的防水效果。

（5）要对表面进行处理

隧道的基面常常会存有尖锐物质、钢管、铁丝等物体存在，从而对防水层造成破坏。所以，要保证隧道的基面平整和牢靠，要保持清洁干燥，对于已经存在的钢管、铁丝等尖锐物质要进行整理，对于钢管要从根部进行处理，以防止处理不当出现不良局面，所以想要保证防水层的良好使用，对于细微的问题也要进行及时的处理。

第三节　浅埋暗挖法隧道施工技术与其他施工技术

一、浅埋暗挖法隧道施工技术

（一）浅埋暗挖法施工

浅埋暗挖法是在距离地表较近的地下开展各种类型地下洞室暗挖施工的一种方法。

在城镇软弱围岩地层中，在浅埋条件下修建地下工程，以改造地质条件为前提，以控制地表沉降为重点，以格栅（或其他钢结构）和喷锚作为初期支护手段，根据十八字原则进行施工，称之为浅埋暗挖法。

1. 浅埋暗挖法

浅埋暗挖法是在距离地表较近的地下进行各种类型地下洞室暗挖施工的一种方法。继 1984 年王梦恕院士在军都山隧道黄土段试验成功的基础上，又于 1986 年在具有开拓性、风险性、复杂性的北京复兴门地铁折返线工程中应用，在拆迁少、不扰民、不破坏环境下获得成功。同时，结合中国特点及水文地质系统，创造了小导管超前支护技术、8 字形网构钢拱架设计、制造技术、正台阶环形开挖留核心土施工技术和变位进行反分析计算的方法，提出了"管超前、严注浆、短开挖、强支护、快封闭、勤量测"18 字方针，突出时空效应对防塌的重要作用，提出在软弱地层快速施工的理念。因而形成了浅埋暗挖法，创立了适用于软弱地层的地下工程设计、施工方法。

2. 基本原理

浅埋暗挖法沿用新奥法基本原理，初次支护按承担全部基本荷载设计，二次模筑衬砌作为安全储备；初次支护和二次衬砌共同承担特殊荷载。应用浅埋暗挖法设计、施工时，同时采用多种辅助工法，超前支护，改善加固围岩，调动部分围岩的自承能力；并采用不同的开挖方法及时支护、封闭成环，使其与围岩共同作用形成联合支护体系；在施工过程中应用监控量测、信息反馈和优化设计，实现不塌方、少沉降、安全施工等，并形成多种综合配套技术。

浅埋暗挖法施工的地下洞室具有埋深浅（最小覆跨比可达 0.2）、地层岩性差（通常为第四纪软弱地层）、存在地下水（须降低地下水位）、周围环境复杂（邻近既有建、构筑物）等特点。

因为造价低、拆迁少、灵活多变、无需太多专用设备及不干扰地面交通和周围环境等特点，浅埋暗挖法在全国类似地层和各种地下工程中得到广泛应用。

同时，经过许多工程的成功实施，其应用范围进一步扩大，由只适用于第四纪地层、无水、地面无建筑物等简单条件，拓广到非第四纪地层、超浅埋（埋深已缩小到 0.8m）、大跨度、上软下硬、高水位等复杂地层及环境条件下的地下工程中去。

信息化技术的实施，实现了浅埋暗挖技术的全过程控制，有效地减小了由于地层损失而引起的地表移动变形等环境问题。不但使施工对周边环境的影响降低到最低程度，由于及时调整、优化支护参数，提高了施工质量和速度，使浅埋暗挖法特点得到更进一步的发挥，为城市地下工程设计、施工提供了一种非常好的方法，具备重大的社会效益和环境效益，该方法在总体上达到国际领先水平。

3. 浅埋暗挖隧道施工遵循的原则和方法

（1）施工原则

①按照"新奥法"进行设计和施工，初期支护采用较强的支护手段。

②先打施作超前支护，后开挖。隧道穿过松软薄覆盖层，围岩自承能力较差。因此

必须先打超前锚杆、超前注浆导管或管棚，然后再开挖。支护一段，开挖一段，封闭一段，在确保安全的基础上稳中求快。

（2）开挖方法

①短进尺

开挖过程中严格遵循短进尺、快循环的原则。上导开挖采用人工风镐等对围岩扰动小的开挖方式，并及时打设超前导管等支护，多次开挖，每次开挖进尺以不超 0.5m 为限。

②快封闭

开挖以后及时封闭，避免围岩进一步风化，提高它的自承能力，开挖后先初喷 5cm 厚砼。

③强支护

按照初喷混凝土→架钢格栅支撑→挂钢筋网→再喷厚度为 20cm 混凝土的顺序进行初期支护施工，采取加大拱脚办法以扩大地基的承载能力。为了确保设计意图得到贯彻，环向锚杆的布设，格栅支撑连接布置、上螺栓等在施工中严格按要求进行。

④勤量测

以量测数据反馈指导施工是"新奥法"的基本出发点。浅埋段施工时应及时埋设各类监测点，设在拱顶、两侧起拱线位置，并里程对应，使整个浅埋段地层都处在严格监测控制中。

4. 浅埋暗挖隧道的几种通用施工技术

（1）双侧壁导洞法暗挖技术

双侧壁导洞法是变大跨度为小跨度的施工方法，其实质是将大断面分成多个小断面进行作业，即两侧导洞和中部导洞，导洞尺寸以满足施工开挖为条件。采用双侧壁导洞法施工时，在导洞内按正台阶法施工，当地质情况较差时，上台阶应考虑使用中隔墙法或者环形留核心土法开挖，在施工过程中左右侧导洞开挖时错开的距离不应小于15m（以15 ~ 20m 为宜）以降低两洞在开挖过程中的相互影响，中洞与侧洞开挖时错开的距离不应小于 20m（以 20 ~ 30m 为宜），而上下台阶之间的距离，可视具体情况而定，一般为 3 ~ 5m。

由于开挖多个导洞，地层多次被扰动，会引起地层过大沉降，导洞断面不规则更加大了开挖引起的沉降，所以采取该技术时控制沉降并及时完成支护是隧道工程施工重点关注的项目。

（2）中洞法暗挖技术

中洞法是先开挖整个隧道的中间部分，由于中洞的跨度一般较大，施工中一般采用CD 法、CRD 法等工法进行施作并应该遵守"小分块、短台阶、早成环、环套环"以及"竖向留坡、纵向错台"的施工原则。在完成中洞的隧道初支后，立即施作该部分的二次衬砌，实现对地层的刚性支撑，施工二衬可以采用洞内逆做法，能较好控制初支沉降变形及保护邻近构筑物。完成中洞施工后再用侧洞法施作其余部分，两侧洞应该对称施工，这样比较容易控制施工引起的地层沉降。

由于中洞施作二次衬砌时先要把顶部防水层做好，在浇筑混凝土时，因施工条件较差及混凝土的收缩，很难做到顶紧初衬结构，采用二衬背后注浆也因结构不封闭，难以达到注浆饱满，所以中洞在侧洞开挖时仍有叠加沉降。

（3）初支和二衬背后注浆技术

施工中增加了初支背后注浆，即在初支施作时在拱部范围内埋设注浆管，当初支封闭成环，封闭段距开挖面一定距离后即进行初支背后注浆，这样不仅对控制沉降有利，同时对防水也有利。

当二衬模筑混凝土施作完成后，由于混凝土的收缩等影响，隧道顶部一般都有月牙形空隙。同时暗挖隧道防水采用的防水板为无钉铺设，混凝土浇筑中会有空腔，混凝土收缩后，防水板与混凝土之间会有小的缝隙。经过二衬背后注浆后，结构防水得到明显改进。

（4）双排小导管超前支护技术

在暗挖隧道围岩极差时，通常采用长管棚支护技术。长管棚施工在隧道内较长时一般要加大施工断面做管棚工作室，而长管棚在曲线和变界面处施工困难，在施作长管棚时往往就出现沉降，有时这种沉降达到 4 ~ 5mm，为弥补这些不足，实际施工时可采用了双排小导管技术，即在常规小导管的基础上，再增加一排倾角30° ~ 45° 小导管，通过双排小导管注浆，使开挖面外侧形成比单排小导管注浆厚的土体加固层，实践证明这种新型预加固技术可以有效控制沉降变形。

（5）锁脚锚管技术

隧道台阶法开挖时，初支上半断面完成后开挖下断面，该过程中沉降发展最快，控制好这段时间的沉降十分重要。上半断面初支施作时，在拱脚处增加斜向45°，长2.5m的锁脚锚管，打入土层后注浆，在下部土体开挖时，因为锁脚锚管的作用，上半拱沉降大大缩小。在上下重叠导洞，上导洞底脚做锁脚锚管也十分有效。

（二）浅埋暗挖电缆隧道施工技术

1. 技术特性

电缆隧道位于市区，施工穿河流、街道和建筑物，标准断面（净空：2.2×3.5m），隧道设接头间、旁引隧道、施工井、风孔、四通等，过河段使用双衬隧道和双衬施工井，二衬采用免振混凝土。隧道埋深最浅 5m，最深 17m，四通拱顶埋深 9m。暗挖隧道四通处正洞与侧洞间转弯半径为 2.5m。防水等级为三级，对于变形缝、施工缝等薄弱环节采用埋设橡胶止水带。竖井、通风孔每隔 7m 设置防火隔层，隧道每 200m 设置防火隔断。电缆支架的固定用预埋螺栓的方式。

2. 施工工艺流程

测量放线→竖井施工→隧道施工→变形缝施工→背后注浆→抹灰施工→防水施工→接地与支架→竖井爬梯→工作井盖板。

3. 施工方法和要求

（1）测量放线

依据图纸和规划局提供的坐标桩建立地面控制系统，利用极坐标测出施工井中心位置，并设置隧道轴线的控制桩。

（2）竖井施工

经校核井位后开始挖土。为确保施工安全竖井土方及钢架每次只能施工一榀，待喷射混凝土初凝后再向下施工。钢架连接筋须与锁口圈梁预留的连接筋焊接，施工时，先将一部分打入土中，长度不小于搭接施焊长度，以便待下榀钢架施工时进行焊接。当施工至隧道洞口位置时，沿隧道中线开始预留马头门，最后进行竖井底板施工。

（3）隧道施工

①隧道内采用激光导向仪指导施工的水准及轴线。

②隧道沿竖井双向掘进采用正台阶法施工，先开挖上部断面 3 榀钢架长度，然后安装格栅钢架，铺设上部钢筋网片，喷射混凝土封闭上部，然后开挖下部断面。开挖循环进尺不大于 1m，台阶长度 2m。施工过程中严格控制开挖循环进尺，遵从"管超前、严注浆、短进尺、强支护、早封闭、勤测量"的原则。挖掘中要观察土层的变化，土层的塌落，地下水渗漏等现象。

③钢拱架制作、安装。钢拱架采用冷弯加工焊接而制成，要求尺寸准确，弧形圆顺，结构安全可靠，加工后要展开试拼。为安装方便，每榀拱架通常应分为 3 段且与施工方法相适应。

钢拱架安装时拱角应有一定的埋置深度，并必须落到原状土上，才能保持拱角的稳定即沉降值很小。钢筋网为内外环两层环向满铺。最后安装预埋螺栓及吊环，保证螺栓及吊环纵向在一条直线上。

④喷射混凝土。喷射混凝土严格按配合比控制，采用潮喷工艺。潮喷产生的粉尘较少，回弹较小，故障处理较容易，清洗养护较容易。将骨料预加少量水，使之呈潮湿状，再加入水泥搅拌，从而降低上料、拌合、喷射时的粉尘，大量的水在喷头处加入和从喷嘴射出。

喷射混凝土施工要点：严格控制速凝剂掺量；按程序分段、分部、分块喷射；调节好风压与水压；喷射混凝土的养护。

（4）伸缩缝施工

一般在隧道转折部位、高程差异处，结构形式变化处设置变形缝，原则上每 40m 设置一道。变形缝内填充聚乙烯泡沫塑料板，缝内用中埋式 30×20 的橡胶膨胀止水条一道，表面用双组份聚硫橡胶密封膏填充。油膏需要填充密实，缝要求垂直，做到宽度一致，填充材料表面要求平整。

（5）背后注浆

注浆分批进行，拱顶开始，自上而下。注浆压力 0.4～0.6MPa，注浆结束，标准注浆压力值持续升高至设计终压，持续 10min 以上。

（6）抹灰施工

抹灰层施工前，在环向作灰饼打点，确保抹灰表面平整。先清理隧道表面并洒水润湿，基底表面凹凸部位，整修补平。抹灰层与基底之间黏结牢固，不出现抹灰层脱落、空鼓和裂缝等现象。

（7）防水施工

隧道的防水等级为三级，包括结构本身喷射混凝土的防水和结构内贴刚性防水层。主体采用抗渗混凝土，抗渗等级为 P8。隧道施工完后，在喷锚混凝土面做防水砂浆，最外侧涂一层刚性防水材料。防水层的施工缝做成斜坡形状接茬，以便下次施工时衔接。防水层每段施工完毕 24 小时后洒水养护 14 天。

（8）施工运输

隧道内土方及钢筋拱架等主要采用人力利用小推车运至施工井处。井口安设提升架及电动葫芦组成垂直运输系统。

（9）施工通信、通风、排水、供电

①洞内与洞外通信、联络采用对讲机、电铃。

②洞内通风，在竖井与横通道范围内设主供高压风，在区间隧道交叉口处接三通阀分别送风各个施工面。

③隧道内产生的积水一般为地表渗水和施工废水。将施工隧道内的积水汇集于集水坑用泵排水。

④动力线路使用三相 380V 供电线路，竖井段使用铠装电缆，施工作业面使用橡胶套电缆。供电线路上设漏电保护装置，值班电工对线路经常检查。照明线路，施工阶段采用 36V 安全电压，行灯变压器设在安全、干燥处，机壳接地。

（10）地质超前预警

为了掌握隧道在开挖过程中的动态变化和支护的稳定状态，必须进行现场监控量测，通过对量测数据的分析和判断，对支护体系的稳定状态进行预测，并依此确定相应的施工措施，以确保结构的稳定。

（11）双衬施工

① EVA 防水板施工

在施工防水板前，对喷射砼面凹凸显著部位抹灰找平，外漏的锚杆头及钢筋网齐根切除，然后再抹一层水泥砂浆找平层，再铺设一层土工布缓冲层，最后铺设 EVA 防水板。EVA 防水板焊接注意质量，既要焊接牢靠不至于使后续施工时防水板脱落，也不能焊透破坏防水板。隧道拱角的防水板铺设不可拉得太紧，适当留点余量，这样在模板和混凝土施工时不至于破坏防水板。爬焊温度和速度根据材料和试验确定，防水板接头处不得有气泡、折皱及空隙，焊接头不定期作拉伸试验，各项指标不小于母体。

②钢筋绑扎

先加工拱部及边墙环向通长钢筋，在钢筋棚先成型后再绑扎及焊接，有效地防止拱部钢筋焊接施工难度及焊伤防水板。钢筋绑扎前，先用 5 根 5cm 方木纵向分别设在拱顶、边墙及拱顶两侧 3m 处，从而保证钢筋绑扎时不损伤防水板，且保证钢筋及防水板之间的保护层厚度。

③模板施工

模板就位时注意隧道净空，先确定中线及拱顶标高，同时，拱顶预留下沉量2cm。特别是曲线段模板和直段组合钢模板的拼接，一定要注意曲线的曲率变化，挡头板应固定牢固稳定且不伤及防水板。止水带安装时应用钢筋卡固定。

隧道中的预埋螺栓使用在直段组合钢模板上钻孔的方法预埋。确保其尺寸、位置准确。

当衬砌混凝土达到拆模强度时，拆除堵头板，然后松开边墙模板支撑系统，拆除边墙模板，使模板完全脱离。最后清除模板表面黏结的混凝土，喷涂脱模剂。

④混凝土施工

混凝土采用商品免振混凝土，浇筑混凝土时，拱部与边墙的灌注缝是结构上最薄弱的。浇筑时保证混凝土中粗集料沉降而不离析。拱部的砼浇筑，一般采用向上灌注方式，向上灌注方式比引拔方式的砼充填性要好，也可采用充填性更好的挤压方式，为防止拱顶空洞。

（12）四通施工方法

四通断面较大，开挖难度较大，应当提前做好防护措施。开挖顺序：沿隧道路径方向从一侧进行开挖施工，进行过渡断面→扩大断面施工→过渡断面→标准断面，而后进行垂直于隧道方向的四通出口开挖，当一侧出口施工完毕，混凝土强度达到设计要求后才能进行另一个四通出口施工。

施工方法：四通扩大断面尺寸为4.18m×6.75m，开口断面尺寸为4.7m×5.51m，以隧道中心线为界，采用CD断面法进行开挖，施工时注意井拱顶钢拱架连接板适当微调，当C断面完成2～4m后再进行D断面施工。

钢拱架制作：根据平面布置图提供个的转弯半径R=2.5m，分别计算出过渡段A类及B类钢架的每榀钢拱架断面尺寸，按照间距450mm画出出A、B类每榀钢拱架结构图，同时做出C类钢架（扩大面），钢架制作完成后，应该在制作场地试拼，检查正确无误验收合格后方可施工。

（13）后续工作

隧道防水施工后进行电缆支架、接地极、竖井爬梯、井盖等施工。

二、其他施工技术

（一）掘进机法

掘进机法是挖掘隧道、巷道及其他地下空间的一种方法，简称TBM法，是用特制的大型切削设备，将岩石剪切挤压破碎，然后，通过配套的运输设备将碎石运出。分为：全断面掘进机的开挖施工，独臂钻的开挖施工，天井钻的开挖施工，带盾构的TBM掘进法。

掘进机是全断面开挖隧洞的专用设备。它利用大直径转动刀盘上的刀具对岩石的挤压、滚切作用来破碎岩石。隧洞掘进机开挖比钻爆法掘进速度快，用工少，施工安全，开挖面平整，造价低，但机体庞大，运输不便，只能适用于长洞的开挖，并且本机直径不能调整，对地质条件及岩性变化的适应性差，使用有局限性。

（二）盖挖法

盖挖法：当地下工程施工时需要穿越公路、建筑等障碍物而采取的新型工程施工方法，是由地面向下开挖至一定深度后，将顶部封闭，其余的下部工程在封闭的顶盖下进行施工。主体结构可以顺作，也可以逆作。

盖挖法适用于松散的地质条件、隧道处于地下水位以上的地区。

特点：对结构的水平位移小，安全系数高，对地面的影响小，只在短时间内封锁地面交通，施工受外界气候的影响小。然而，盖板上不允许留下过多的竖井，后续开挖土方需要水平运输，出土不方便，施工空间较小，施工速度慢，工期长，费用较高。

1. 分类

（1）盖挖顺作法

盖挖顺作法是在地表作业完成挡土结构后，以定型的预制标准覆盖结构（包括纵、横梁和路面板）置于挡土结构上维持交通，往下反复进行开挖和加设横撑，直至设计标高。依序由下而上，施工主体结构和防水措施，回填土并恢复管线路或埋设新的管线路。最后，视需要拆除挡上结构外露部分并恢复道路。

在道路交通不能长期中断的情况下修建车站主体时，可考虑采取盖挖顺作法。

（2）盖挖逆作法

盖挖逆做法是先在地表面向下做基坑的围护结构和中间桩柱，和盖挖顺作法一样，基坑围护结构多采用地下连续墙或帷幕桩，中间支撑多利用主体结构本身的中间立柱以降低工程造价。随后即可开挖表层土体至主体结构顶板地面标高，利用未开挖的土体作为土模浇筑顶板。顶板可以作为一道强有力的横撑，以防止围护结构向基坑内变形，待回填土后将道路复原，恢复交通。以后的工作都是在顶板覆盖下进行，即自上而下逐层开挖并建造主体结构直至底板。若开挖面积较大、覆土较浅、周围沿线建筑物过于靠近，为尽量防止因开挖基坑而引起邻近建筑物的沉陷，或须及早恢复路面交通，但又缺乏定型覆盖结构，常采用盖挖逆作法施工。工程实例：南京地铁南北线一期工程的区间隧道在地质条件和周围环境允许的情况下，以造价、工期、安全为目标，经过分析、比较，选择了全线区间施工方法。其中，三山街站，位于秦淮河古河道部位，位于粉土、粉细砂、淤泥质黏土土层中。因为是第1个车站，又位于十字路口，因此采用地下连续墙作围护结构。除入口结构采用顺作法外，其余均为盖挖逆作法。

（3）盖挖半逆作法

盖挖半逆作法与逆作法的区别只在于顶板完成及恢复路面后，向下挖土至设计标高后先浇筑底板，再依次向上逐层浇筑侧墙、楼板。在半逆作法施工中，一般都必须设置横撑并施加预应力。

2. 施工特点

（1）施工优点

①围护结构变形小，能够有效控制周围土体的变形和地表沉降，有助于保护邻近建筑物和构筑物。

②基坑底部土体稳定，隆起小，施工安全。

③盖挖逆作法施工一般不设内部支撑或锚固，施工空间大。

④盖挖逆作法施工基坑暴露时间短，用于城市街区施工时，可尽快恢复路面。

（2）施工缺点

①盖挖法施工时，混凝土内衬的水平施工缝的处理较困难。

②盖挖逆作法施工时，暗挖施工难度大，费用高。

③盖挖法每次分部开挖及浇筑衬砌的深度，应综合考虑基坑稳定，环境保护，永久结构形式和混凝土浇筑作业等因素来确定。

（三）地下连续墙法

地下连续墙是基础工程在地面上使用一种挖槽机械，沿着深开挖工程的周边轴线，在泥浆护壁条件下，开挖出一条狭长的深槽，清槽后，在槽内吊放钢筋笼，然后用导管法灌筑水下混凝土筑成一个单元槽段，如此逐段进行，在地下筑成一道连续的钢筋混凝土墙壁，作为截水、防渗、承重、挡水结构。

1. 发展

中国的成槽机械发展得很快，与之相适应的成槽工法层出不穷；有不少新的工法已经不再使用膨润土作为泥浆；墙体材料已经由过去以混凝土为主的局面而转向多样化发展；不再单纯地用于防渗或挡土支护，越来越多地作为建筑物的基础。

2. 分类

①按成墙方式可分为桩排式、槽板式以及组合式。

②按墙的用途可分为防渗墙、临时挡土墙、永久挡土（承重）以及作为基础。

③按墙体材料可分为钢筋混凝土墙、塑性混凝土墙、固化灰浆墙、自硬泥浆墙、预制墙、泥浆槽墙、后张预应力墙以及钢制墙。

④按井挖情况可分为地下挡土墙（开挖）以及地下防渗墙（不开挖）。

由于受到施工机械的限制，地下连续墙的厚度具有固定的模数，不可像灌注桩一样根据桩径和刚度灵活调整。因此，地下连续墙只有在一定深度的基坑工程或其他特殊条件下才能显示出经济性和特有优势。

3. 一般适用于如下条件

①开挖深度超过 10m 的深基坑工程。

②围护结构亦作为主体结构的一部分，且对防水、抗渗有较严格要求的工程。

③采用逆作法施工，地上和地下同步施工时，通常采用地下连续墙作为围护墙。

④邻近存在保护要求较高的建（构）筑物，对基坑本身的变形和防水要求较高的

工程。

⑤基坑内空间有限，地下室外墙与红线距离极近，采用其他围护形式无法满足留设施工操作要求的工程。

⑥在超深基坑中，比如 30m～50m 的深基坑工程，采用其他围护体无法满足要求时，常采用地下连续墙作为围护结构。

4. 作用

（1）挡土作用

在挖掘地下连续墙沟槽时，接近地表的土极不稳定，容易坍陷，而泥浆也不能起到护壁的作用，因此在单元槽段挖完之前，导墙就起挡土墙作用。

（2）作为测量的基准

它规定了沟槽的位置，表明单元槽段的划分，同时亦作为测量挖槽标高、垂直度和精度的基准。

（3）作为重物的支承

它既是挖槽机械轨道的支承，又是钢筋笼、接头管等搁置的支点，有时还承受其他施工设备的荷载。

（4）存蓄泥浆

导墙可存蓄泥浆，稳定槽内泥浆液面。泥浆液面应一直保持在导墙面以下 20cm，并高于地下水位 1.0m，以稳定槽壁。

（5）防止泥浆漏失

避免雨水等地面水流入槽内。

5. 特点

（1）优点

地下连续墙之所以能够得到如此广泛的应用，是因为它具有十大优点：

①工效高、工期短、质量可靠、经济效益高。

②施工时振动小、噪声低，非常适于在城市施工。

③占地少，可以充分利用建筑红线以内有限的地面和空间，充分发挥投资效益。

④防渗性能好，由于墙体接头形式和施工方法的改进，使地下连续墙几乎不透水。

⑤可用于逆作法施工。地下连续墙刚度大，易于设置埋设件，很适合于逆作法施工。

⑥可以贴近施工。因为具有上述几项优点，使我们可以紧贴原有建筑物建造地下连续墙。

⑦用地下连续墙作为土坝、尾矿坝和水闸等水工建筑物的垂直防渗结构，是非常安全和经济的。

⑧墙体刚度大，用于基坑开挖时，可承受很大的土压力，极少发生地基沉降或塌方事故，已经成为深基坑支护工程中必不可少的挡土结构。

⑨适用于多种地基条件。地下连续墙对地基的适用范围很广，从软弱的冲积地层到中硬的地层、密实的砂砾层，各种软岩和硬岩等所有的地基都可以建造地下连续墙。

⑩可用作刚性基础。地下连续墙不再单纯作为防渗防水、深基坑围护墙，而且越来越多地用地下连续墙代替桩基础、沉井或者沉箱基础，承受更大荷载。工效高、工期短、质量可靠、经济效益高。

（2）缺点

①在城市施工时，废泥浆的处理比较麻烦。

②地下连续墙如果用作临时的挡土结构，比其他方法所用的费用要高些。

③如果施工方法不当或施工地质条件特殊，可能出现相邻墙段不能对齐及漏水的问题。

④在某些特殊的地质条件下（如很软的淤泥质土，含漂石的冲积层和超硬岩石等），施工难度很大。

第七章 交通安全设施与交通工程施工技术

第一节 交通安全设施工程

一、护栏结构类型及其施工

（一）护栏结构类型

护栏的作用是通过自体变形和车辆爬高来吸收碰撞能量，用以改变车辆行驶方向、阻止车辆越出路外或进入对向车道，最大限度地减少事故对乘员的伤害。

护栏的类型按设置地段，划分为路基护栏和桥梁护栏；按横断面设置位置，分为路侧护栏和中央分隔带护栏；按护栏刚性，分为刚性护栏、半刚性护栏和柔性护栏；按护栏材料，分为砌石护栏、混凝土护栏和波形梁护栏。

（二）路基护栏

设置于路基上的护栏称为路基护栏。常用路侧护栏按防撞等级可分为 B、A、SB、SA、Ss 五级；常用中央分隔带护栏按防撞等级可分为 Am、SBm、SAm 三级。常见的路基护栏按结构形式分为缆索护栏、波形梁护栏、混凝土（墙式）护栏三种类型。

1. 缆索护栏

是柔性护栏的主要代表形式：由端部结构、中间端部结构、中间立柱、托架、缆索和索端锚具等组成。缆索护栏可设置在路侧、中央分隔带等位置。

（1）端部结构

是指缆索护栏的起终点锚固装置，包含端部立柱、斜撑、钢底板、索端锚固件和混凝土基础，端部立柱、斜撑、钢底板组成三角形支架。

（2）中间柱

是设置在端部之间的中间立柱。A级、B级缆索护栏中间柱外径均为 $\phi 140mm \times 4.5mm$，打入路基土中的深度165cm，最大立柱间距700cm。通过小桥中间立柱应埋入桥梁混凝土中。

（3）中间端部结构

在连续设置缆索护栏一定长度范围内需要设置中间锚固装置，称为中间端部。采用机械施工方式，缆索护栏长度超过500m应设置一处中间端部；采取人工施工方式，缆索护栏长度超过300m应设置一处中间端部。

缆索护栏的中间端部结构由一对三角形支架、底板和混凝土基础组成。A级缆索护栏中间端部总长21m，B级缆索护栏中间端部总长12m。设置于曲线路段的缆索护栏。

2. 缆索及锚具

缆索应使用具有优良耐腐蚀性的镀锌钢丝，构造为 $3mm \times 7mm$ 右拧，外径18mm。缆索的外径是指横断面的外接圆直径。索端锚具是用于端部（或中间端部）立柱上锚定缆索的部件，包括锚头、拉杆、紧固件等。缆索在锚头中固定，选用的方法有铸入合金法和打入楔子法，再用拉杆及紧固件将缆索固定在端部立柱上。索端锚具采用45号优质碳素结构钢制造，螺栓、螺母、垫圈采用普通碳素结构钢。

3. 波形梁护栏

是半刚性护栏的代表形式，由端部结构、立柱、托架、波形梁等组成。波形梁护栏刚柔相济，具有较强的吸收碰撞能量的能力；能与道路线形相协调，外形美观，具有较好的视线诱导功能；可在小半径弯道上使用，损坏处容易更换。

波形梁护栏有路侧和中央分隔带两种安装位置。路侧波形梁护栏分为有防阻块和无防阻块两种；中央分隔带波形梁护栏有分设型和组合型两类，分设型与路侧波形梁护栏的构造相同，组合型为有横梁的波形梁护栏。

4. 钢筋混凝土防撞护栏

属于刚性护栏，其混凝土强度等级、配筋量和基础设置应通过设计计算确定。可设置在路侧和中央分隔带位置。中央分隔带混凝土护栏分为整体式和分离式两种，整体式、分离式按构造义分为F型、单坡型两种，应根据中央分隔带的宽度、构造物和管线分布情况选用。路侧混凝土护栏防撞等级可分为A级、SB级、SA级和SS4级四种，按构造可分为F型、单坡型、加固型三种，依据路侧危险情况选用。

5. 砌石护栏（防撞墩）

是用砂浆和石块砌筑而成，为早期公路路侧护栏的一种形式，目前多用在山区村道上，警示悬崖、深谷、深沟等险情地段，依靠自重起防护安全作用。

（三）桥梁护栏

高速、一级公路桥梁护栏的混凝土强度等级不应该低于 C30，其他公路桥梁护栏的混凝土强度等级不应低于 C20。

1. 缆索护栏

桥梁缆索护栏分 B 级、A 级两种，其端部结构、中间端部结构与路基缆索护栏形式完全相同。

2. 波形梁护栏

桥梁波形梁护栏分 B 级、A 级、SB 级、SA 级、SS 级、Am（分设型）级、Am（组合型）级、SBm 级、SAm 级共九级，其波形梁板、托架、防阻块等结构与路基波形梁护栏对应防撞等级的形式相同。

3. 混凝土护栏

桥梁混凝土护栏按构造可分为 F 型、单坡型、加强型三种形式。经试验验证，不得随意改变护栏迎撞面形状，但其背面可根据实际情况使用合适的形状。护栏迎撞面混凝土的钢筋保护层厚度不得小于 4cm。

4. 组合式护栏

由下部混凝土护栏与上部金属横梁组合而成，严禁随意改变其迎撞面的截面形状，但其背面可根据实际情况采用合适的形状。

二、通信管道预埋与安全设施及预埋管线工程

（一）通信与电力管道预埋

通信和电力管道与预埋基础包括通信、监控、照明、供配电等的预埋管道和基础工程，入（手）孔、紧急电话设施基础，接地系统的施工作业等。

1. 材料要求

通信和电力管道与预埋基础所用钢筋、混凝土、砂浆、预制构件、机制砖和混凝土拌制材料应符合技术规范要求。预埋通信系统管道和监控、供电电缆管道材料应符合图纸要求，并符合国家有关标准和规定。回填材料、填缝料、接地系统所用材料应符合图纸的要求。

2. 施工要求

（1）入（手）孔

钢筋混凝土入（手）孔及井盖的施工应符合图纸及技术规范有关要求。混凝土强度未达到设计等级以前不许回填。所有接缝封闭防水处理应当符合《通信管道工程施工及验收技术规范》标准的要求。入（手）孔壁上预留管道（多孔管块或钢管）口子的大小

尺寸应符合邮电部门的有关规范和规定。

（2）紧急电话平台

基础的开挖与回填应按技术规范的规定进行。混凝土底座的成型、锚固螺栓的安装和管道的设置等，应在浇筑混凝土前取得监理人的批准。混凝土拌合、浇筑、抹面和养护应按技术规范要求进行。大桥（结构物）上钢质紧急电话平台的设置和施工，应按照图纸的规定执行。

（3）管道工程

除图纸另有规定者外，管道工程应根据《通信管道工程施工及验收技术规范》和《长途通信光缆塑料管道工程验收暂行规定》的要求进行修建。中央分隔带的纵向主管道埋设时，依照图纸要求进行，且每一段落应具有形成一个单元所需的管孔数。其他纵向和横向的管道应符合图纸要求。管道铺设的线形应顺适，检查井之间的管道应无低凹处，管节之间的连接角度应不大于5%。封闭接缝防水按《通信管道工程施工及验收技术规范》标准执行。管道铺设后，其端口应用封头堵塞，防止异物进入管孔。

当管道工程、入（手）孔将修建在路面底基层内时，管道工程应铺设在底基层的下面，并应在路面底基层开始摊铺前完成。

横穿路基的牵引线应按监理人批准的方法装入每一条管孔中，并牢牢地固定在每条管道的终点或坑内，以防止牵引线被拉入管道内，牵引线应采用具备一定强度的尼龙线或镀锌钢丝。除硅芯管外，管道工程铺设完成后，应按邮电部门的规定做拉棒检验，以保证管道的施工质量。

（二）安全设施及预埋管线工程计量规则说明

1. 安全设施及预埋管线工程

包括护栏、隔离设施、道路交通标志、道路诱导设施、防眩设施、通信管道及电力管道、预埋（预留）基础、收费设施和地下通道工程。

2. 有关问题的说明及提示

①护栏的地基填筑、垫层材料、砌筑砂浆、嵌缝材料、油漆以及混凝土中的钢筋、钢缆索护栏的封头混凝土等均不另行计量。

②隔离设施工程所需的清场、挖根、土地平整和设置地线等工程均为安装工程的附属工作，不另行计量。

③交通标志工程所有支撑结构、底座、硬件和为完成组装而需要的附件，均不另行计量。

④道路诱导设施中路面标线玻璃珠包含在涂敷面积内，附着式轮廓标的后底座、支架连接件，都不另行计量。

⑤防眩设施所需的预埋件、连接件、立柱基础混凝土及钢构件的焊接，均作为附属工作，不另行计量。

⑥管线预埋工程的挖基及回填、压实及接地系统、所有封缝料和牵引线及拉棒检验

等作为相关工程的附属工作，不另行计量。

第二节 交通工程施工技术

一、交通工程基本知识

（一）概述

1. 道路交通

（1）交通

人类生存的最基本条件是"衣、食、住、行"。其中的"行"就是指一般意义上的交通，是人和物在空间上的移动。人类为了满足"衣、食、住"的要求，就一定需要"物"和"信息"在空间上的移动。因而，"交通"通常被广义地定义为：人、货物、信息的地点间，并且伴随着人的思维意识的移动。由于人和货物的移动与信息的移动在速度上存在差异，并且信息的移动已经形成了独立的学科。所以，交通又被狭义地定义为：人或货物的地点间，并且伴随着人的思维意识的移动。

现代交通运输的主要方式有道路、铁路、航空、水运和管道。而且在这个全过程中，要求人们尽可能地感到安全、迅速、便捷、舒适、和谐和经济。

（2）道路

道路有广义和狭义之分。《道路工程术语标准》中规定道路是指供各种车辆和行人等通行的工程设施。广义的道路，分为公用道路及专用道路两类。公用道路包括公路和城市道路。专用道路包括厂矿、林区和乡村道路等。《道路交通安全法》规定：道路，是指公路、城市道路和虽在单位管辖范围但允许社会机动车通行的地方，包括广场、公共停车场等用于公众通行的场所。狭义的道路专指公用道路。

道路是形成交通的基础，良好的道路条件能为交通出行创造安全、便捷、和谐和舒适的交通环境。道路交通部门应当注重道路基础设施的建设和维护，道路交通管理部门应注重道路设施的科学与合理使用。

（3）道路交通

道路交通是人类借助某种交通工具或通过自身体力，利用道路来实现人或物的空间位移活动。道路交通涉及人、车、路、环境等诸多因素。人是指驾驶人、行人和乘车人；车是指各种机动车和非机动车；路是指公路、城市道路和允许社会机动车通行的地方；环境即交通环境，是指作用于道路交通参与者的所有外界影响与力量的总和，包含道路状况交通设施、地物地貌、气象条件，以及其他交通参与者的活动，与交通有关的社会活动等。在这些因素中，人是道路交通的主导因素，车是道路交通的主体因素，路和交通环境是道路交通的基础，它们相互依存，相互作用，不可分割，构成了道路交通的复合动态系统。

2. 道路交通工程

道路交通工程，是在政府和社会公众的积极参与下，综合运用法律、法规、政策手段、管理科学、工程技术理论和方法，把人、车、路、环境及能源等几个方面，综合在道路交通的复合动态统一系统中开展研究，以实现道路交通安全、有序、畅通，低公害、低耗能目标的活动过程。

（二）道路交通工程研究的内容、特点与学科体系

1. 道路交通工程研究的内容

随着现代科学技术的进步和人们对道路交通需求的增加，道路交通工程学科研究的领域不断扩大，学科的内容也日趋丰富。道路交通工程学科研究的内容，主要包括以下几个方面：

（1）交通特性

道路交通工程中的人，包括驾驶人、行人和乘车人等。人的交通特性主要研究驾驶人的视觉特性、反应特性，酒精对驾驶的危害性，驾驶人的职业适应性，以及疲劳、情绪、意志、注意力等对行车的影响，行人和乘车人的交通需求、心理特征和习惯等。由于现代新技术的应用，当前十分重视道路交通环境中新的设施、设备对人的影响。

车辆的交通特性主要研究车辆的几何尺寸、质量等车辆的外部特征，车辆的动力性、制动性、经济性、通过性、稳定性、机动性、安全性等运行特性，以及车辆拥有量及其增长规律和对需求量的适应性。车辆拥有量是一个城市或一个地区交通状况的具体体现，研究车辆历年来的增长率、按人口平均的车辆数、车辆增长与道路增多的关系、车辆组成以及车辆拥有量的发展趋势，可为交通规划、交通安全管理提供依据。

道路的交通特性主要研究道路规划指标如何适应交通的发展，研究线形标准如何满足行车要求，研究线形设计如何确保交通安全，研究道路交通安全设施如何为交通安全运行提供保障，研究道路与环境如何协调，等等。

道路交通流特性主要研究交通流的三个参数——流量、速度、密度的特性及其在时间与空间环境中相互作用的关系，同时对车头时距分布、延误等进行研究。只有对交通流进行定量的分析，掌握了各种特征参数的具体数据，才方便针对具体情况进行科学的交通规划、线形设计和交通安全管理。

（2）道路交通调查

道路交通调查是开展道路交通工程研究的基础工作。道路交通调查主要包括交通量、车速和车流密度调查，行程时间和延误调查，停车调查，公共交通客流调查，公路客、货流调查，道路通行能力调查，交通事故调查，交通环境调查，居民出行调查，起讫点调查，等等。

（3）道路交通流理论

道路交通流理论是研究各种不同状态的交通流特性，从宏观和微观的角度研究连续车流、间断车流和混合车流的变化规律，寻求最适合道路交通状态的理论模型，为制订道路交通治理方案、评定道路交通事故提供依据。当前，已经较为成熟的模型有概率论、排队论、流体力学理论等。

（4）道路通行能力分析理论

道路通行能力分析理论主要包括城市道路、一般公路、高速公路的路段基本通行能力及实用通行能力的分析方法，无控制交叉口、环形交叉口、信号交叉口、立体交叉口的通行能力分析方法，公共常规公交线、城市轨道交通线等通行能力及线网运输能力的分析方法，服务水平的分级及划分标准等。

（5）道路交通规划理论

道路交通规划包括城市道路交通需求、区域综合运输需求、公路交通需求的预测方法，网络交通流的动态、静态分配模型，城市道路网络、公共交通网络、公路网络的规划方法和道路交通规划的评价技术。

道路交通规划应根据城市性质、用地功能分区与布局、工作与居民地点的分布，研究规划年限（包括近期和远期）内的城市客运量与货运量，以及车辆出行的次数与流向的变化规律，计算道路交通出行在各用地分区之间如何分配；按照国民经济的发展水平和城市规划用地布局，分析城市交通特点，研究和选择高效的交通方式；配合城市道路系统规划的初步方案，研究城市客运和货运的交通流量和流向分布图。从而为修正或规划道路系统提供依据。

（6）道路交通管理与控制

道路交通管理与控制的内容包括研究符合社会制度和公众道德规范的交通法规和执法管理；组织车流在路网上合理分布，在路线上有序行进；研究标志、标线的颜色、图形、尺寸，设置尺寸和画法以及反光、发光的标志；采用电子计算机及各种电子设备等新技术建立各种道路交通控制系统；研究道路交通专用的通讯和数据传输系统；研究道路交通事故的快速救助处理系统。

值得强调的是，中国大多数城市中机动车与非机动车混行的现象相当普遍，这与国外的道路交通状况存在显著差别。从中国经济发展的状况看，这种现象还将在相当长的一段时间里存在。因此我们必须从中国的实际情况出发，研究适合中国道路交通特点的道路交通管理方法。

（7）道路交通事故与安全

道路交通事故是一种与社会经济发展紧密相关的社会现象。随着中国经济的持续、快速、健康发展，特别是在中国工业化、城市化进程中，随着产业结构调整，经济成分多元化，经营主体多样化，加之道路交通基础设施建设落后等问题，加剧了道路交通各要素不协调和矛盾冲突的程度，增大了道路交通的复杂性和引发道路交通事故的可能性，同时也造成了中国道路交通拥堵、事故多发等不利局面。道路交通事故已成为阻碍社会经济发展的严重社会公害。提高道路交通安全科学管理水平，采用有效的预防措施，减少道路交通事故，已成为一项十分紧迫的任务，道路交通安全关系人民群众的生命和财产安全，关系经济社会的协调发展，已经成为世界各国普遍关注的社会问题。发达国家解决道路交通安全问题，有健全的道路交通安全法律、法规体系，高效透明的交通事故统计系统，完整的道路交通安全科研体系，专门的政府交通安全管理部门，跨部门的道路交通安全合作机制。中国道路交通事故预防也必须坚持统筹兼顾、突出重点、立足国情、着眼当前和长远，建立一套科学、完整的道路交通事故的预防体系和措施。

道路交通事故与安全主要包括：研究和掌握发生道路交通事故的规律，研究道路交通事故的各种影响因素，进行道路交通安全评价，道路交通安全改善及其效益分析与评价，道路交通事故预测及事故现场勘查，研究道路交通事故与人、车、路、环境之间的关系，以及如何减少道路交通事故，等等，对保证道路交通安全极为重要。

（8）停车场及服务设施研究

伴随车辆的增加，一些大城市已经出现停车难的局面，停车已成为城市道路交通中一项棘手的问题，亟待解决。因此，人们不得不根据车辆和出行的分布规律，研究如何选取停车场的位置，并规划停车场的合理规模；如何合理布置停车场的车位，使停车场得到最大限度的利用；如何制定与交通需求管理相适应的停车政策，以停车为手段促进人们出行行为的理性发展。在中国一些大中城市，用地紧张，所以还必须考虑如何高效地利用有限的空间，如研究向空中、地下和水下发展的停车场，修建停车楼以及地下、水下车库，等等。

停车场及服务设施研究主要包括社会车辆、公交车辆、自行车的停车交通需求预测，停车场规划与设计，停车场管理，货车货物装卸中的停车管理，公共交通线路的场站布设及停车管理，交通服务设施的布点、规模和经营，等等。

（9）城市公共交通研究

城市应该为人们从事工作、生活和休息提供良好的条件。一个城市如果要达到这一要求，城市公共交通是很重要的基础。城市公共交通研究主要是研究各种公共交通方式，如行人、自行车、小汽车、公共汽车和轨道交通的特点、适用条件，以及各种交通方式如何衔接，如何为居民交通提供最大方便，保证城市交通的可持续发展，进而保证经济社会的协调、健康发展。

（10）道路交通系统的可持续发展

道路交通系统可持续发展主要研究道路交通合理结构规划，道路交通环境污染（大气污染、声污染、振动等）的预测，评价及预防，道路交通能耗预测与评价，道路交通系统中的其他资源消耗预测与评价，道路交通系统的可持续发展保障体系等。

（11）道路交通工程的新理论、新方法和新技术

道路交通工程是一门新学科，它随着现代科学技术的发展而发展。在进行道路交通工程基础理论研究的同时，中国已开始将相关学科的新理论、新技术与道路交通工程理论和中国道路交通的实际相结合，以发展和完善道路交通工程学科。例如，系统工程方法运用于道路交通运输，道路交通冲突技术的提出，交通量及道路交通事故的灰色预测，道路交通工程的系统模糊分析和决策，等等。目前，道路交通工程的新理论、新方法、

新技术主要集中在智能交通系统（ITS）方面，包括现代通信技术、计算机技术、信息技术、管理技术、控制技术在道路交通管理中的应用，如车辆卫星导航技术、高速公路自动收费技术、自动高速公路等。此外，中国已经着手开发以专家知识、人工智能为基础的智能系统、知识工程、人机工程领域的新技术和新方法。

（12）环境保护

道路交通产生的振动、噪声和机动车尾气对大气的污染，已构成社会公害，危及人身健康，影响工作效率。因此，我们要制定环境保护标准，加强排水系统，控制水土流失，保护天然植被，平衡生态环境以及减少交通噪声、废气、振动和漂移物对环境影响的措施，保护水源，创造良好的生活环境。

2.道路交通工程的学科性质和特点

道路交通工程，从道路交通运输的角度，把人、车、路、环境和资源作为一个有机的统一体进行研究。因此，它是一门兼有社会科学与自然科学双重属性的综合性学科。

（1）系统性

所谓系统，是由相互作用和相互依赖的若干组成部分构成的，具有特定功能的有机整体。人、车、路、环境几个互不相同的要素，在构成道路交通这样一个具备特定功能的整体时，它们之间就产生了相互依赖、相互作用的特定的不可分割的联系，因而具有系统性。

道路交通系统是一个复杂的、开放性的动态系统，它是社会经济系统的一个有机组织成分，其运转受到社会经济系统中其他子系统的影响与制约，如城市人口、城市土地利用就直接影响城市道路交通系统的交通需求及流向，区域城镇布局及城镇经济发展则直接影响区域公路网系统的交通需求及流向，等等。而道路交通系统本身又是由许多相互影响、相互制约的子系统所组成，如城市道路交通需求的发展受城市道路网络水平的制约，城市道路网络的规划又以城市道路交通需求的发展为依据，等等。

因为道路交通系统是一个复杂的动态系统，因而，道路交通工程学科最重要的方法论就是系统工程原理，以系统工程原理来认识和解决道路交通问题是道路交通工程学科发展最显著的特点。

（2）综合性

道路交通工程学科的研究通常从以下五个方面展开：

①工程（Engineering）

研究能满足道路交通需求的道路交通基础设施，包括这些道路交通基础设施的规划与设计。

②法规（Enforcement）

由于道路交通系统的复杂性及综合性，完善的道路交通法规是保障道路交通系统正常运转的必要条件。

③教育（Education）

由于所有公民都是道路交通系统的直接或间接参与者，因此对广大公民（特别是少年儿童）进行现代道路交通意识教育是极其必要的。

④能源（Energy）

道路交通工具是能源消耗大户，低能耗道路交通工具一直是发达国家的研究热点。

⑤环境（Environment）

在发达国家，80%以上的噪声污染及废气污染是由汽车交通造成的，因此，道路交通组织、道路交通结构优化及道路环境保护设计是保障道路交通系统可持续发展的重要措施。

由于工程、教育、法规、能源、环境的英文单词的开头都是"E"，因此，人们通常又称道路交通工程学科为"五E"学科。

（3）交叉性

道路交通工程学科与其他相关学科有着非常密切的联系。特别是随着科学技术的发展，道路交通工程学科与其他学科的交叉性更加明显，如智能交通系统（Intelligent Trans-portation System，ITS），它是道路交通工程学科、电子工程学科、通信工程学科、自动控制学科、计算机学科、汽车工程学科在道路交通运行管理中的多学科交叉。

（4）社会性

道路交通系统是社会经济系统中的一个子系统，它涉及社会的各个方面。道路交通工程学科中最重要的三个研究方向——道路交通规划、道路交通管理、道路交通法规都直接影响到社会的各个方面。并且，道路交通系统的建设管理水平也直接影响到城市、区域的经济发展及人民生活水平的提高。

（5）超前性

道路交通系统是为社会经济发展、人民生活水平的提高服务的，道路交通系统是区域及城市发展的载体和社会经济活动的支撑体系，社会经济要发展，道路交通必须先行。再加上道路交通基础设施的建设周期与使用年限很长，一条地铁往往要服务上百年，一条高速公路也要服务30~50年，所以，在进行道路交通系统规划建设时，必须考虑以后几十年的道路交通需求及社会经济状况。

（6）动态性

道路交通工程的动态特性，是指道路交通流的运行特性及其规律。具体表现在以下两个方面：

①道路交通状况的实时动态特点

道路交通流是典型的随机流，它在道路网上的时空分布是随机变化的，反映出的道路交通流规律是统计规律，对道路交通系统规律的描述（尤其是用于道路交通管理与控制）必须采用动态的方法。

②道路交通系统规划建设的动态特点

由于道路交通系统的规划建设必须是超前的，但随着社会经济发展状况的变化，原来预测的与实际发生的可能会有差异。因此，道路交通系统的规划建设必须采用动态滚动的手段，根据变化的情况，不断进行动态调整。

3. 道路交通工程的学科体系

道路交通工程研究的内容非常广泛，基本上涉及道路交通系统的各个方面。从道路交通工程的学科体系来看，其基础理论和主要学科有道路交通流理论、道路交通统计学、道路交通心理学、汽车动力学、道路交通经济学、汽车工程、运输工程、人机工程、道路工程、道路交通规划学、环境工程、自动控制、应用数学、电子计算机等。因此，道路交通工程是一门由多种学科相互渗透的新兴边缘学科。

二、交通标志

（一）道路交通标志功能及样式

交通标志按其作用分类，可划分为主标志和辅助标志两大类。主标志根据功能分为七大类：一是警告标志，具有警告车辆、行人注意危险地点功能的标志；二是禁令标志，具有禁止或限制车辆、行人交通行为功能的标志；三是指示标志，具有指示车辆、行人行进功能的标志；四是指路标志，具有传递道路方向、地点、距离信息功能的标志；五是旅游区标志，提供旅游景点方向、功能的标志；六是作业区标志，通告道路施工区通行功能的标志；七是告示标志，告知路外设施、安全行驶信息以及其他信息的标志。辅助标志是附设在主标志下，对其进行辅助说明的标志。

道路标志功能和样式具体如下：

1. 主标志

（1）警告标志

警告标志是警告车辆、行人注意危险地点的标志，共有 44 种。形状为等边三角形、顶角朝上，黄底、黑边、黑图案，如交叉口、急弯、陡坡等。

驾驶人员在道路上行驶，特别是在路况不清的情况下驾驶车辆，如果缺少路况信息，会使驾驶员的操作紧张、犹豫，并对潜在的危险无从知晓，而警告标志的作用就是及时提醒驾驶员前方道路的交通状况以及道路线形，交通环境等，使驾驶员能够有充分时间采取措施，以确保行驶的安全性、舒适性。

（2）禁令标志

禁令标志是遵行、禁止或限制车辆、行人交通行为的标志，共有 39 种。颜色除个别标志外，均为白底、红圈、黑图案，图案压杠。形状可分为圆形、八角形或顶角向下的等边三角形。

（3）指示标志

指示标志是指示车辆、行人行进的标志，共有 18 种。颜色为蓝底、白图案。形状分为圆形、长方形和正方形。

（4）指路标志

指路标志是传递道路方向、地点、距离信息的标志，包括普通道路指路标志、高速公路和城市快速路指路标志、方向标志三种。形状为长方形和正方形。一般道路指路标志颜色为蓝底、白色图案；高速公路指路标志颜色为绿底、白色图案。

（5）旅游区标志

旅游区标志是提供旅游景点方向、距离的标志，可分为指引标志和旅游符号两种。为吸引和指示人们从高速公路或其他道路上前往临近的旅游区，在通往旅游景点的道路上设置一系列的旅游标志，使旅游者能够便于识认通往旅游区的方向和距离。颜色为棕色底、白色字符图案，形状为长方形和正方形。

（6）作业区标志

作业区标志是用以通告道路交通阻断、绕行等情况。设置在道路施工、养护等路段前适当的位置。用于作业区的标志为警告标志、禁令标志、指示标志及指路标志。其中警告标志为橙底黑图形，指路标志为在已有的指路标志上增加橙色绕行箭头或为橙底黑图形。作业区标志应和其他作业区交通安全设施配合使用。

（7）告示标志

告示标志是用以解释、指引道路设施、路外设施，或者告示有关道路交通安全法和道路交通安全管理条例的内容。告示标志的设置有助于道路设施、路外设施的使用和指引，取消其设置并不影响现有标志的设置和使用。告示标志通常为白底、黑字、黑图形、黑边框，版面中的图形标志如果有需要可采用彩色图案。

（8）辅助标志

辅助标志的颜色为白底、黑字（图形）、黑边框、白色衬边，形状为长方形，尺寸、代号同指路标志。凡主标志无法完整表达或指示其规定时，为维护行车安全与交通畅通的需求，应设置辅助标志。辅助标志安装在主标志下面，紧靠主标志下缘。

（二）道路交通标志的设置与安装

交通标志只有设置于道路上时才能发挥其作用。标志的设置应以确保交通畅通和行车安全为目的，并结合道路线形、交通状况、沿线设施等情况，根据交通标志的不同种类来设置，利于向道路使用者提供正确的、及时的信息。但是，要使交通标志发挥其最佳作用，必须从规范化、科学化入手，制定出相关规定，使标志的设置、安装更加合理。

1. 道路交通标志设置原则

①符合客观需要。

②统一性和连续性相结合。

③相互配合原则。

④排列有序原则。

⑤避免重复原则。

⑥合理性原则。

⑦明显突出原则。

2. 道路交通标志设置方法

（1）设置原则

交通标志应设置在车辆行驶方向最容易看清楚的地点。根据具体情况设置在道路右侧路路肩上、中心分隔带等处。防止与广告标牌或其他标牌相混淆，避免树木或灯杆遮挡。

警告标志的设置应按危险程度慎重决定，同一路段切勿设置几种警告标志。标志牌一般垂直地面设置，遇风、雪频繁地区，可适当向下倾斜10°～15°。

指路标志设置高度约5m，设置于路口前约30～300m。指路标志与交叉路口间的距离选择要考虑路况、汽车行驶速度、判读距离等因素。

（2）设置方法

①单柱式安装。

②双柱式安装。

③悬臂式安装。

④门式安装。

⑤附着式安装。

安装标志时要保持标志板面向驾驶人，通常与道路呈90°角。指路标志和警告标志可偏转0°～10°，禁令和指示可偏转0°～45°。

（3）设置方式

道路标志的设置方式可分为路侧式、悬臂式、门架式和附着式四类。

①路侧式

路侧式系指将标志安装在单柱或双柱上，设置在道路边缘、人行道、中央分隔带的方式。

路侧安装的标志应设置在车行道或人行道的建筑限界以外，设置角度应当适中。如果标志牌的设置高度过低，碰撞行人，并且表面易受污损，也易被行道树等遮挡而影响识认效果；如果标志牌的设置高度过高时，司机靠近标志时会因出现视野死角而看不到标志而且标志有污损时还有清洗困难的问题。所以，在国家标准中对设置高度规定得比较灵活，一般以200cm的高度为标准，应视具体情况而定。主要为行人指路的标志，在不影响步行者通行的情况下，可将标志的设置高度降至100cm左右。在多个标志共设的情况下，最下层标志的设置高度在考虑了识认和景观以后，应在1m以上选定适当的设置高度。

当人行道的宽度对行人交通量显得非常紧张的地方，或者人行道宽度小于1.5m，自行车道小于2m时，为了减少设置标志对行人、自行车通行的障碍，标志的设置高度应大于200cm。

当标志设置在积雪地区时，应考虑当地的积雪深度和除雪方式等因素，不致因积雪、堆雪而影响标志的识认性。为了不妨碍除雪操作，标志牌的设置高度应在200cm以上。

在人行道、分隔带、安全岛设置标志时，应遵守不得侵入建筑净空的规定。路侧安装的标志一般均设置在道路的土路肩以外，标志板内缘距路肩边缘不得小于25cm。

②悬臂式

悬臂式系指标志安装在单柱上，并将标志设置在车行道上方的方式。

悬臂式安装标志，其设置高度应满足建筑限界的规定。一般道路，标志下缘到路面的净空高度必须确保 4.5m，高速公路净空高度必须确保 5m 以上。考虑到施工误差，标志板变形下垂，路面抬高等因素，须留 50cm 空间。

在积雪地区，应考虑历年积雪深度及除雪方法。通常净空高度必须留有压实雪层厚度的空间。

③门架式

门架式系指将标志安装在门式结构上，并将标志设置在车行道上方的方式。

门架式安装标志，其设置高度应满足建筑限界的规定。一般道路，标志下缘到路面的净空高度必须确保 4.5m，高速公路的净空高度必须确保 5m 以上，考虑到施工误差，门架的挠度，路面加辅增厚等因素，须多留 50cm 空间。

在积雪地区，应考虑历年道路积雪情况除雪方法，标志下缘到路面的净空高度必须留有雪压实厚度的空间。

④附着式

附着式系指将标志安装在附属设施上的方式。

附着式安装可按照标志附设的结构形式选择适当位置。标志无论安装在路侧，还是安装在头顶，其安装高度应满足建筑限界的规定。

上述四种设置方法，一般以路侧式为基本方式，但在有些重要的地点应选用悬臂或者门架方式，在具体选择时要根据情况灵活运用。

警告、禁令、指示标志，其信息大都采用图形符号，识认效果好，一般应采用路侧式安装。除非由于道路构造或其他原因，采用路侧安装识认效果不理想或在事故多发路段或为了强调前方路段的危险性等，可以采用悬臂式安装。

指路标志的信息以文字为主。指路标志种类繁多，要求表达的内容和信息量差别很大。一般内容单一、信息量少的指路标志宜采用路侧式安装。指路标志中指示方向、地点、距离的路径诱导信息量多，应按悬臂方式安装。如果在多车道的道路上，上述指路标志采用门架式也是必要的。需要分别指示各车道去向的指路标志也应采用门架式安装。为了提高特殊指路标志（比如著名地点、爬坡车道、道路编号、服务区等）的识认效果，根据道路标志布设的需要，采用悬臂式或门架式安装。

（4）标志板的安装角度

标志板的安装角度，一般是指标志板与道路中心线的夹角。当标志设在曲线路段时，标志板应与曲线半径方向一致，与曲线的切线方向垂直。

路侧式标志：直角或近似直角（80°～90°）。

禁令标志及指示标志：一般情况为直角或锐角。

单行线标志：与行车方向平行或呈锐角。

附着式标志的安装角度原则上可以采用上述规定。

应当注意的是，当人行天桥与道路斜交时，应通过安装配件使标志板调整为与道路中线垂直。

标志板，一般应成垂直安装。在积雪地区，为防止雪花在标志面上堆积，也可向前倾 20° 安装。标志板前倾以后，车灯强光照射标志板时，因为反射作用使司机难以看清楚标志。因此，只有确有必要时才将标志板倾斜安装。

（5）标志板的并设

在同一支柱上设置两块以上标志板时，称为标志板并设。标志并设应注意以下几点：

各交通标志（包括指路标志、警告标志、禁令标志和指示标志）除相互有关联的情况外，原则上要避免与其他种类的标志并设。

同种类标志，特别是警告标志，原则上不并设。

下述情况，可考虑标志的并设：一是在原有道路标志附近须增设新的标志，或须新增设两块以上标志时。二是由于道路构造上的原因，必须进行交通限制，必须把警告标志和禁令标志并设时。

在正常情况下，司机可以在车辆行驶过程中读取标志信息，在极短时间内理解含义，做出判断并采取行动。但是，标志并设以后，会增加司机的负担，若信息量过载，有可能使有的标志不能发挥其应有的效用。因此，标志应尽量避免并设。

（6）标志板并设应采取的办法

路侧式标志的并设，采用上下安装时不超过两层。

悬臂式或门架式标志的并设，如果是指路标志，则按标志的重要性自道路的中央分隔带向右侧依次敷设。如果专指某车道的去向或指明为专用车道，则各标志应设在与其对应车道的上方。如果与其他种类标志并设，则其他标志应设在最右端。

三、交通标线

（一）道路交通标线的作用及分类

道路标线是交通管理设施中最基础、最有效的一个重要组成部分。

1. 道路交通标线的作用

道路交通标线在管理中发挥着重要作用：

①标线一直伴随道路延伸，能够提供连续的信息流；

②标线处于靠近驾驶人视野的中心位置，可确定车辆行驶路线；

③标线对道路进行分区，使车辆"各行其道"；

④标线有效使用道路面积，提高了交通流量，减少了交通事故；

⑤标线、轮廓标等，可以为驾驶人提供距离感，辅助提供安全信息；

⑥人行道标线等地面标线，通过路面色彩对比度扩大等，改善了驾驶人视距；

危险路段前的警示类标线，可以提示路况，降低车速；

标线具有一定的美化作用。

（2）道路交通标线的分类

道路交通标线种类繁多，根据不同的分类准则存在多种分类方式。

①按功能可分为三类；

指示标线指示车行道、行车方向、路面边缘、人行道、停车位、停靠站及减速丘等的标线。

禁止标线告示道路交通的遵行、禁止、限制等特殊规定的标线。

警告标线 —— 促使道路使用者了解道路上的特殊情况，以提高警觉准备应变防范措施的标线。

②按设置方式可分为三类：

纵向标线 —— 沿道路行车方向设置的标线。

横向标线与道路行车方向交叉设置的标线。

其他标线字符标记或其他形式标线。

③按形态可分为四类：

线条 —— 施画于路面、缘石或立面上的实线或虚线。

字符 —— 施画于路面上的文字、数字及各种图形、符号。

突起路标 —— 安装于路面上用于标示车道分界、边缘、分合流、弯道、危险路段、路宽变化、路面障碍物位置等的反光体或不反光体。

轮廓标——安装于道路两侧，用以指示道路边界轮廓、道路的前进方向的反光柱（或反光片）。

（二）道路交通标线的功能及样式

1. 指示标线

指示标线主要包含指示车行道、行车方向、路面边缘、人行道、停车位、停靠站及减速丘等标线。

①车道分界线为白色虚线，用来分隔同向行驶的交通流，设置在同向行驶的车行道分界线上。在保证安全的情况下，允许车辆越线变换车道。

②双向两车道路面中心线为黄色虚线，用于分隔对向行驶的交通流。在保证安全的情况下，允许车辆越线超车或向左转弯。

③车行道边缘线为白色实线，用来指示机动车道的边缘，或用来划分机动车道与非机动车道。

④左转弯待转区边线为白色虚线，用来指示左拐车辆能够在直行时段进入待转区，等待左转。左转时段终止，禁止车辆在待转区内停留。

⑤人行横道线为白色平行粗实线（斑马线），表示准许行人横穿车行道的标线。

⑥高速公路车距确认标线为白色平行粗实线，为车辆驾驶员保持行车安全距离提供了参考。视需要设置于经常发生超车、易肇事或者其他有需要的路段。

车距确认标线应与车距确认标志配合使用。

⑦高速公路出入口标线是为驶入或驶出匝道车辆提供安全交会、减少与突出部缘石

碰撞的标线，包括出入口的横向标线、三角地带的标线。出入口标线的颜色为白色，按直接式和平行式两种情况设置。

⑧停车位标线表示车辆停放位置。可以在停车场或路边空地、车行道边缘或道路中央位置设置。停车位标线的颜色为白色，应该与停车场标志配合使用。

停车位标线可分为：平行式 —— 车辆平行于通道的方向停放；倾斜式车辆与通道方向呈 30° ～ 60° 角停放；垂直式车辆垂直于通道的方向停放。

⑨港湾式停靠站标线表示公共客车通向专门的分离引道和停靠位置，包括公共客车进出引道的横向标线和斑马线。港湾式停靠站标线的颜色为白色。

⑩收费岛标线包括收费岛岛头标线和迎车流方向地面标线，表示收费岛的位置，为驶入收费车道车辆提供清晰的标记。收费岛岛头标线的颜色为黄黑相间的斜线；迎车流方向地面标线为白色。

⑪导向箭头表示车辆的行驶方向，颜色为白色。

⑫地面文字标记是利用路面文字，指示或限制车辆行驶的标记。用于限速时，数字的颜色为黄色；用于区分大、小机动车道及超车道时，文字颜色为白色。

2. 禁止标线

禁止标线，是指告示道路交通的遵行、禁止、限制等特殊规定的标线。

（1）禁止超车线。

①中心黄色双实线，表示严格禁止车辆跨线超车或者压线行驶。设置于两条或两条以上机动车道而没有设置中央分隔带的道路。

②中心黄色虚实线，为一条实线和一条与其平行的虚线组成的标线。表示实线一侧禁止车辆越线超车或向左转弯，虚线一侧准许车辆越线超车或向左转弯。

③中心黄色单实线，表示不准车辆跨线超车或压线行驶。

（2）禁止变换车道线为白色实线，用于禁止车辆变换车道和借道超车。设于交通特别繁杂而同向具备多条行车道的桥梁、隧道、弯道、坡道、车行道宽度渐变路段、交叉口驶入段、接近人行横道的路段或其他认为需要禁止变换车道的路段。

（3）禁止路边停放车辆线为黄色实线，用于指示禁止路边停车路段。标画于禁止路边停车路段的缘石正面或顶面，无缘石的道路则可以标画于距路面边缘 30cm 的路面上。

（4）停止线为白色实线，表示车辆等候放行信号或停车计行的停车位置。

（5）减速让行线为两条白色平行的虚线和一个倒三角形，表示车辆在此路口必须减速让干道车辆先行。

（6）导流线为白色单实线、V 形线和斜纹线，表示车辆须按规定的路线行驶，不得压线或越线行驶。主要用于过宽、不规则或行驶条件比较复杂的交叉路口、立体交叉的匝道口或其他特殊地点。

（7）网状线为黄色，用以告示驾驶员严禁在设置本标线之交叉路口或其他出入口处临时停车，防止交通阻塞。

（8）车种专用车道线由黄色虚线及白色文字组成，用以指示只限于某车种行驶之专用车道，其他车种及行人不得进入。

3. 警告标线

警告标线是促使道路使用者了解道路上的特殊情况，以提高警觉准备应变防范措施的标线。

①接近障碍物标线，用以指示路面有固定性障碍物，警告车辆驾驶员须谨慎行驶，绕过路面障碍物。本标线的颜色，应根据障碍物所在的位置，与中心线或车道分界线的颜色一致。

②近铁路平交道口标线，由白色交叉线、"铁路"标字、横向虚线、禁止超车线和停止线组成，用以指示前方有铁路平交道口，警告驾驶员须谨慎行车。

③车行道宽度渐变段标线，用以警告车辆驾驶员路宽缩减或车道数减少，应谨慎行驶，禁止超车，本标线的颜色应与中心线的颜色一致。

④减速标线为白色反光虚线，用于警告车辆驾驶员前方应减速慢行，视需要设置于收费广场、出口匝道或易超速、易肇事路段的起点附近。

⑤立面标记为黄黑相间的倾斜线条，可设在跨线桥、渡槽等的墩柱或侧墙端面上，以及隧道洞口和人行横道上的安全岛等壁面上。用以提醒驾驶员注意，在车行道或近旁有高出路面的构造物，避免发生碰撞。

4. 其他

除上述道路交通标线外，还有突起路标和轮廓标。

突起路标是固定在路面上起标线作用的突起标记块，既可用来标记对向车行道分界线、同向车行道分界线、车行道边缘线等，也可用来标记弯道、进出口匝道、导流标线、道路变窄、路面障碍物等危险路段。轮廓标用以指示道路的前进方向和边缘轮廓。

四、安全防护设施施工

（一）缆索护栏施工

1. 施工放样

施工放样应根据现场桥梁、涵洞、通道、路线交叉、隧道等的分布确定控制立柱的位置，并测定控制立柱之间的距离，据此调整端部立柱、中间端部立柱、中间立柱的设置位置。调查立柱下是否存在地下管线、构造物等设施，并展开适当处理。

2. 立柱设置

端部立柱和中间端部立柱位置，应根据设计文件的要求，将立柱、斜撑及底板焊接成牢固的三角形支架。按照最终确定的立柱位置开挖基坑、浇筑混凝土基础，到达规定高程进行准确定位。

中间主柱应定位准确，纵向和横向位置与公路线形一致。位于土基中的中间立柱，可采用挖埋法、钻孔法或打入法施工。立柱高程应符合设计要求，并不允许损坏立柱端部；位于混凝土基础中的中间立柱，可设置在预埋的套筒内，通过灌注砂浆或混凝土固定，或通过地脚螺栓与桥梁护轮带基础相连。

3. 托架安装

中间立柱或中间端部立柱上的托架，应按照设计文件规定的托架编号和组合正确安装。

4. 架设缆索

缆索架设按从上向下的顺序进行，在端部立柱和中间端部立柱的混凝土基础达到设计强度的 80% 以上时，缆索应支放在立柱的内侧，通过中间支架向另一端滚放。用楔子固定或注入合金的方法将一端的缆索锚固在索端锚具上。

根据索端锚具的规格，切断多余的缆索。缆索切断面应垂直整齐，不得松散，按规定的方法锚固在索端锚头上。索端锚具安装到端部立柱或中间端部立柱后，可卸除临时张拉力。缆索调整完毕后，应拧紧各中间立柱、中间端部立柱托架上的索夹螺栓。

（二）钢筋混凝土墙式和梁柱式桥梁护栏施工

1. 一般要求

①宜采用现场浇筑的方式进行施工，当使用预制件时，护栏与车行道板或人行道板间应按照设计文件的要求可靠连接。

②钢筋混凝土墙式、梁柱式护栏在桥面伸缩缝处应断开，其间隙不应大于桥面伸缩缝的设计位移量，钢筋混凝土梁柱式护栏在伸缩缝两端应设置端部立柱，护栏伸缩缝内清理干净后，应填满橡胶或沥青胶泥等弹性、不透水的材料。

③端部翼墙应根据设计文件的要求加工模板，设置在桥梁上或路基段的端部翼墙应采用现场浇筑施工方法，并设置预埋件。

2. 施工质量要求

①桥梁护栏的形式、设置位置、构件规格及基础连接应与设计文件相一致，线形应与桥梁相协调。

②护栏伸缩缝的宽度应与桥梁主体结构相一致。

③钢构件应连接牢固，符合设计规范和设计文件的要求。防腐处理表面应光洁，焊缝处不应有毛刺、滴瘤和多余结块，防腐层应均匀。

④钢筋混凝土护栏表面不应出现裂缝、蜂窝、剥落、露筋等缺陷。

⑤桥梁护栏与路基护栏连接应设置符合设计文件要求的护栏过渡段。

（三）隔离栅施工要求

（1）隔离栅遇桥梁通道时，应在桥头锥坡或端墙处围封；遇尺寸较小、流量不大的涵洞时，可直接跨越。中心线应沿公路用地范围界限以内 20 ～ 50cm 处设置。

（2）应按照设计文件中规定的隔离栅设置位置和实际地形、地物条件确定控制立柱的位置和立柱中心线，在控制立柱之间按设计文件规定的柱距定出柱位。

（3）每个柱位均应按设计文件的要求确定高程，并应按实际地形进行调整。

（4）应按照设计文件的规定开挖基坑，场地应进行清理，软基应进行处理。

（5）立柱应根据设计文件的规定设置在现浇混凝土基础或预制混凝土基础内。立柱的埋设应分段进行。可先埋设两端的立柱，然后拉线埋设中间立柱，控制立柱与中间立柱的平面投影应在一条直线上，柱顶应平顺。预制混凝土立柱和基础在运输及装卸时应避免折断或损坏边角。

（6）混凝土基础强度达到设计强度的70%以上时，可按下列规定安装隔离栅网片：

①安装无框架卷网时，应从端头立柱开始，沿纵向展开，边铺设边拉紧，挂钩时网片不得变形。

②安装有框架的片网时，网面应平整，框架应整体平顺、美观，框架与立柱应连接牢固。

③安装刺丝网时，应从端头立柱开始。刺钢丝之间应平行，绷紧后应与立柱上的铁钩牢固绑扎，横向与斜向刺钢丝相交处也应绑扎牢固。

（7）隔离栅网片安装完毕后，应对基础周围进行夯实处理。

（四）设置于混凝土护栏上的防眩板或防眩网安装

①防眩板或防眩网可通过混凝土护栏顶部的预埋件及连接件安装在混凝土护栏上。未设置预埋件时，可采取后固定的施工工艺安装。

②混凝土护栏强度低于设计强度的70%时，严禁安装防眩板或防眩网。

③防眩板或防眩网下缘与混凝土护栏顶部的间距应符合设计文件的规定。

④防眩板或防眩网安装后，不得削弱混凝土护栏的原有功能。

⑤防眩板在施工过程中，不得损坏中央分隔带上通信管道及护栏等。

⑥按图纸要求处理好路段与桥梁上的防眩板的位置和高度，外形上不得有高低不平和扭曲现象。

⑦施工过程中不损伤构件金属涂层，如有损伤，应及时给予修补或抽换。

（五）设置于波形梁护栏上的防眩板或防眩网安装

①防眩板或防眩网可通过连接件安装在波形梁护栏上。

②防眩板或防眩网安装在波形梁护栏上时，不得削弱波形梁护栏的原有功能。

③防眩板或防眩网下缘与波形梁护栏顶面的间距应符合设计文件的规定。

④施工过程中不应操作波形梁护栏的防腐层，否则应在24h之内予以修补。

（六）独立设置立柱的防眩板或防眩网安装

①施工前，应清理场地、协调与其他设施的关系。

②防眩板或防眩网单独设置立柱时，可根据所在位置将立柱埋入土中、设置混凝土基础或固定于桥梁、通道、明涵等构造物上。设置混凝土基础，其强度达到设计强度的70%以上时，方能在立柱上安装防眩板或防眩网。

③立柱施工时，不得破坏地下管线和排水设施。

第八章 桥梁、隧道、交通安全设施养护技术

第一节 桥梁养护技术

一、桥梁常见病害及原因分析

（一）桥面铺装病害类型

1.桥梁铺装病害类型

桥梁铺装为水泥混凝土铺装和沥青混凝土铺装两种。

（1）龟裂：裂缝有多条，裂缝不长，形状杂乱。

产生原因：施工养护不当，或铺装层与行车道板之间存在间隙。

（2）横向裂缝：裂缝延伸的方向与行车方向垂直。

产生原因：温度应力，或上部结构受力裂缝的反射。

（3）纵向裂缝：裂缝延伸的方向与行车方向一致。

产生原因：施工养护不当；或装配式简支梁接缝质量差；或桥面板上裂缝的反射。

（4）断裂或破损：水泥混凝土铺装上裂缝宽度较大，并且有混凝土破裂。

产生原因：铺装层与桥面板之间存在脱空间隙。

（5）坑槽：铺装层局部存在凹陷。

产生原因：铺装层材料质量分布不均，局部区域混凝土抗剪强度有待加强。

（6）露筋：铺装层内的钢筋露出铺装层表面。

产生原因：铺装层的保护层厚度太薄。

（7）车辙：沥青混凝土铺装上不平整，沿行车方向存在有着一定长度的凹槽。

产生原因：沥青混凝土材料质量差。

（8）拥包：沥青混凝土铺装上存在隆起的鼓包。

产生原因：铺装层与桥面板之间黏结强度不够。

（9）沥青混凝土铺装与混凝土铺装一样，在桥面铺装存在有龟裂、横向裂缝、纵向裂缝和坑槽。沥青混凝土铺装上的坑槽是由于沥青混凝土中的沥青与骨料的黏结力不够造成的。

2. 桥面与道路连接处病害类型

桥面与道路连接处接缝存在错台，接缝处桥面破损。产生原因为桥头道路下沉。

3. 排水设施病害类型

（1）泄水管堵塞。产生原因为桥面垃圾积累未清除。

（2）排水 PC 管破损。产生原因是 PC 管老化、质量差。

4. 伸缩缝病害类型

（1）伸缩缝中堵塞。产生原因为桥面垃圾堆积未清除。

（2）橡胶条破裂。产生原因为橡胶条老化质量差，或者施工安装不当。

（3）伸缩缝周边混凝土破损。产生原因为伸缩缝安装时两接边高差过大。

5. 人行道板病害类型

人行道板裂缝、铺砌破损，路缘石松动、残缺。产生原因为施工质量差。

6. 护栏病害类型

（1）栏杆与扶手钢筋锈蚀。产生原因为保护层太薄。

（2）扶手断裂或脱落。产生原因为施工或安装质量差。

7. 防撞墙病害类型

（1）防撞墙裂缝。产生原因为施工不当，或断缝设置不合理，或防裂钢筋配筋不足。

（2）钢筋锈蚀。产生原因为保护层厚度薄，不满足规范要求。

（二）上部结构常见病害与分析

1. 钢筋混凝土板桥

钢筋混凝土板桥的常见病害主要是底板裂缝、露筋，接缝渗水。

钢筋混凝土板的裂缝有龟裂、横向裂缝和纵向裂缝。

（1）底板纵向裂缝

产生原因是板比较宽，为双向受力状态，因此底板的横向受力钢筋布置不足。

（2）底板露筋

产生原因是桥下净空高度小，受车辆擦伤致混凝土剥落。

（3）底板开裂

产生原因：该裂缝为横向裂缝，位于跨中区域，同时有几条裂缝，故该裂缝为受力裂缝，需要对施工工艺和承载能力作复核。

（4）底板渗水

产生原因：该桥底板中存在纵向裂缝造成渗水，则是由底板横向构造不足或施工底板厚度偏薄；接缝处渗水则是由浇筑的接缝混凝土不密实导致的。

2. 钢筋混凝土简支 T 梁

钢筋混凝土简支 T 梁常见病害为：梁肋竖向裂缝、斜向裂缝；T 梁翼缘板钢筋外露锈蚀与接缝渗水；横隔板裂缝、露筋和其连接处混凝土剥落等。

对钢筋混凝土简支 T 梁产生的裂缝进行分析主要是要区别是荷载产生的受力裂缝还是非荷载（如温度、混凝土收缩等）产生的非受力裂缝。

如在梁肋两侧存在多条竖向裂缝，这些裂缝宽度呈中间大、两端小，则该裂缝为非受力裂缝。如在梁肋两侧存在多条竖向裂缝，梁肋底面也有横向裂缝，裂缝形态呈 U 字形，且裂缝宽度是下面大、上面小，则该裂缝为受力裂缝。

裂缝原因分析：该梁肋一侧在全跨范围内分布有 8 条裂缝，不仅跨中区域存在有裂缝，而且 L/4 区域也有裂缝；裂缝位于梁肋的中部。按照该形态分析出该裂缝是由混凝土收缩产生的裂缝。

钢筋混凝土翼缘板常见的病害主要为翼缘板之间连接缝混凝土剥落、露筋，翼缘板存在裂缝，并有白色物质渗出。

露筋、接缝渗水。产生的原因为施工质量问题。

混凝土剥落、裂缝。产生的原因为翼缘板厚度偏薄。

梁底混凝土剥落、露筋。产生的原因：该梁在跨中几个局部区域存在该病害，通常为桥下净高不足，梁底受到车辆或船只的撞击出现的。

3. 预应力混凝土 T 梁桥

预应力混凝土 T 梁桥常见病害主要是翼板的连接质量和横隔板裂缝、露筋、破裂。

通常全预应力混凝土构件是不容许出现受力裂缝的。一旦出现受力裂缝则该构件必须进行加固处理。所以对全预应力混凝土构件的裂缝判定非常重要。

预应力混凝土 T 梁桥的梁肋裂缝是否为受力裂缝，其判别标准与钢筋混凝土基本相同。由于预应力混凝土 T 梁存在预压应力，故通常的非受力裂缝通常也不出现。

目前预应力混凝土 T 梁桥病害大多为横隔板连接质量病害。

4. 钢筋混凝土连续箱梁桥

钢筋混凝土连续箱梁桥常见病害为箱体裂缝、钢筋锈蚀、混凝土剥落，翼缘板的裂缝、钢筋锈蚀、混凝土剥落。

箱体检查要点为：

（1）跨中区域在底板是否有横向裂缝，其侧面是否有从下向上的竖向裂缝；

（2）在连续梁中间支点区域是否有从上向下的竖向裂缝和斜向裂缝；

（3）在连续梁两端支点区域是否有从下向上的斜裂缝。上述这些裂缝是典型结构受力裂缝。

翼缘板检查要点为：

（1）翼缘板是否存在横向裂缝；

（2）翼缘板根部是否存在混凝土剥落。

翼缘板横向裂缝通常为混凝土收缩裂缝，根部混凝土剥落则要检查桥面板是否在对应位置存在纵向裂缝。

5. 预应力混凝土箱梁桥

大跨度预应力混凝土箱梁桥的截面是由顶板、底板、腹板和翼缘板构成。

预应力混凝土箱梁桥常见病害也主要是裂缝、混凝土剥落、露筋锈蚀。

6. 刚架拱桥

刚架拱桥一般是由刚架拱片与微弯板组成。

刚架拱桥常见的病害为裂缝、混凝土剥落、钢筋锈蚀以及连接破坏。

刚架拱桥病害产生的原因一般是横向联系的刚度弱，桥梁整体受力较差，导致拱桥构件产生裂缝。

当前在广东地区这类桥梁均出现有病害，过去几年已对这类桥梁实施拆除重建，或加固处理。

7. 石砌拱桥

石砌拱桥常见的病害及原因分析如下：

（1）基础沉陷，墩台移动

石砌拱桥多按无铰拱设计，为超静定结构，当桥墩在横向发生不均匀沉降时，主拱圈及侧墙将会发生倾斜、扭转，严重的将会导致开裂。当桥墩在纵向发生不均匀沉降时，侧墙将会产生竖向裂缝，主拱圈在下沉墩附近的拱脚下缘开裂，上缘与侧墙脱离。

（2）主拱圈开裂

主拱圈开裂严重影响桥梁的安全，其主要原因是主拱圈厚度太薄或材料强度不够。石砌拱桥主拱圈内力分析表明，拱顶正弯矩最大，拱脚负弯矩最大，拱顶、拱脚为设计控制截面，若截面抗力小于设计荷载内力，将造成拱顶下部或拱脚上部开裂。如拱桥由多层平行拱圈石砌成，在施工中圈与圈又未注意交错搭接，拱圈则易发生纵向裂缝。拱圈裂缝一般只有 1～2mm，但一经开裂，一般容易发展，危及桥梁的正常使用。

（3）腹拱圈开裂

由于主拱圈变形而产生的拱上构造的外加应力，可能使腹拱发生裂缝。

（4）拱脚附近拱圈压碎

在部分拱桥的拱脚附近发现拱圈石料的碎裂和剥落现象，分析原因主要是由于护拱较弱，或是没有护拱，或是石料的加工质量较差，导致拱圈和侧墙出现渗水现象。

（5）侧墙开裂

侧墙开裂包括侧墙与拱圈连接界面的脱开和侧墙自身开裂。分析原因，主要是拱上填料由于自身恒载及外活载作用下，对侧墙产生的横向推力及在与拱圈共同受力时，侧墙在 L/4 截面产生拉应力而造成的开裂。

8. 双曲拱桥

双曲拱桥常见病害为构件上裂缝、混凝土剥落、钢筋锈蚀。目前该类桥梁出现的病害较多，需要进行加固处理。

双曲拱桥裂缝病害产生的主要原因是桥梁整体性较差，不适用于大交通量下重载重量荷载。

9. 桁架拱桥

桁架拱桥的常见病害是构件裂缝、混凝土剥落、钢筋锈蚀。

桁架拱桥与刚架拱桥相同，病害产生的原因一般是横向联系的刚度弱，桥梁整体受力较差，导致拱桥构件产生裂缝。

（三）桥梁支座

当前桥梁常用支座为板式橡胶支座和盆式橡胶支座。其中简支梁桥的支座采用板式橡胶支座，连续梁桥支座采用盆式橡胶支座。

1. 板式橡胶支座

板式橡胶支座常见病害是支座剪切变形大，支座脱空或者局部脱空，支座老化外鼓、开裂和支座缺失等。

2. 盆式橡胶支座

盆式橡胶支座常见病害是钢盆锈蚀、锚固螺栓松动、锈蚀、橡胶磨损、垃圾堆积。

（四）桥梁下部结构

桥梁下部结构是由桥台、桥墩及基础组成。

1. 桥台

钢筋混凝土桥台的检查要点是：
①台帽是否存在裂缝、混凝土脱落；
②台身是否存在纵横向裂缝、露筋；
③侧墙是否存在裂缝或开裂；
④挡块是否损坏。

2. 桥墩

钢筋混凝土桥墩的检查要点是：
①盖梁是否存在裂缝、露筋以及挡块是否被损坏；
②立柱是否存在龟裂、竖向裂缝、横向裂缝、露筋；
③立柱是否被船只撞击。

3. 桩基

位于水中的桩基通常派遣潜水员在水下模测，或在枯水期间进行检查。桩基的检查要点是：

①桩基是否在水流作用下被冲刷掏空，钢筋锈蚀；

②桩基是否倾斜、分层；

③桩基是否被船只或漂浮物撞击、擦伤。

（五）附属部分

附属部分的检查要点是检查锥坡、护坡、调治构造物是否存在开裂、塌陷、铺砌缺损、勾缝脱落等。

（六）涵洞

公路上的涵洞依据结构的形式不同，划分为盖板涵、箱涵、石拱涵和圆管涵等四种。涵洞检查的要点是：

①涵洞进出水口是否被堵塞；

②涵洞附近填土是否塌陷；

③涵身两侧挡墙是否开裂；

④盖板涵的涵顶是否存在有裂缝，是否渗水；

⑤圆管涵洞四周连接是否有脱空等情况。

二、日常保养技术

（一）桥涵养护总体要求

①桥涵外观整洁。

②桥头顺适，桥面铺装坚实平整、横坡适度。

③结构无损坏，排水、伸缩缝、支座、护墙、栏杆、标志、标线等设施齐全良好。

④基础无冲刷、掏空。

（二）桥涵养护基本内容

桥涵养护的基本内容包括：清除污泥、杂物，维持桥面系、涵洞洞口清洁；疏通涵管，疏导桥下河槽；局部修理或更换栏杆和伸缩缝等；修补河床铺砌及涵洞进出水口铺砌；桥涵的局部加固维修。

日常巡查内容：观测桥面铺装有无损坏，伸缩缝、泄水孔有无堵塞，上下部结构有无破损、变形，桥梁栏杆、桥头示警桩、桥名牌、限载标志等是否齐全、整洁、完好，河道是否堵塞等。

日常巡查要求：县道每周不少一次，乡、村道每月不少于两次；特殊路段或遇有恶劣天气、重大节日活动等特殊情况应该适当加大巡查频率。

日常巡查处置：发现病害、缺陷的应及时修复，不能及时修复的，应及时上报上级管理机构处置。

1. 桥面保洁

①定期清扫桥面、清洗护栏，维持桥面整洁无堆积物、杂草；泄水孔无堵塞。

②桥面的泄水孔、排水槽如有堵塞应及时疏通，泄水管下端应露出不少于10cm。

2. 桥面伸缩缝的养护

①伸缩缝应经常养护，如清除碎石、泥土杂物；拧紧螺栓，并加油保护，使其发挥正常作用。

②伸缩缝局部损坏的应及时修复，使其发挥正常作用；若损坏严重或老化以致功能失效的要及时更换。

3. 桥梁护栏的养护

①栏杆中涂装层破损的，应及时油漆，确保栏杆使用的耐久性。

②护栏上的反光膜脱落，应随时补贴。

③由于交通事故或自然灾害造成护栏缺损或变形，应及时修复或更换，锈蚀严重的金属护栏应予以更换。

4. 桥面铺装的养护

①保持桥面清洁平整，及时排除雨后桥面积水；清除桥面上杂物。

②及时处理桥面铺装存在的裂缝、磨光、脱皮等表面缺陷。

③保持桥面上的人行道铺装、盲道和缘石完好、平整，有缺损时，应及时维修或更换。

5. 桥梁支座的养护

①支座半年一清扫，各部应保持完整、清洁，位置正确，清除支座周围的油污、垃圾杂物，保证支座正常工作。

②每年一次对滚动支座的滚动面定期涂润滑油。

③对钢支座要进行除锈防腐，除铰轴和滚动面外，其余部分都应涂刷防锈油漆。

6. 桥梁墩台的养护

①墩台表面应保持清洁，及时清除青苔、杂草、荆棘及污秽。

②圬工砌体长期受大气影响、雨水侵蚀而发生灰缝脱落，应重新勾缝。

③圬工砌体镶面部分严重风化和损坏时，应用石料或混凝土预制块补砌、更换，新旧部分要结合牢固，色泽和质地与原砌体基本一致。

④墩台表面发生侵蚀剥落、蜂窝麻面、裂缝、露筋等病害时，应采用水泥砂浆修补。

7. 桥梁墩台基础的养护

①应适时地进行河床疏浚，保持桥下河道的排水畅通。

②基础冲刷过深或基底局部掏空，应马上抛填块石、片石、铅丝石笼等维护。

③桥下河床铺砌出现局部损坏时应及时维修；若砌块损坏，可补砌或采用混凝土修补。

8. 桥面铺装层的日常养

①桥面板出现开裂时，可用风镐将旧板凿碎清除，再根据通车期限要求，选用合适材料浇制板块、抹面、压纹或拉槽，养护灌缝；其原有纵、横缝应认真恢复，必要时其上部锯缝深度应加深。

②针对铺装层表面磨光，可使用刻槽机对磨光的部分进行刻槽处理或加铺表面抗滑性能强的混合料薄层，使桥面抗滑性能满足行车要求。

三、小修技术

（一）桥梁上部构造的养护、维修与加固

桥面系指的是上部结构中，直接承受车辆、人群等荷载并将其传递至主要承重构件的桥面构造系统，包括栏杆、伸缩缝、桥面铺装、人行道、排水设施等。

1. 栏杆的养护与维修

公路桥梁的栏杆作为一种安全防护设备，是桥梁上部构造的重要组成部分，同时栏杆又是桥梁的一种美学装饰。

栏杆存在缺陷或已损坏时，虽不妨碍交通，但却影响桥容，使行车缺少安全感，降低交通安全的适应水平。因而，对损坏的栏杆要及时修理，并加强平时的养护工作。

为了使栏杆经常保持完好状态，应保证水平构件能自由伸缩。

2. 桥面伸缩缝的养护与维修

（1）桥面伸缩缝的养护

梁端之间以及在梁端与桥台背墙之间设置横向的伸缩缝。伸缩缝在平行于、垂直于桥梁轴线的两个方向，均能自由伸缩，牢固可靠，车辆驶过时应平顺，无突跳与噪声，防止雨水和垃圾泥土渗入导致阻塞。

伸缩缝由于设置在梁端构造薄弱的部位，直接承受车辆荷载反复作用，又多暴露于大自然中，受到各种自然因素的影响。所以可以说伸缩缝是易损坏难修补的部位，经常发生各种不同程度的病害。因此，伸缩缝要经常养护，清除缝内积物，扭紧螺栓，使其发挥正常作用。

（2）桥面伸缩缝应注意的问题

对于常用的几种伸缩缝，应分别注意以下问题：

①U形锌铁皮伸缩缝：注意锌铁皮是否老化、开裂、断裂。

U形锌铁皮式伸缩缝是一种简易的伸缩装置，通常用于中、小跨径的桥梁，所能适应的变形量在 20 ~ 40mm 以内。

②钢板伸缩缝：注意钢板是否变形，螺栓是否脱落以及伸缩缝的有效性。

③橡胶板条伸缩缝：注意橡胶条是否老化、脱落，固定角钢是否变形、松动。

④板式橡胶伸缩缝：注意橡胶是否老化，预埋螺栓是否松脱，以及伸缩缝的有效性。

板式橡胶伸缩缝是一种刚柔结合的装置，具有一定的竖向刚度，跨越间隙的能力大

（变形范围可达 30 ~ 300mm），连接牢固可靠，行车平稳舒适，并具备良好的吸振作用。

（3）伸缩缝的维修

维修工作要依据缺陷的程度并针对产生的原因，部分修补或全部更新。

桥面为沥青混合料铺装时，可采用钢筋混凝土盖板式伸缩缝。

对于钢板伸缩缝，当钢板与角钢焊接破裂时，应清除垢秽后重新焊牢；当梳齿断裂或出现裂缝后，也要采取焊接方法进行修补。

对于伸缩量在 50mm 以内的各类中小跨径桥梁伸缩缝的更换或改造，可采用 TST 碎石填充新型伸缩装置。在现场将特制的弹塑性复合材料 TST 加热熔融后，灌入经过清洗加热的碎石中，即形成了 TST 碎石弹性伸缩缝。碎石用以支承车辆荷载，TST 弹塑性体在 −25 ~ +60℃ 条件下能够满足伸缩量的要求。

3. 桥面排水系统的养护与维修

桥面排水设施出现缺陷会导致桥面积水，给行车带来不利影响，降雨时引起车辆滑移，成为交通事故发生的原因。严重的还会损坏桥梁结构本身的安全。当雨水由伸缩缝直接进入支座时，将会使支座锈蚀，造成支座的功能恶化。在城市桥梁或立交跨线桥中，由于桥面积水，车辆过桥时污水四溅，殃及行人和破坏周围环境，致使桥下居民受害。为此，必须对桥面排水系统加强维修与养护。

①桥面的泄水管、排水槽如有堵塞，应及时疏通，保持畅通。缘石的横向泄水孔道，不够长的要接长，避免桥面流水沿梁侧流泻。

②泄水管损坏要及时修补，接头不牢已掉落的要重新安装接上，损坏严重的要予以更换。

③引水槽已破裂的要重新修理，长度不足时应予以接长。当槽口太小，不能满足排水需要时要扩大槽口重新修筑。

④桥面排水设施应畅通、完整。

4. 桥面铺装的养护与维修

应经常清扫桥面，保持桥面清洁完整和有一定的路拱。在雨后应随时将桥面积水扫到泄水管口予以排除，冬天结冰或在下雪后，应及时消除桥面上的冰块或积雪。严禁在桥面上堆置杂物或占为晒场等，以确保车辆过桥时行驶的安全。另外，桥面防水层如有损坏也要及时进行修理。

（二）桥跨结构的养护、维修与加固

1. 一般原则

①应在前节桥梁检查及评定的基础上，针对产生病害的原因进行。

②应充分发挥原有结构的承载能力，并选择投资少、工效快、尽量不中断交通、技术上可行且有较好耐久性等的方法进行。

2. 裂缝的修补

实际混凝土桥梁结构中裂缝的成因多种多样，然而不管何种裂缝，只要其裂缝宽度超过规范的限定值，都将影响桥梁结构的耐久性，甚至会降低桥梁的承载能力。因此，在桥梁养护工作中，应充分重视裂缝的修补。

（1）钢筋混凝土桥梁的裂缝修补

目前修补裂缝的材料主要有两大类，即水泥（砂）浆和高分子化学材料。

①水泥砂浆通常用高标号干硬性水泥配制，适用于缺少修补机具的工程。

当裂缝宽度较小时，通常用水泥浆修补；当裂缝宽度大于 0.4mm 时，一般用水泥砂浆修补。施工时先采用凿毛、喷砂或钢丝刷拉毛等方法清除原构件混凝土的松散组织或石料的风化及破裂部分，并沿裂缝长度凿成 V 形槽口，用高压气枪或水枪冲洗吹干，然后用水泥（砂）浆人工用力挤压填缝，同时加强养护。当采用机械灌浆时，水泥浆的水灰比一般不宜小于 1.6，方法与化学材料灌浆类似。

②高分子材料灌浆修补裂缝时用的材料，一般以环氧树脂为主，其黏结力强、稳定性好、收缩性小、耐腐蚀且可灌性好，适合于宽度在 0.1 ~ 0.4mm 的裂缝修补工作。

（2）对砖、石、混凝土拱桥的裂缝修补

①勾缝处理；②用横向钢板加固；③使用压注水泥砂浆进行修补，或做镶面石或设置混凝土帮面、帮圈来加固；④严重部位必须进行翻修。

3. 钢筋混凝土梁桥主梁加固

桥梁梁式构件的加固方式很多，当前比较成熟且应用较广的技术有：增加构件截面法、粘贴加固法、施加体外预应力加固法、增加构件加固法、改变结构体系加固法及综合改造加固法等。

（1）增加构件截面法

增加构件截面法又可分为增加主筋补强加固和增加混凝土截面补强加固两种。

①增加主筋补强加固适用于构件抗弯承载能力不足且桥下净空受限而不宜加大截面高度，甚至桥面标高也不许提高的情况。

其加固要点如下：

a. 增焊主筋。首先凿开梁肋下缘混凝土保护层，露出主筋，将原箍筋切断并拉直，再将新增主筋焊在原主筋下缘。为减小温度应力，采用断续双面施焊，并从跨中向支点逐渐施焊。

b. 接长箍筋、恢复混凝土保护层。新增主筋焊好后可接长箍筋并重做混凝土保护层。新保护层宜采用环氧砂浆（或混凝土）或膨胀水泥砂浆（或混凝土），并用涂抹法或压力灌注法施工。

②增加混凝土截面补强加固又可采用两种方式：其一是加厚桥面板；其二是增大主梁梁肋的高度和宽度。

a. 当采用加厚桥面板补强加固时，先将原有桥面铺装层凿除，在桥面板上浇筑新的钢筋混凝土补强层，使其与原桥跨结构形成组合断面，以增强抗弯刚度而达到补强效果。该法虽施工简便，但增加了结构物的自重，并未真正加强下缘受拉区，因此仅适用于跨径较小的 T 梁桥或板梁桥。

b.增大主梁梁肋高度和宽度通常在加大的下缘混凝土中加设主筋,并且为避免因起吊主梁加固而增加施工难度,在靠近梁端部位仍保持原貌,与加大部分作一斜面过渡。

（2）粘贴加固法

粘贴加固法是采用环氧树脂胶液把钢板、钢筋或玻璃钢粘贴在结构的受拉边缘或薄弱部位。20世纪60年代以来,该法在国内外得到了广泛的应用,取得了较好的效果。

粘贴加固设计方法与前述增加截面加固设计类似,即原有构件承受恒载与活载,增加的黏结件（钢板、钢筋或玻璃钢）承受原有构件承受不了的那部分活载。

（3）施加体外预应力加固法

该法是在原梁体外受拉区域设置预应力筋,通过张拉时梁体产生偏心预压力,以此来减小荷载挠度,改善结构受力状态。

按预应力施加方式的不同,一般有横向收紧张拉法、纵向张拉法等几种方法。

①横向收紧张拉法的具体施工程序为:

a.粘贴锚固钢板;

b.焊接拉杆粗钢筋;

c.安装张拉装置;

d.预张拉;

e.张拉;

f.防护处理。

②纵向张拉补强加固的施工工艺一般为:

a.凿开梁端桥面铺装,在梁端顶部按设计斜度凿出锚固槽。

b.钻孔。在锚固槽内沿梁腹板侧壁方向按设计斜度钻两个平行的孔洞。

c.粘贴梁端锚固垫板和梁底的短柱支座垫板。

d.安装拉杆钢筋。拉杆分水平段及弯起的锚固段两部分,各拉杆的松紧度应调整一致。

e.张拉。每片梁上的几根拉杆应保持均衡张拉。

f.封锚。用防水砂浆或环氧砂浆填入锚固槽封锚。

g.防护处理。

不论采用哪一种方式对拉杆施加预应力,预应力拉杆均外露在结构外表,拉杆的锈蚀、梁下支撑的位移等都会影响到补强效果,特别是采用横向收紧张拉法施工时,撑棍的变形、锁紧螺栓在行车振动作用下可能发生的松动等,都会使拉杆中的预应力值受到损失,从而降低补强效果。

对比,除了严格各工艺过程的施工质量外,要认真做好防护处理,并须进行定期检查,加强维修。

（4）改变结构体系加固法

改变结构体系的方法可以有多种,例如在原简支梁桥孔内增设桥墩或斜撑,以减小原结构的跨径,将简支梁体系转换为连续梁体系等。

采用改变结构体系方法进行技术改造时,必须进行认真的计算并采取相应的措施。

例如在简支梁跨中增设支点时，应验算新增支点处由负弯矩产生的拉应力，并根据应力大小增加配置梁（或板）的上缘钢筋。此时也可考虑利用原结构。上缘的架立钢筋等承受部分负弯矩；也可按不产生负弯矩的原则选择支点位置，或者使新支点处产生的活载负弯矩与未增设支点前该处之恒载正弯矩接近，否则就有可能造成主梁上缘的开裂。

3.拱桥的养护、维修和加固

（1）砖、石拱桥的养护与维修

①修理防水层。为防止渗漏，砖、石拱桥均应做防水层。如发现没有防水层或防水层损坏失效时，应挖开拱填料重做或在桥面上加铺沥青路面，防止桥面水渗漏。

②保护面层不使风化。砖、石拱桥要注意灰缝的保养，如果有脱落应及时修补，如砖、石有风化剥落，可喷刷一层 1～3cm 的 10# 以上的水泥砂浆。喷浆应分 2～3 层喷注，每隔 1～2d 喷 1 层。必要时，可加布一层钢筋网，以增加喷涂层的强度。

③压浆法修补砖、石拱桥。砖、石拱桥一经开裂，往往容易发展，从而危及桥梁的使用与安全，这时可用压注水泥砂浆或其他化学浆液的方法进行修补。

（2）砖、石拱桥的加固

砖、石拱桥的加固一般通过拱圈的加固来实现。拱圈可以用增加厚度和横向联结系或设置新加结构的方法来加固。

（3）双曲拱桥的维修加固

①黏结钢板加固拱肋法。为加固双曲拱桥拱肋强度，可以在拱肋表面清理整洁后，用环氧类砂浆黏结钢板的方法来提高其承载能力。在拱圈产生裂缝或承载能力不足时，采用该法加固效果明显。黏结钢板的位置主要置于拱肋截面下，可用成条整板（或分块焊接）在拱圈弧形范围内间隔黏结。通常可视具体情况选定尺寸，钢板厚度宜用 4～10mm，过厚时施工比较困难。

②螺栓钢板结合加固拱肋法。此法与前述利用钢板加固拱肋的方法基本目的相同，但不是单纯依靠粘贴，而是除了利用胶黏剂之外，再按一定间距凿孔并埋入螺栓。然后将钢板预钻孔对准预埋件位置穿入并以螺帽紧固。这种做法拱肋凿孔比较费劲，埋设位置不易准确，因此，钢板钻孔要留存余量，若采用椭圆形孔或扩大孔径，方可减少对位时的麻烦。

③粘贴钢筋加固法。此法施工与前述方法基本相同，但所采用的是钢筋加固件。从实际情况看，此法与钢板粘贴法相比，具有与结构物黏附性能好、加固成型容易、补强效果更为显著的特点。

④扩大拱肋截面加固法。此法是通过采用钢筋和混凝土外包加大原拱肋，从而达到扩大拱肋截面尺寸的目的。增加拱肋断面的含筋率或变无筋拱肋为有筋拱肋，提高拱肋抗弯刚度的一种加固方法。其作用明确，效果显著，应用也较广泛。

⑤增设拱肋加固法。可在原每条或有的拱肋下新加拱肋，也可在原桥最外侧两拱肋旁新增拱肋并加强横向联系。

⑥调整拱上自重，改变结构体系加固法。

⑦顶推加固法。顶推的基本做法是在一端桥台的拱脚处安装顶推装置，将拱肋自拱脚向跨中方向顶推，使两拱脚间已发生的相对位移减小甚至完全消除，以减轻或消除因桥台位移对上部结构产生的危害。

（三）支座的维修与加固

桥梁支座在其遭受损坏、作用不能充分发挥时，将会使桥梁上、下部结构受到不利的影响。因此，必须经常注意进行养护与维修，发生损坏时要及时、慎重地制订维修加固计划，给予修补。支座的维修与加固，由于工期要求较短，又是在施工较为困难的部位，故应充分研究所采用的维修与加固措施及所采用的材料机具设备等，以便能够迅速、可靠地进行修补。

1. 支座的养护工作

①支座各部分应保持完整、清洁，及时扫除垃圾，冬季清除积雪和冰块，保证梁跨自由伸缩。

②在滚动支座滚动面上要定期涂一薄层润滑油，在涂油以前，必须先用钢丝刷或揩布把滚动面揩擦干净。

③为了防锈，支座各部分除钢辊和滚动面外，其余都要涂刷油漆保护。

④对固定支座应检查锚栓坚固程度，支承垫板要平整紧密，及时拧紧结合螺栓。

2. 支座的维修加固

（1）支座有缺陷或发生故障时，应及时进行维修或更换，并符合下列要求：

①滚动面不平整，轴承有裂纹、切口以及个别辊轴大小不合时，必须给予更换。

②梁支点承压不均匀时，应进行调整。调整时可采用千斤顶把梁上部顶起，然后移动调整支座的位置。在矫正支座位置以后，降落上部构造时，为避免桥孔结构倾斜，应徐徐下落，并注意千斤顶的工作状态是否均衡，同时调整顶升用木框架的楔子，以保证上部结构能恢复原位。

③支座座板翘起、扭曲、断裂时应予以更换或补充，焊缝开裂应给予维修加固。支座更换时也可采用前述顶升法施工。

④支座如须抬高时，可根据抬高量的大小选用：

a. 垫入钢板（50mm 以内）或铸钢板（50 ~ 300mm）；

b. 更换为橡胶板支座；

c. 就地灌注高强钢筋混凝土垫块，厚度不小于 200mm。

（2）油毡支座因损坏、掉落而不能发挥作用，摆柱式支座工作性能不正常，有脱皮、露筋或其他异常情况发生的，以及橡胶支座已老化、变质而失效时，都须实施调整并维修加固。

（3）钢辊轴式支座辊轴（或摇轴）的实际纵向位移应与计算的正常位移相符，如实际纵向位移大于允许偏差或有横向位移时应加以矫正。

实际纵向位移量可实地量测辊轴中心线与垫座中心的距离，削扁辊轴及摇轴也可测量其倾斜角。辊轴两端距底板边缘实测距离不相等时，说明辊轴有倾斜或者底板不正。

（四）墩台基础的养护、维修与加固

1. 墩台基础的养护

（1）桥梁上下游各1.5倍桥长，但不小于50m和不大于500m的范围内，应做到：

①河床要适时地进行疏浚，每次洪水过后，应及时清理河床上的漂浮物和沉积物，使水流顺利宣泄；

②严禁任意修建对桥梁有害的水上建筑物，必须修建时，应采取必要的桥梁防护措施。

（2）墩台表面必须保持清洁，要及时清除青苔、杂草、荆棘和污秽。

（3）圬工砌体长期受大气影响、雨水侵蚀而发生灰缝脱落，应重新勾缝。

（4）混凝土表面发生侵蚀剥落，蜂窝麻面等病害应及时将周围凿毛洗净，用水泥砂浆抹平。

（5）圬工砌体镶面部分严重风化和损坏时，应予以更换。用石料或混凝土预制块补砌，要求结合牢固。色泽和质地与原砌体基本一致。

（6）梁式桥墩台顶面没有流水坡或坡面凹凸不平、有裂缝时，应及时铺填水泥砂浆或混凝土做成横向坡度以利排水。

养护是为了使结构物保持完整、牢固、稳定、不发生倾斜，并减少行车震动和基础冲刷。

2. 墩台的修理与加固

（1）圬工砌体墩台如表面风化剥落，深度在3cm以内的，可喷刷10号以上的水泥砂浆修补；如损坏面积较大，深度超过3cm的，须浇筑混凝土层予以裹覆。

（2）当墩台出现变形，应查明原因，采用下列针对性措施：

①因为桥台台背填土遇水膨胀而变形，应挖去膨胀土，检修排水设施，填以砂砾土，修好损坏部位。

②由于冻胀原因，应挖去冻土，填以矿渣砂砾等，并封闭表面不使渗水，修好损坏部位。

③属于砌筑不良的，应凿去或拆除变形部分，重新砌筑或浇筑。

④由于砌筑填缝不实，墩台有空洞的，可择空洞部位附近开凿通眼，以压浆机压注水泥砂浆或环氧树脂修补。

（3）当墩台由于混凝土温度收缩、局部应力集中及施工质量不良等原因产生裂缝时，应视裂缝大小，分别采取下列措施：

①裂缝较小时，应以水泥砂浆封闭。

②裂缝较大时，应做好记录，观察其变化。如无发展，可扩缝灌以水泥砂浆或环氧树脂。

③石砌圬工出现通缝和错缝不足时，应拆除部分石料，重新砌筑。

④由于活动支座失灵而造成墩台拉裂，应修复或更换支座，并且处理裂缝。

⑤由于基础不均匀沉降而产生的自下而上的裂缝，应先加固基础，再视裂缝发展程度灌缝或加固墩台。

⑥裂缝已贯通墩台，可用钢筋混凝土围带或钢箍进行加固。

（4）墩台发生水平位移和倾斜时，应分析原因，按照具体情况确定加固方案。

①梁式桥台背土压力大，造成桥台向桥孔方向位移，可采取下列方法加固：

a. 挖去台背填土，加厚桥台胸墙，更换内摩阻角大的填料，减小土压力。

b. 小跨径简支梁桥可在台间加设钢筋混凝土支撑梁，顶住桥台，以平衡台后土压力。

②当拱桥桥台产生位移和转动时，可选择下列加固方案：

a. 在桥台两侧加厚翼墙，翼墙与桥台牢固结合为一整体，增加桥台横断面尺寸和自重，借以抵抗水平推力。

b. 当桥台的位移转动尚未稳定时，可在台后增设小跨引桥和增设摩阻板。以制止桥台继续沉降位移。

③桩式墩台，如结构强度不足或桩柱有被碰撞折断等损坏，在基桩承载力许可条件下可采用下列方法修理加固：

a. 桩柱式墩台结构的整体稳定性不足时，可采用加固整个桩柱式墩台的方法，即在桩或柱间用槽钢或角钢作横、斜撑联结，以增强整体性和稳定性，钢板箍和横夹板（用槽钢或角钢）用螺栓拧紧，斜夹板可用电焊接合。盖梁如强度不足，也可盖梁下加横向夹梁，用螺栓拧紧，予以加强。

b. 迎水侧桩、柱被船只或流冰等碰撞损伤，以致折断，可视情况采用下列修理方法：

将损伤或折断的桩柱，凿除松动部分混凝土，添加必要的钢筋，立模浇筑混凝土按原式修复。施工时可在伤柱两侧加设临时支撑。也可以在桩柱损伤处，将原混凝土凿毛，外面加设钢筋混凝土围带，使损伤部位得以加强。

（五）桥梁结构钢筋锈蚀的处置

①凿除剥落、松脱等已损坏的部分混凝土，使钢筋全部露出。

②用钢丝刷对钢筋作除锈处理，必要时在除锈后对钢筋作防锈处理。

③在清除好的混凝土与钢筋表面涂上环氧树脂等黏结剂。

④用新的混凝土或砂浆填补，也可用环氧砂浆、环氧混凝土或者其他防腐蚀材料来修补。

⑤对新浇筑的混凝土作表面处理，以防止混凝土表面重新碳化。

（六）涵洞的养护、维修与加固

1. 日常检查

（1）涵洞的位置是否恰当，孔径是否足够，洞内有无淤塞、冲刷。

（2）涵洞有无开裂，填土有无沉陷。涵底涵墙有无漏水，八字翼墙是否完整。

（3）进水口是否堵塞，沉砂井有无淤积，洞口铺砌有无冲刷脱落。

（4）涵洞内有无积水，洞内是否有冻裂。

2. 养护与维修

（1）砖石涵洞

砖石涵洞的表面如发生局部风化、轻微裂缝及砖灰缝剥落等现象，应用水泥砂浆勾缝或修补封面。洞顶漏水时必须挖开填土，用水泥砂浆或石灰砂浆修理其损坏部分，并且衬砌胶泥防水层。

（2）混凝土管涵和四铰涵管

混凝土管涵的接头处和四铰涵管铰点接缝处发生填缝脱落时，应用干燥麻絮浸透沥青后填实，不宜用灰浆抹缝，以免再次碎裂脱落。

（3）压力式管涵

压力式管涵进水口周围的路堤应保持坚固。每次水淹以后，要检查有无洞穴缺口或冲刷现象，并及时进行修补。

（4）倒虹吸管

倒虹吸管在长期流水压力作用下容易破裂漏水，导致路基软化，应注意检查。如虹顶路面出现湿斑，应及时修理。

洞底铺砌层、洞口上下游路基护坡，引水沟、泄水槽、窨井和沉砂并发生变形或沉陷时，均须及时修理。

3. 涵洞的加固

（1）圬工拱涵

圬工拱涵的加固，通常可采用拱圈上加拱的方法。如属高填土而拱涵净空较大时，可采用拱下加拱的方法加固。

（2）钢筋混凝土盖板涵

钢筋混凝土盖板涵的加固，除加固涵台外，可将原盖板面凿毛，洗刷干净，再浇筑混凝土或钢筋混凝土。

（3）石盖板涵

石盖板涵或直径 1m 以下的混凝土管涵，在 3m 以上高填土地点，一般不用加固亦可承受较大的载重。如填土在 3m 以内，石箱涵可考虑在行车道部分更换较厚的盖板。混凝土管涵可在管外加筑一层混凝土套壳，予以加固。如石箱涵更换较厚的盖板有困难时可在涵台上面加一层石料作成悬臂式，以减小跨径。

4. 涵洞八字墙修补

涵洞进、出水口的八字墙或者一字墙出现破损的，可利用水泥砂浆和片石等材料进行修补，恢复原貌。

5. 涵洞基础局部冲刷悬空的处置

涵洞基础局部冲刷悬空时必须立即修补，用片石混凝土填实，一般应比原基础加宽 10 ~ 20cm，并修复或增设洞口、洞底铺砌层和端部截水墙。

6. 涵洞洞口洞底铺砌层破损处置

①普通的破损按原结构修复；

②破坏较为严重，且有漏水现象时，应按原结构先修复破损处，再用厚度为3cm的水泥砂浆抹面。

7. 涵洞砖、石、混凝土端墙和翼墙外倾、鼓肚或倾斜的处置

①因为填土夯实不足而沉落挤压，或填土中水分过大土压力增大而造成的外倾或鼓肚，应挖开填土，修理外倾或鼓肚部分，更换填土，回填夯实。

②因为基础不均匀沉陷而发生倾斜时，应先处理基础，一般可采用更换土壤或扩大基础的方法加固，然后再修理倾斜部分。

8. 涵洞砌体勾缝松动、脱落的处置

①凿掉破损勾缝。

②凿毛结合处的旧勾缝。

③修补部分必须刷洗干净。

④按原结构修补，并注意材料质量和施工质量，保证坚固。

9. 涵洞砌体出现开裂、小洞穴的处置

①砌体尚未发生变形时，先将洞穴的疏松部分凿除，冲洗干净，用压注法把水泥砂浆或混凝土注入洞穴内填补密实，再修补勾缝。

②砌体已局部变形时，应将变形部分拆除，先处置洞穴，按原结构修复，再修补勾缝。

③砌体的某个部位（拱圈、一侧涵台）已严重变形，已成险涵时，应拆除后按原结构修复，并注意做好施工中的安全措施。

10. 涵头跳车的处置

涵头跳车是因涵顶两端或涵顶填土沉涵造成的，应分情况进行处理：

①路面轻度下沉，基层和土基较密实稳定时，可只加铺面层，采用原面层材料修理平整。

②因沉陷已造成面层和基层都已出现破损现象，但土层尚稳定时，可重做基层，并调整平锥度，再铺面层。

③土基下沉，路面破损较严重时，必须先处理土层，再重铺基层和面层。

11. 涵洞裂缝的处置

①停止发展的裂缝，将裂缝附近凿开并洗刷干净，用水泥砂浆修补密实、平整。

②裂缝较深时，冲洗干净后把水泥砂浆压注缝内，并修理平整，必要时压注环氧砂浆。

12. 仍继续发展且危及涵洞和行车安全的裂缝的处置

①拱涵基础已不再下沉，墩台完好，仅拱圈裂缝严重并且继续发展时，应拆除并重建上部。

②墩台已变形时，应拆除拱圈，先加固墩台，再重建上部。

13. 汛期前桥涵检查

①在雨季前加强对桥涵的检查，尤其是尚未加固维修的危桥、危涵。

②重点检查桥台、桥墩、涵台等下部结构，发现下沉、倾斜、鼓肚、基底掏空、破损等病害的，要及时报告上级部门，避免汛期时发生安全事故。

四、桥梁维修与加固技术

（一）桥梁加固技术

1. 混凝土裂缝修补

（1）一般规定

①先清除裂缝表面的灰尘、浮浆、松散层等污物，再将裂缝两侧各 30mm 范围的混凝土表面擦拭干净并保持干燥。

②注入座的注入孔应正对裂缝，裂缝分岔处应设置注入座。注入座沿裂缝每米至少设置 3 个。

③用封口胶沿裂缝每侧密封宽 25mm，厚度应 ≥ 3mm，宜一次完成，尽量避免反复涂抹。

④注入材料固化后，应当敲去注入器，打磨平整或将封口胶补平。

⑤灌缝胶内不得混入水、灰尘或其他杂质。除非使用可在水下使用的灌缝胶，否则，灌缝前裂缝内不得有水。

⑥注入器的连接端应牢固安装在注入座上，若注入器内的灌缝胶全部注入裂缝内，说明该处裂缝尚未注满，应进行补灌，直至注满为止。

⑦施工过程中应保证注入器始终处于压力状态。

（2）质量验收

①所采用灌缝胶的主剂、硬化剂及注入器等材料应符合现行国家材料标准的规定和设计要求，并附有材料检验合格证明和产品鉴定文件，经抽样合格后方可使用。

②灌缝胶的主剂、硬化剂应做到配料准确、拌合均匀，不得混入水、灰尘或其他杂质。胶材经调配后放置时间若超过了使用时限，不得使用。

③在灌缝胶调配过程中，每 50kg 抽样检测一次，不足 50kg 按 50kg 计。

（3）外观鉴定

裂缝修复后应密实，不允许出现裂缝和脱落现象。

2. 粘贴钢板加固混凝土

（1）一般规定

①加固混凝土构件的结合面应打磨平整，用钢丝刷将表面刷毛或用喷砂技术处理表面，再用压缩空气清除浮尘。对混凝土表面出现剥落、疏松、蜂窝和腐蚀等现象的部位应予以凿除，面积较大时，在凿除后应用聚合物水泥砂浆修复平整。粘贴前用丙酮擦洗

干净。

②龄期在三个月内的混凝土构件，应该在表面清理后用稀盐酸涂刷至表面起泡为止，20 分钟后用清水洗净。

③对于湿度较大的混凝土构件或龄期在三个月内的混凝土构件，须进行人工干燥处理。

④钢板粘贴面应先除锈、打毛，用丙酮擦净后随即安装。

⑤粘贴面钢板焊缝应打磨平整。

⑥锚固螺栓安装位置应准确。

⑦根据设计要求，先在混凝土构件的锚固螺栓安装位置钻孔，然后用压缩空气清孔，填入环氧树脂胶泥，安装锚固螺栓，环氧树脂胶泥达到强度后方可安装钢板。锚固螺栓的钻孔不得碰伤原混凝土构件的受力钢筋。

⑧钢板周围用环氧砂浆或专用材料密封，以防止灌注时渗漏。

⑨采用干式粘钢时胶黏剂涂抹应均匀、刮平，避免粘贴时形成气泡，随即将钢板条贴在混凝土面上，展开加压使钢板密贴在混凝土表面。

⑩采用灌注式粘钢时胶黏剂应按由下往上的顺序进行灌注，灌注压力应不小于设计要求。

（2）质量验收

①钢板、锚固螺栓和胶黏剂应符合设计要求和现行国家或行业材料标准的规定，并附有材料检验合格证明和产品鉴定文件，经抽样检验合格后方可使用。

②胶黏剂应做到配料准确、拌合均匀，严禁混入水、灰尘或其他杂质。胶材经调配后放置时间若超过了使用时限，不得使用。

③在胶黏剂的调配过程中，每 100kg 抽样检测一次，不足 100kg 按 100kg 计。

④钢板有效粘贴面积应大于总粘贴面积的 95%。

⑤在混凝土裂缝两侧 10cm 范围内，钢板不应有顺混凝土裂缝方向的焊缝。

⑥钢板安装时，应在锚固螺栓上先安装垫片，保证钢板与混凝土之间的间隙满足设计要求。

⑦钢板防腐应满足设计要求。

（3）外观鉴定

①钢板不得有锈蚀，防锈漆均匀。

②钢板与混凝土梁黏结紧密，不得有空隙。

3. 植筋

（1）一般规定

①钻孔宜用电锤成孔，比如钻孔与构件中的原有钢筋相遇，可适当调整孔位避开。

②钻孔的直径为 d+（4 ~ 8）mm，d 为钢筋直径。

③钻孔完毕后，检查孔深和孔径，如满足要求，用内压缩空气及毛刷等将孔内灰尘清理干净。

④植筋前应保持孔内干燥，混凝土含水量不允许超过5%或设计要求，且应将孔口临时封闭。

⑤钢筋或螺杆表面的铁锈、油污应清除干净。

⑥施工现场温度低于5℃，时应使用适用于低温条件下的特殊黏结剂或采取加温处理措施；如果气温长期低于5℃，应暂时停止施工。

⑦植筋时，应保证孔内植筋胶填充饱满。

（2）质量验收

①胶黏剂应符合设计要求和现行国家或行业材料标准的规定，并附有材料检验合格证明和产品鉴定文件，经抽样检验合格后方可使用。

②胶结剂性能指标应符合相关规范的规定。

③胶黏剂应做到配料准确、拌合均匀，不得混入水、灰尘或其他杂质。胶材经调配后放置时间若超过了使用时限，不得使用。

④胶黏剂调配过程中，每100kg拌合物应取样检测一次，不足100kg按100kg计。

⑤植入钢筋的外露长度应保证能满足有关规范中关于钢筋搭接长度的要求。

⑥植筋的拉拔强度应满足设计要求。

⑦植筋胶固化前不得扰动钢筋。

⑧钻孔不得切断原结构的钢筋。

⑨植筋的平面位置偏差应满足设计要求，如果因无法按照设计位置植筋且调整位置会导致偏差较大，则应进行验算或修改设计。

（3）外观鉴定

不得有废孔。

4.粘贴碳纤维加固混凝土

（1）一般规定

①加固混凝土结构构件的结合面应满足以下要求：

a.当混凝土构件结合面有松散层时应先凿除，有污物时，应先用非金属砂喷砂吹除，或用硬毛刷粘高效洗涤剂刷除表面油垢，然后对黏合面进行打磨，直至露出坚硬面，并用压缩空气吹除粉粒，待完全干燥后再用丙酮擦拭表面；结合面平整度不满足要求时用找平胶整补。

b.如果混凝土结合面较为干净，可直接打磨黏合面，去掉表层，用压缩空气除去粉尘，完全干燥后用丙酮擦拭表面即可。

c.龄期在三个月内的混凝土构件，因为水泥水化时生成的$Ca(OH)_2$碱性很强，须先用钢丝刷将表面松散浮渣刷去，再用硬毛刷沾洗涤剂刷洗表面，然后用浓度10%左右的稀盐酸涂刷至表面起泡，待20分钟后再用清水洗净。

d.对于湿度较大的混凝土构件或龄期在三个月内的混凝土构件，除满足上述要求外，还须实施人工干燥处理。

e.若补强构件结合面有尖锐棱角，须将棱角磨成圆弧面，圆弧半径不小于20mm；

补强的构件存有凹角时，则须使用不低于被补强混凝土强度的环氧树脂砂浆进行修整，使其平整。

f.混凝土表面的孔隙、蜂窝，要用不低于被补强混凝土强度的环氧树脂砂浆进行修补，露筋部分要先进行防锈处理。

g.底胶应均匀涂抹于混凝土表面，厚度不宜超过 2mm，不允许有漏刷、气泡。如底胶硬化后有凸起部位时，应打磨平整并清理干净。

h.粘贴碳纤维布时，应在碳纤维表面沿同一方向反复滚压，使黏结胶充分浸润碳纤维布并除去气泡，使黏结胶充分浸润碳纤维布。

i.当施工现场气温低于 5℃时，应使用适用于低温条件下的特殊黏结剂或采取加温处理措施；如果气温长期低于 5℃，应暂时停止施工。

（2）质量验收

①用于碳纤维加固工程的底胶、整平胶、黏结胶和碳纤维布应符合现行国家材料标准的规定和设计要求，并且附有材料检验合格证明和产品鉴定文件，经抽样合格后方可使用。

②黏结胶性能指标应满足相关规定和设计要求。

③底胶、整平胶和黏结胶应做到配料准确、拌合均匀，不得混入水、灰尘或其他杂质。胶材经调配后放置时间若超过了使用时限，不得使用。

④施工过程中，调配好的底胶、整平胶和黏结胶，按碳纤维工程每 100m^2 取样制作一组试件，不足 100m^2 时按 100m^2 计。

⑤粘贴碳纤维前，混凝土表面不得有水渍或灰尘，并且不得有较尖锐或较高的隆起。

⑥碳纤维应平整顺直，不应有物理划痕。

⑦碳纤维与混凝土之间应黏结紧密，如果有效粘贴面积低于总粘贴面积的 95%，则属黏结无效，应重新施工。

⑧施工后的 24 小时内，应防止雨淋和灰尘污染。

（3）外观鉴定

碳纤维与梁体黏结紧密、平整。

5.体外预应力加固法

（1）一般规定

①体外预应力施工应由获得有关部门批准的预应力专项施工资质的施工单位承担。施工前，专业施工单位应根据设计图纸，编制预应力施工方案。当设计图纸深度不具备施工条件时，预应力施工单位应予以完善，并经设计单位审核后实施。

②预应力筋张拉机具设备及仪表，应定期维护和校验。张拉设备应配套标定，并配套使用。张拉设备的标定期限不应超过半年。当在使用过程中出现反常现象时或在千斤顶检修后，应重新标定。

③千斤顶、油表、钢尺等器具应当经检查校正。

④预应力筋展开后应平顺，不允许有弯折，保护层完好，表面不应有裂纹、小刺、

机械损伤、氧化铁皮和油污。

⑤锚具、夹具和连接器的进场检验须进行静载试验，材质、机加工尺寸须按出厂检验报告中所列指标进行核对。

⑥主要金属部件的检查在张拉前进行，预应力筋用锚具、夹具和连接器使用前应进行外观检查，其表面应无污物、锈蚀、机械损伤和裂纹。

⑦锚固点、滑块、垫板的放样定位要准确。

⑧锚栓孔的孔位必须准确，孔眼顺直。

⑨支撑预应力索的托架安装应牢固，位置准确，为避免由于振动引起托架与预应力索的摩擦，托架与预应力索之间应采用柔软材料隔开。

⑩当预应力筋逐根或逐束张拉时，应保证各阶段不出现对结构不利的应力状态；同时宜考虑后批张拉预应力筋所产生的结构构件的弹性压缩对先批张拉预应力筋的影响，确定张拉力。

（2）质量验收

①预应力筋、锚具、夹具和连接器应符合国家有关标准的规定及设计要求，应并按要求抽取试件进行力学性能检验。除产品合格证外，还必须提供反映预应力筋主要性能的出厂检验报告。

②预应力筋的涂包质量应符合有关标准的规定。

③预应力筋检查数量：每 1t 为一批，每一批抽取一组试件。

④预应力筋应采用砂轮锯或切断机切断，不得采用电弧切割。

⑤预应力筋的定位应牢固。

⑥锚具固定应牢固可靠，植筋应该满足相关要求。

⑦张拉过程中预应力钢束断裂或滑脱的数量严禁超过同一截面预应力筋总根数的 0.5%，且每束钢丝不得超过一根，预应力钢筋不得出现断裂或滑脱。

⑧锚固阶段张拉端预应力筋的回缩量应符合设计要求。

⑨转向块和转向管的位置和尺寸必须满足设计要求。

（3）外观鉴定

锚具和预应力筋表面应清理干净，防腐层应涂刷完整、均匀。

6. 混凝土表层缺陷处理

（1）一般规定

①用混凝土材料进行缺陷修补，应使用比原结构强度指标高一级的混凝土，混凝土粗集料的粒径不宜大于 15mm。在施工条件受限时可采用自密实混凝土在修补前应对混凝土表面的蜂窝、空洞进行处理、凿毛，对已经生锈的钢筋进行除锈，并使旧混凝土表面保持湿润、清洁。

②桥梁构件表面出现深度较浅、小面积缺陷的修补，可采用水泥砂浆人工涂抹法进行修补，修补材料主要采用普通水泥砂浆或专用修补材料。

③当桥梁构件表面出现大面积浅层缺陷及破损时，可采用喷浆修补法。

④聚合物水泥砂浆适用于混凝土桥梁表面的风化、剥落、露筋及小面积的破损等缺陷的修补。聚合物水泥砂浆修补施工过程中，应避免振动。修补部位的聚合物砂浆终凝前，应采取保护措施，防止其表面受雨水、风及阳光直射的影响，并应及时养护。

⑤涂抹改性环氧砂浆（混凝土）修补前，应先在已凿毛的混凝土表面涂一层改性环氧基液，使旧混凝土表面充分浸润。

⑥立模浇筑改性环氧混凝土的工艺要求与浇筑普通混凝土基本相同，但应防止扰动已涂刷的改性环氧基液；浇筑时应充分插捣，反复压抹平整。改性环氧砂浆施工温度宜为（20±5）℃，高温或寒冷季节应采取有效措施控制施工温度。

⑦处于严重腐蚀环境下的混凝土桥梁，其混凝土表面可进行防腐涂装。选择防腐材料型号时，应综合考虑桥梁所处环境的温度、湿度及养护条件等因素，使用能有效抵抗外部因素与侵害侵蚀的、经检验符合国家有关标准要求的材料。

⑧混凝土桥梁涂装前应除去混凝土表面模板残渣、油污及杂物等，金属外露的锐边、尖角和毛刺应打磨圆顺。涂装前应使混凝土表面保持干燥、清洁。在混凝土表面处理检查合格后 4h 内进行施工。

⑨混凝土表层缺陷处理前应对生锈钢筋进行除锈，缺陷处理后宜在修补范围及周边涂刷渗透型阻锈剂。

（2）质量验收

①混凝土修补材料应符合设计要求和现行国家或行业材料标准的规定，并且附有材料检验合格证明和产品鉴定文件，经抽样检验合格后方可使用。

②桥梁混凝土缺陷修补完成后表面应平整，无裂缝、脱层、起鼓、脱落等。

③新旧混凝土界面的黏结应紧密、可靠。

④对浇筑面积较大的混凝土或砂浆，应预留强度试块。

（3）外观鉴定

①桥梁混凝土缺陷修补完成后表面应平整，无裂缝、脱层、起鼓、脱落、漏喷、流挂、针孔、气泡等。

②修补处表面与原结构表面色泽应基本相同。

7. 增大截面加固法

（1）一般规定

①在加固前应对原构件混凝土存在的缺陷进行清理至密实部位，将其表面凿毛或打成沟槽。沟槽深度不宜小于 6mm，间距不宜大于箍筋间距或 200mm。被包的混凝土棱角应打掉，同时应除去浮渣、尘土。

②原有钢筋应除锈，须进行钢筋焊接时，施焊前应采取措施避免烧伤混凝土。在原结构上植筋应符合相关要求，新增钢筋骨架应与锚筋连成整体。

③混凝土浇筑前，原构件混凝土表面应冲洗干净，并用新鲜水泥浆或其他界面剂进行处理。

④当增加的截面较小时，应严格控制粗骨料粒径。

⑤新浇混凝土应振捣密实并及时养护，运营中的桥梁加固宜采用早强混凝土，并通过加强现场养生措施提高混凝土早期强度的增长。

⑥受原结构限制，难以进行有效振捣时，宜使用自流密实混凝土。

⑦模板搭设、钢筋安置以及新混凝土的浇筑和养护，应符合现行国家标准《混凝土结构工程施工质量验收规范》的要求。

（2）质量验收

①新增混凝土的最小厚度，加固板时不应小于40mm，加固梁时不应小于60mm，用喷射混凝土施工时不应小于50mm。

②石子宜用坚硬耐久的卵石或碎石，其最大粒径不宜大于20mm。

③加固板的受力钢筋直径宜用6～8mm；加固梁的纵向受力钢筋适宜用变形钢筋，钢筋最小直径不宜小于12mm，最大直径不宜大于25mm。封闭式箍筋直径不宜小于8mm，U形箍筋直径与原有箍筋直径相同。

④加固的受力钢筋与原构件的受力钢筋的净距不宜小于20mm，并采用短筋焊接连接。箍筋应采用封闭箍筋或U形箍筋，并按照现行的国家标准对箍筋的构造要求进行设置。

a.加固的受力钢筋与原构件的受力钢筋采用短筋焊接时，钢筋的直径不应小于20mm，长度不小于5d（d为新增纵筋和原有纵筋直径的较小值），各短筋的中心距不大于500mm。

b.用单侧或双侧加固时，应设置U形箍筋。U形箍筋应该焊接在原有箍筋上，单面焊缝长度为10d，双面焊缝长度为5d（d为U形箍筋的直径）。

⑤纵向加固受力钢筋的两端应可靠锚固。

（3）外观鉴定

①混凝土表面平整，颜色一致，无明显施工接缝。

②混凝土不得出现蜂窝、麻面，如出现必须修整。

③裂缝宽度超过设计规定或设计未规定时超过0.15mm必须处理。

④封锚混凝土应密实、平整。

⑤梁体内的建筑垃圾、杂物、临时预埋件等应清理干净。

8. 斜拉索更换

（1）一般规定

①换索前应对桥梁进行详细检测，检测应包含下列内容：

a.索力变化以及设计值的偏差。

b.梁、塔的变位、内力变化及与设计值的偏差。

c.防护体系损坏程度，拉索及锚固系统锈蚀程度及具体部位、钢丝断裂状况、拉索的损坏程度。

d.锚固区附近以及全桥其他构件混凝土损坏情况。

e.测量桥面控制点高程随温度的变化情况，分析桥面高程随温度变化的规律。

②换索施工应该在索塔、主梁及锚碇缺陷修复、加固完成后进行。

③换索施工应符合下列规定：

a. 换索前，应检查新旧索工具锚口是否匹配。

b. 对换索过程进行结构分析计算，确定合理换索顺序，控制结构内力在允许范围内。严格按设计或施工监控给定的换索顺序换索，并严格控制换索区内的荷载。

c. 调整索力时，宜避开日照对结构的影响，并避开交通量高峰时段。

④换索施工时应对桥上交通实行三限（限载、限量、限速），必要时应短暂中断交通。换索期间严禁将多余的机具、设备、材料、杂物等堆放在换索区域内。换索施工应严格执行设计规定的程序及工艺要求，对梁、塔的变形和相邻索索力变化应进行全面监测。

⑤卸索时应严格控制索力，分级同步卸载，分级荷载级差按设计要求进行。

⑥卸索时应记录锚具大螺母松开时的千斤顶油表读数，并进行两次放张，满足设计要求后方可卸索。

⑦卸索过程中，应全过程跟踪观测梁顶高程的变化，并与理论监控计算值进行比较，如有异常，应立即停止卸索，待查明原因并处理后方可继续施工。

⑧拉索张拉的顺序、级次和量值应按照设计规定和监控要求执行。拉索张拉可于塔端或梁端单端进行。平行钢丝拉索应整体张拉。

⑨拉索更换后，应立即在拉索铜套管处采取有效密封措施。拉索锚具在梁内及塔上的外露部分应予以防护。

⑩换索过程监测应符合下列规定：

a. 对影响范围内梁体的高程和索塔位移应进行四阶段桥面高程监测（梁体高程可采用桥面高程代表），分别为换索前、卸索张拉、索力调整完毕。桥面高程监测可采用精密水准仪，为防止日照等对高程的影响，宜在夜间及温度趋于稳定时段进行观测。

b. 必须跟踪测试被换拉索前后 3 ~ 5 组拉索索力，并与理论计算值进行比较。

c. 换索过程中应监测主梁、索塔混凝土应变及裂缝变化情况。

d. 换索工程竣工后，应对全桥拉索的索力及主梁高程进行测定，以检验换索效果，并作为验收的依据。

（2）质量验收

①镀锌钢丝、锚头锻钢材料的各项性能指标应符合设计要求和现行国家或行业材料标准的规定，并附有厂家所提供的材料检验合格证明及产品鉴定文件，经抽样检验合格后方可使用。

②斜拉索安装前均应做 1.3 ~ 1.5 倍设计荷载的预张拉试验，锚板回缩量不大于6mm，试验后锚具完好。

③斜拉索成品出厂前须做放索试验。

（3）外观鉴定

①斜拉索表面应密实光滑，无畸形，颜色一致。

②斜拉索表面无碰伤或擦伤。

③锚头无伤痕、锈蚀。

9. 桥面铺装层更换

（1）一般规定

①应采用人工或小型破碎镐凿除原桥面铺装层，避免破坏桥面板，然后再凿去部梁顶面混凝土，约 2cm 左右，并且使表面粗糙，形成齿状，箍筋外露。

②对结合面进行适当处理，清洁表面并保持湿润。

③采用干硬性混凝土，使用免收缩补偿剂或纤维混凝土浇筑铺装层，以养活新浇筑混凝土的收缩，养活新旧混凝土之间产生的差动收缩力，提高补强效果。

④新浇混凝土应振捣密实并及时养护，运营中的桥梁加固宜采用早强混凝土，并通过加强现场养生措施提高混凝土早期强度的增长。

⑤空心板间铰缝或箱梁湿接缝混凝土破损时，应凿除已破损的混凝土，使表面整洁粗糙，按设计要求植筋和布置钢筋，并浇筑混凝土。

（2）质量验收

①桥面铺装凿除时，必须采用轻型凿除设备，严禁梁板被破坏；梁板间不允许有混凝土废渣残留；严禁混凝土废渣和水进入梁板内部。

②水泥混凝土桥面的基本要求同水泥混凝土路面。

③在桥面铺装施工前，应对梁板逐片检查，并对已损坏的梁板、横向连接、预留钢筋等进行修复，梁板顶面混凝土破损凿除部分也可与桥面混凝土补强层同时浇筑，并做好记录。

④严格按规定恢复桥面防水层。

⑤桥面泄水孔进水口的布置应有利于桥面和渗入水的排除，其数量不得少于设计要求，出水口不得使水直接冲刷桥体。

⑥桥面铺装应与伸缩装置结合良好，维持平整。

（二）支座和伸缩装置更换

1. 一般规定

（1）更换支座施工应符合现行《公路桥涵施工技术规范》的相关规定。新支座的构造应符合设计要求及相关行业规定。

（2）整体更换支座施工方案，应通过计算确定更换支座的批次，顶、落梁的位移量及工序。

（3）顶升梁体的临时支架应满足强度、刚度及稳定性要求。

（4）梁的顶升和落梁应按设计要求进行。宜临时封闭交通。

（5）支座更换时应依据环境温度进行支座偏移量的验算，并宜选择在有利的温度和条件下施工。

（6）测量原支座和新支座的高度差，调整施工保证梁体、桥面高程符合加固设计要求。

（7）简易支座及橡胶支座的更换。

①简易支座更换。更换支座时，应该将梁板顶升脱离墩、台帽并临时支撑。清除破

损支座垫片，换成新橡胶支座。

②板式橡胶支座的更换。

a.检查、处理原支座垫石的缺陷，使结构完好，顶面高程及平整度符合设计要求。

b.按设计要求放置橡胶支座，支座中心线应与支承垫石中心线重合。

c.弯、坡、斜桥的支座垫石高程应按桥梁纵横坡要求逐个进行核算。

③盆式橡胶支座的更换。

a.支座组装时其底面与顶面的钢垫板应埋置密实。垫板与支座间平整密贴，支座四周不得有 0.3mm 以上的缝隙。活动支座的四氟板和不锈钢板不得有刮痕、撞伤。氟丁橡胶板块密封在钢盆内，应排除空气，保持紧密。

b.活动支座更换安装前，清洗滑移面，在储油槽内注满清洁的硅脂类润滑剂。

c.盆式橡胶支座的顶板和底板可用焊接或锚固螺栓拴接在梁体底面和墩台顶面的预埋钢板上；采用焊接时，应避免烧坏混凝土；安装锚固螺栓时，其外露杆的高度不应大于螺母的厚度。

④盆式橡胶支座更换工序及要求如下：

a.顶升梁体，拆除旧支座并清理支座垫石、梁底钢板。

b.核对支座位置并放样。

c.若更换或加大原支承垫石，其施工技术要求应符合设计规定。

d.安装盆式橡胶支座。下支座板四角用钢楔块调整，使支座水平。

e.在支座底面环氧砂浆或无收缩砂浆硬化后，拆除支座四角临时钢楔块，并且用砂浆填塞。

f.拆除上下支座连接板后，检查支座外观并且及时安装支座防尘围板。

（8）钢筋混凝土摆柱式支座宜用橡胶支座等来替换，由于两种支座的高度不一，与梁、墩（台）的连接方式不同，更换时应重做支承垫石及梁底垫板，其施工技术要求应符合现行《公路桥涵施工技术规范》的相关规定。

（9）顶升梁体。

①顶升准备

a.顶升前应对桥梁基础、墩台、主梁、桥面系和附属工程的技术状况逐一开展检查。

b.对基础、墩台及上部承重结构的缺陷应先行处置。

c.按设计要求解除相关的纵向连接。

d.按照不同支座的类型，制定不同的更换顶升方案。

②顶升梁体

a.搭设临时支架、反力架、工作平台。

b.检查、校正顶升设备并就位。

c.试顶加载。顶升装置验收合格后进行试顶加载，顶至主梁脱空 2~5mm 时停止，停放 5~10min 进行观察，无任何异常后方可开始整体顶升。

d.同步顶升。千斤顶必须按照设计的行程同步顶升，应控制起梁速度在 1mm/min 左右，同时观测梁体起顶高度和千斤顶的起顶力，实行双控。

e.支承梁体。顶升到设计高度后应垫实主梁，保证平稳可靠，回落千斤顶使梁板支承于支架上。

③更换支座

在顶升梁体的同时，修整或更换支承垫石、梁底钢板和支座。

④落梁

支座更换完成后，千斤顶顶起主梁，逐步撤除钢垫板，同步缓慢回落梁板至更换好的支座，详细检查垫石及支座，确认压紧密贴、位置正确后，撤除顶升系统。

2.质量验收

①支座的材料、质量和规格必须满足设计和有关规范的要求，经验收合格后方可安装。

②支座底板调平砂浆性能应符合设计要求，灌注密实，不得留有空洞。

③支座上下各部件纵轴线必须对正。当安装时温度与设计要求不同时，应通过计算设置支座顺桥向预偏量。

④支座不得发生偏斜、不均匀受力及脱空现象。滑动面上的四氟滑板和不锈钢板不得有划痕、碰伤等，位置正确，安装前必须涂上硅脂油。

3.外观鉴定

支座表面应保持清洁，支座附近的杂物及灰尘应清除。

（三）桥梁基础及下部结构加固

1.盖梁及墩柱加固

（1）盖梁加固应满足下列要求：

①接长盖梁时应凿除连接部位的混凝土保护层，露出钢筋，新接长的钢筋应与原主筋焊接。

②新旧混凝土连接表面应粗糙，适宜做剪力槽。加宽盖梁应植筋。

（2）外包钢加固墩柱应符合下列规定：

①采用注浆法外包钢加固时，构件表面应打磨粗糙、无油污。注浆压力不应低于0.1MPa。灌浆后禁止再对型钢进行锤击、焊接。

②采用干式外包型钢加固时，型钢与构件之间应用水泥砂浆填实。施焊钢板（缀条）时，应用夹具夹紧型钢。用螺栓套箍时，拧紧螺帽后可将螺母与垫板点焊。

③钢板应进行防锈涂装。

2.墩、台身套箍加固

混凝土套箍施工应符合以下规定：

①墩台身裂缝应压浆封闭处理，其缺陷部分应先凿除并清理干净。

②应将墩台身表面凿毛，凹凸差不宜小于6mm，清除松散颗粒，浇筑混凝土前，用水洗净凿毛的连接表面，并使其充分湿润。

3. 桥台加固

①浆砌片石桥台采用注浆加固的施工技术。

②侧墙及台身前缘采用现浇钢筋混凝土补强，在原石砌台身内植入连接钢筋。

③基础因不均匀沉降产生裂缝，应先加固地基基础再封闭裂缝，必要时根据设计要求加固上、下部结构。

④台后填土不密实时，可采用换填、注浆等方法进行处理。换填施工应重做台后防排水系统。其施工技术要求应符合现行《公路桥涵施工技术规范》的相关规定。

⑤桥台加固时应观测台身的稳定性，必要时增加临时支撑防止滑移或倾覆。

4. 增大基础加固

①基坑应严格按设计要求开挖，不允许超深、超宽，避免基坑坍塌。

②应采取措施保护原基础，使其不受基坑开挖、抽排水的影响。

③基坑开挖至设计高程后，应检测基底承载力，如达不到设计要求时，应对地基进行加固处理。

④增大基础时，应将原基础存在的缺陷清理至密实部位，将结合面凿毛，按设计要求植筋，并与新增的钢筋骨架连成整体，保证新旧混凝土结合牢固。

5. 承台加固

（1）水中承台的加固方案应综合考虑河宽、桥下净空、原桥永久性结构物、航道等因素，确保技术的可行性及施工的安全性；宜采用围堰施工。

（2）地面承台加固开挖时应严格控制开挖范围，保障周围土体的稳定。

（3）结构水下部分加固施工应符合下列规定：

①加固材料宜采用水下环氧砂浆、水下不离析混凝土以及其他水下混凝土。

②加固前应对原结构结合面进行清理。

③加固宜采用立模灌浆法。

（4）承台增大截面施工应符合下列规定：

①应先处理原承台存在的缺陷。

②混凝土表面凿毛处理后应冲洗干净，浇筑混凝土前应保持湿润、清洁。

③对原有钢筋应进行除锈处理，并应逐根分区分层进行焊接。

6. 桩基加固

（1）增补桩基（灌注桩、静压桩）施工应考虑新增桩基施工过程中对原桩基的影响。

（2）增补灌注桩施工应符合下列规定：

①灌注桩成孔方法的选择应综合考虑原桩基深度、地基类型、原桥结构高度等因素，减少施工对原结构的破坏。

②在清孔排渣时，必须维持孔内水头高度，防止坍孔。

③施工过程中应对原桥的沉降、位移进行观测。

④灌注桩施工应按现行《公路桥涵施工技术规范》相关规定执行。

（3）增补静压桩施工应符合下列规定：

①压桩架应保持竖直，锚固螺栓的紧固应均衡，并应一直保持紧固状态。

②就位的桩节应保持竖直，使千斤顶、桩节及压桩孔轴线重合，严禁偏心加压。

③整根桩应一次连续压到设计高程，当中途必须停止时，桩端应停留在软弱土层中，且停压的时间间隔不宜超过 24h。

④同一基础压桩施工应对称进行，不应数台压桩机在一个独立基础上同时加压。

⑤压桩应以压力控制为主，桩长控制为辅。压桩达到设计荷载后应持压稳定 30min。

7.基础冲刷加固

①抛石防护。抛石防护一般用于深水墩台，施工前时应测量水流流速、流向，以确定抛石的位置。石笼用铅丝、型钢或钢筋相互连接。

②板桩防护。板桩顶面高程不应高于河床。

③采用双层或单层块（片）石做平面防护时，当河床面有淤泥杂物时，应清除淤泥回填砂砾，夯实后再砌石。

④护坦加固。排干冲坑积水，清理坑内杂物，用污工砌体或混凝土充填，其表面铺钢筋网、浇筑混凝土护坦，其施工技术要求应该符合现行《公路桥涵施工技术规范》相关规定。

8.质量验收

（1）外包钢加固质量检验

以目测和锤击检查为主，重点检查结合面处理、预埋件、锚固等。要求对外包钢材的粘贴性能进行试验，检测方法应当符合相关规定。

（2）承台加固质量检验

①水下修补工程可由潜水员或水下电视检验。

②修补质量可采用钻芯取样、超声波检测等方法进行检验。

（3）桩基加固质量检验

①钻孔灌注桩的质量检验按现行《公路桥涵施工技术规范》相关规定执行。

②静压桩的质量检验，应符合以下规定：

a.最终压桩力或压入深度应满足设计要求。

b.桩身试块强度和封桩混凝土强度应满足设计要求，性能应符合现行《建筑地基基础工程施工质量验收规范》的相关规定。

c.桩位平面偏差不得超过 ±20mm，桩节垂直度偏差不允许大于 1% 桩节长。

（4）套箍加固质量检验

①结构尺寸应满足设计要求。

②宽度和厚度应均匀，混凝土表面平整、密实。

9. 化学静压注浆加固地基

（1）一般规定

①使用化学静压注浆法加固地基时，要有详细的地质报告，其中包括需要加固土层的详细描述，以便确定合理的施工方案。

②施工前，应做好现场工艺试验，确定化学浆液的材料用量、灌注压力、打入（钻入）深度、灌入速度等工艺参数。

③浆液材料中化学药液的含量应满足设计的要求。

④浆体应经过搅拌机充分拌匀后才能开始压注，并应在注浆过程中不停缓慢搅拌，搅拌及压注时间应小于浆液初凝时间。

⑤化学静压注浆加固施工的环境温度应该满足加固设计的要求，保证浆液不冻结。如施工环境温度不能满足加固设计的要求，应在施工现场采取措施，否则不得施工。

⑥盛浆桶和注浆管不要暴露于阳光下，避免浆液凝固，搅拌好的浆液静置时间不能过长，以免浆液离析。

⑦需要加固的土层上面，应有足够厚度的覆盖土层，否则应采取措施，防止浆液上冒。

⑧注浆压力应严格控制，使浆液能填充密实，但应避免因压力过大而破坏地基。

⑨注浆顺序应严格按照加固设计文件中明确的位置和顺序进行，避免在注浆加固过程中产生偏压，影响既有结构物的安全。

⑩注浆加固过程中应严防堵浆现象的发生。如果在注浆加固过程中发生堵浆现象，应在已经注入的浆体凝固前重新下管注浆，重新下管注浆与原注浆的搭接长度不得小于 1m。

（2）质量验收

①注浆化学药液应符合现行国家材料标准的规定和设计要求，并附有厂家提供的材料检验合格证明和产品鉴定文件，经抽样合格后才可使用。

②注浆检验点为注浆孔数的 2%～5%。当检验点合格率小于或等于 80%，或虽大于 80% 但检验点的平均值达不到设计强度要求时，应对不合格的注浆区实施重复注浆。

③注浆加固后，地基承载力不得小于设计要求。注浆工程检验时间在注浆结束 28d 后进行，可选用标准贯入、轻型动力触探或静力触探对加固地层进行检测，重要工程可采用载荷试验测定。

10. 高压喷射注浆加固地基

（1）一般规定

①施工前应根据现场环境和地下埋设物的具体情况，复核高压喷射注浆的设计孔位。

②材料配比、钻孔深度、注浆压力等施工参数均应根据土质条件和加固要求，通过室内浆液配比试验及现场注浆试验予以确定，并且在施工中严格控制。

③施工前场地要平整压实，稳钻杆或下管要双向校正，控制好垂直度。

④在旋喷浆液前，应做压水、压浆、压气等试验，检查各部位的密封性和高压泵、钻机等的运转情况，检查设备的稳定性，确保旋喷能连续进行。

⑤如无特殊要求，水泥宜采用强度等级为 32.5 级及以上的普通硅酸盐水泥。水泥浆液的水灰比应按设计要求确定，若无设计要求时，一般可取 0.8 ~ 1.5。

⑥喷射孔与高压注浆泵的距离不宜大于 50m。每个钻孔内的地下障碍物、洞穴、涌水、漏水与岩土工程勘察报告不符的情况和实际孔位、孔深等均应详细记录。喷射管分段提升的搭接长度不得小于 200mm。对需要局部扩大加固范围或提高强度的部位，可采用复喷措施。

⑦在高压喷射注浆的过程中，若出现压力骤然下降、上升或冒浆等异常时，应查明原因并及时采取措施。

⑧应严格按照施工参数和材料用量进行施工，并且如实做好各项记录。

⑨注浆加固顺序应严格按照加固设计文件中明确的位置和顺序进行，以避免在注浆加固过程产生偏压，影响既有结构物的安全。

⑩高压喷射注浆可根据工程要求和当地经验采用开挖检查、取芯（常规取芯或软取芯）、标准贯入试验或载荷试验等方法进行检验，并结合工程测试、观测资料及实际效果来综合评价加固效果。检验点应布置在下列部位：

a. 有代表性的桩位。

b. 施工中出现异常情况的部位。

c. 地基情况复杂，可能对高压喷射注浆质量产生影响的部位。使用两次注浆法，即旋喷注浆完成后，对固结体顶部与构筑物基础底部之间的空隙，在原旋喷孔位上，进行第二次注浆，浆液的配方应用无收缩或具有微膨胀性的材料。

（2）质量验收

①水泥、外掺剂等注浆用材料，应符合国家材料标准的规定和设计要求，并附有厂家提供的材料检验合格证明及产品鉴定文件，经抽样合格后方可使用。

②注浆加固后，地基承载力不得小于设计要求，载荷试验必须在桩身强度满足试验条件时（宜在成桩 28 d 后）进行，检验数量为桩总数的 2% ~ 5%，且每项单体工程不应少于 3 处。

③竖向承载旋喷桩地基在竣工验收时，承载力的检验应采用复合地基载荷试验和单桩载荷试验，应满足设计要求。

第二节　隧道养护技术

一、隧道常见病害及原因分析

（一）隧道水害

1. 水害的种类及其危害

（1）隧道漏水

隧道衬砌的漏水现象通常表现为渗、滴、淌、涌几种。这四种漏水现象，其出露部位与水量的不同，会对隧道产生不同的危害。

①对电力牵引区段和电力配线，使电绝缘失效，发生短路、跳闸等事故，危及行车安全。

②洞内空气潮湿，影响养护人员身体健康，使洞内设备（通讯、照明、钢轨等）锈蚀。

③混凝土衬砌风化、腐蚀、剥落，造成衬砌结构破坏。

④涌水病害造成衬砌破坏，隧底积水造成道床基底被软化或者掏空，使道床翻浆冒泥或下沉开裂，中断行车。

⑤有冻害地段的隧道漏水会造成衬砌挂冰侵蚀和冻融破坏。

（2）衬砌周围积水

衬砌周围积水主要是指运营隧道中地表水或地下水向隧道周围渗流汇集。若不能迅速排走而引起的病害有：

①水压较大时会导致衬砌破裂。

②使原本完好的围岩及围岩的结构面软弱夹层因浸水而软化或泥化，失去承载力，对衬砌压力增大而导致衬砌破裂。

③使膨胀性围岩体积膨胀，导致衬砌破坏。

④在寒冷地区发生冰胀和围岩冻胀，快速导致衬砌破坏。

（3）潜流冲刷

潜流冲刷主要是指由于地下水渗流和流动而产生的冲刷和溶蚀作用。其危害有：

①衬砌基础下沉，边墙开裂或者仰拱、整体道床下沉开裂。

②围岩滑移错动导致衬砌变形开裂。

③对超挖回填不密实或未全部回填者，引起围岩坍塌，造成衬砌破坏。

④侵蚀性水对衬砌的侵蚀。

2.水害产生的原因

（1）勘测与设计

在防水设计之前，设计人员对工程地质和水文地质情况就了解得不够仔细，对衬砌周围地下水源、水量、流向及水质情况等因素掌握不准造成了隧道的防排水设计很难在隧道的使用期内完全满足防排水的要求。

（2）施工

施工不当也可产生水害，施工单位一味追求施工速度，忽视二次衬砌质量，对排水设施不按施工规范要求操作等，使地下水丰富地区的隧道造成严重的渗漏水。

（3）材料

如果所选用的防水材料达不到国家质量标准，会导致隧道的渗漏水病害。

（4）监理

监理工程师应对防水材料的选择和使用，铺设基层的处理，铺设工艺等进行跟踪检查，确保防水质量。

（5）验收

工程竣工后，从衬砌表面往往看不出什么问题，管理单位缺少检验手段，有时又接近运营期限，往往对交验前的渗水情况缺乏进一步查验，只好按竣工报告及施工总结勉强验收，导致运营后渗漏水逐渐严重。

（6）匹配

防水技术的匹配就是指防水设计、防水材料和防水施工工艺与防水工程相适应的问题。

（二）衬砌裂损

1.衬砌裂损的类型

（1）衬砌变形

衬砌变形有横向变形和纵向变形两种，其中横向变形是主要变形。衬砌横向变形是指衬砌因为受力原因而引起拱轴形状的改变。

（2）衬砌移动

衬砌移动是指衬砌整体或其中一部分出现转动（倾斜）、平移和下沉（或上抬）等变化，也有纵向与横向移动之分。

（3）衬砌开裂

衬砌开裂是指衬砌表面出现裂纹（或龟裂）和裂缝（宽度较大）或贯通衬砌全部厚度的裂纹的总称。衬砌开裂包括张裂、压溃和错台三种。

①张裂

张裂是指由弯曲受拉和偏心受拉引起的裂损。其特点是裂纹、裂面与应力方向正交，缝宽由表及里逐渐变窄。

②压溃

压溃是指由弯曲或偏心受压引起的衬砌裂损。裂纹边缘呈压碎状，严重时受压区表面产生鱼鳞状碎片（中间厚，四周薄）剥落掉块等现象。

③错台

错台是指由剪切力引起的裂缝。裂缝宽度在表面至深处大致相同，衬砌在裂缝两侧沿剪切方向有错动，就是形成错台。

2. 衬砌裂损的特点

（1）裂损的自然发展过程

衬砌结构受力（轻微变形、移动）→局部出现少量裂纹（变形范围，变形量增大；移动部位，移动量增大）→裂纹宽度、密度增大，隧道净空变小（严重变形，移动显著增大）→隧道净空严重缩小、衬砌破碎、失去承载能力→局部掉块、失稳，甚至拱坍墙倒。

（2）裂损发展的主要规律

衬砌的裂损发展一般有缓慢变化、急剧变化、相对稳定等三个不同的阶段，往往是交替呈周期性地出现。

（3）裂损的分布特点

了解和掌握衬砌裂损的分布特点，就能及早发现病害，及时采取对策。衬砌裂损的分布一般有以下特点。

①按纵向节段分布

a. 洞口与洞口段，尤其是斜交洞门有偏压或边、仰坡不稳固的洞口段。

b. 设有大型洞室的节段或各种洞室的接头处。

c. 洞身穿过断层、构造破碎带、接触变质带、滑坡带等山体压力大并且岩体不稳定的节段。

d. 洞身穿过软弱围岩的节段。

e. 偏压隧道没有采用加强衬砌或偏压衬砌的节段。

f. 寒冷地区围岩有冻胀现象的节段。

g. 衬砌实际厚度不足或圬工强度过低的节段。

h. 施工中超挖过大没有回填或回填不密实，以及施工中发生大塌方的节段。

i. 施工中已经发生裂损的节段。

②按横断面分布

a. 洞口附近及傍山隧道靠山侧裂损多，靠河侧少。靠山侧以拱腰、墙腰内缘张裂多，靠河侧墙顶压劈或墙脚张裂较多。

b. 衬砌断面对称，实际荷载分布不对称的变形、移动和裂损的部位也不对称。

c. 衬砌的变形、移动和裂损多沿施工期间出现过的裂缝和施工缝发展。

d. 衬砌背后存在没有回填或回填不密实处则该部位易出现较大的移动和外鼓。

e. 衬砌背后临时支撑未能全部拆除的，在支撑部位会出现较大的集中荷载，此处衬砌内缘易出现张裂和错台。

f. 使用三心圆尖拱衬砌的隧道，易在拱腰墙腰产生内鼓开裂拱顶内缘压碎。

g. 由于各种原因（如坍方、拱架下沉、施工困难等）造成衬砌厚度不足，则此处衬砌容易发生变形和裂损。

（三）衬砌侵蚀

衬砌侵蚀的种类主要有水蚀、烟蚀、冻蚀、骨料溶胀等。

1. 水蚀

水蚀主要指衬砌受到地下水的作用而产生的腐蚀。通常发生在隧道的拱部、边墙、仰拱、排水沟和电缆槽等各部位。水蚀主要包括溶出型侵蚀、硫酸盐侵蚀、镁盐和氨化物的侵蚀。

2. 烟蚀

烟蚀主要是指在蒸汽机车牵引的区段，其产生的"烟雾"对衬砌混凝土产生的侵蚀，分为化学性侵蚀和机械性侵蚀。

3. 冻蚀

冻蚀是指在严寒地区的隧道，混凝土衬砌因为冻融交替产生的侵蚀。

4. 骨料溶胀

骨料溶胀指衬砌混凝土中的粗、细骨料中含有遇水溶解和膨胀的材料而造成的对衬砌的侵蚀。

（四）隧道冻害

1. 冻害的种类及其危害

（1）冰柱、冰溜子、冰塞子

渗漏的地下水通过混凝土裂缝逐渐渗出，在渗出点出口处受低温影响积成冰柱，尤其在施工接缝处渗水点多，结晶明显，累积十至几十厘米厚的冰溜子（又称为挂冰）。若不清理，冰溜子越积越大，侵入限界，危及行车安全。

拱部渗漏逐渐形成冰柱子（冰葫芦），一般地区仅仅是影响限界。

隧道排水沟槽设施因保温不良引起的冰冻称为冰塞子。水沟地下排水困难，因结冰堵塞，使水沟（管或槽）冻裂破损，地下水不易排走，衬砌周边因水结冰而冻胀，致使隧道内各种冻害接踵而来。

（2）衬砌发生冰楔

隧道砌筑在围岩良好地段，万一衬砌壁后有空隙，渗透岩层的地下水，在排水不通畅时水就积在衬砌与壁后围岩间，结冰冻胀产生冰冻压力，传递给衬砌。

（3）围岩冻胀破坏

①隧道拱部衬砌发生变形与开裂；

②隧道边墙变形严重；

③隧道内线路冻害；

④衬砌材料冻融破坏；

⑤隧底冻胀和融沉。

2. 冻害的成因

（1）寒冷气温的作用。

隧道冻害与所在的地区气温（低于0℃或正负交替）有直接关系。

（2）季节冻结圈的形成。

沿衬砌周围各最大冻结深度连成一个圈叫做季节冻结圈。隧道的排水设备如埋在冻结圈内，冬季易发生冰塞。在冻结圈范围内的岩土，因为受强烈频繁的冻融破坏，风化破碎程度与日俱增，也是冻害成因之一。

（3）围岩的岩性对冻胀的影响。

（4）隧道设计和施工的影响。

二、日常保养技术

（一）隧道养护总体要求

①保持隧道外观整洁，隧道内路面平整，衬砌完整无明显开裂和剥落。

②标志标线清晰醒目，排水系统良好。

③对结构物及其附属设施（照明、通风等）开展预防性维护和修复，保持良好的技术状况。

（二）隧道养护基本内容

①清洗隧道内路面，检查通道、排水设施、标志标线等。

②清除洞口、洞身松动岩石和危石，修补洞内衬砌。

③修复隧道内外排水设施及其他附属设施，维持其良好的技术状况。

④日常巡查内容：查看隧道内路面有无破损，排水、照明、通风等功能是否正常；衬砌是否开裂和剥落；洞口有无损坏及危岩、边坡有无积雪、积冰等。

⑤日常巡查要求：县道每周不少一次，乡、村道每月不少于两次；特殊路段或遇有恶劣天气、重大节日活动等特殊情况应适当加大巡查频率。

⑥日常巡查处置：发现病害、缺陷的应及时修复，不能及时修复的，应及时上报上级管理机构处理。

（三）洞口养护

①及时清除洞口边仰坡上的危石、浮土。

②及时清除洞口积雪、挂冰。

③保持洞口边沟、边仰坡上截水沟、排水沟等排水设施的完好、畅通，若发现堵塞应及时疏通。

④修复洞口挡土墙、护坡、排水设施、减光设施等结构物的轻微损坏。

（四）洞身养护

（1）无衬砌隧道出现的碎裂、松动岩石和危石，可采取的措施有：

①发现危石应及时清除，如果因清除会牵动周围大片岩石者，可通过喷浆或压浆方法加以稳固处理。

②对不宜清除的小面积碎裂，可抹水泥砂浆稳固。

③碎裂范围较大时，根据病害严重程度和范围，可采用喷射混凝土、锚喷混凝土或挂网锚喷混凝土等措施加以稳固。

（2）无衬砌隧道围岩渗漏水，应开设泄水孔接引水管，将水导入边沟排出。

（3）有衬砌隧道出现衬砌起层、剥离，应及时加以清除或加固。

（4）衬砌出现渗漏水时，应当以"疏导为主，防、排、截、堵相结合，刚柔并举，综合治理，因地制宜"的原则对渗漏水进行及时处置。

（5）冬季应及时清除隧道洞顶挂冰、冰柱等。

（五）隧道路面养护

（1）及时清除隧道内外路面塌（散）落物。

（2）及时修复、更换损坏的窨井盖或其他设施的盖板。

（3）保持隧道内部路面干燥，及时处理隧道路面渗漏水，将水引入边沟排出。

（4）保持洞口附近路面干燥，及时清除隧道洞口附近路面积水、积雪。

（5）及时对隧道路面裂缝、坑槽、脱空、错台、破碎板等病害进行处置。

①路面板局部纵、横向裂缝：清缝、灌缝、封缝等；

②板底脱空：水泥注浆、高聚物注浆、破碎压稳等；

③断板、破碎板：换板、注浆稳固等；

④错台：机械磨平等；

⑤抗滑性能补强：刻槽、浅层铣刨、抗滑路面材料超薄罩面等；

⑥大面积坑槽、沉陷、网裂等：局部挖除重铺、换板等。

（六）排水设施养护

①及时疏通排水管，保持排水设施的畅通，避免其堵塞。

②维护隧道内外排水设施的完好，若发现破损、缺失应及时修复、补充，不能修复的应及时更换。

③如果排水管堵塞，可用高压水或压缩空气疏通。

（七）人行道或检修道养护

①及时清除人行道或检修道道面塌（散）落物。

②及时维护人行道或检修道完好、畅通。

③及时修复、补充破损、缺失的道板、井盖。

④定期保养护栏，防止其锈蚀、损坏。

（八）交通标志、标线养护

①定期清洁、维护标志标线，保持外观清洁、清晰、醒目、完整。

②保持隧道交通标志位置、高度、角度适当。

③保证交通标志信息传递无误。

④及时修补变形、破损的标牌，修复弯曲、倾斜支柱，紧固松动的连接构件等。

⑤及时更换锈蚀损坏、老化失效的标志，及时补充缺失部分。

⑥清除突起路标脏污、杂物，及时紧固松动路标，修复、补换损坏或丢失部分。

三、隧道维修

（一）衬砌裂损及整治措施

1. 衬砌裂损的整治措施

（1）衬砌裂损的整治原则

整治衬砌裂损病害首先要消灭已有的衬砌裂损带来的对结构及运营的一切危害，并防止再加大裂损。其次是采取以稳固围岩为主，稳固围岩与加固衬砌相结合的综合治理措施。

（2）稳固岩体的工程措施

①治水稳固岩体

地下水的浸泡与活动对各种围岩的稳定性削弱最大。通过疏干围岩含水，坚决地采取治水措施是稳固岩体的根本措施之一。

②锚杆加固岩体

对较好的岩体，自衬砌内侧向围岩内打入一定数量和深度（3～5m）的金属锚杆、砂浆锚杆，可以把不稳定的岩块固定在稳定的岩体上，提升破碎围岩的黏结力。

③注浆加固岩体

通过向破碎松动的岩体压入水泥浆液和其他化学浆液（如铬木素、聚氨酯等），加固围岩。

④支挡加固岩体

对靠山、沿河偏压隧道或滑坡地带，除治水稳固山体外，尚可使用支挡措施，包括设支挡墙、锚固沉井、锚固钻（挖）孔桩等来预防山体失稳与滑坡。这种工程措施只能用于洞外整治。

⑤回填与换填

如果衬砌外周围存在着各种大小空隙（如超挖而没有回填等），要采取回填措施，用砂浆或混凝土将围岩空隙回填密实。如果隧底存在厚度不大的软弱不稳定的岩体或有不稳定的充填物，可以采取换填办法处理。

（3）衬砌更换与加固

①压浆加固

a.圬工体内压浆加固：衬砌裂损发展非常缓慢或者已呈稳定状态，可以进行圬工体内压浆，一般以压环氧树脂浆为主，并选择无水季节施工。

b.衬砌背后压浆加固：主要是针对衬砌的外鼓和整体侧移。在拱后压浆增加拱的约束可以起到提高衬砌刚度和稳定性的作用，因此通常可以局部应用，主要应用在发生外鼓变形的部位。

②嵌补加固

对已呈稳定暂不发展的裂缝，若不能采取压浆加固者则采用嵌补加固。

③喷锚加固

裂损衬砌的所有内鼓变形和向内移动的裂损部位，采用（预应力）锚杆加固岩体，可将衬砌与岩体嵌固在一起，形成一个均匀压缩带，以增强围岩的稳定性。

④套拱加固

如果混凝土质量差，厚度不够，或者受机车煤烟侵蚀，掉块剥落严重，并且拱顶净空有富余时，可对衬砌拱部加筑套拱或全断面加筑套拱。

⑤更换衬砌

拱部衬砌破坏严重，已丧失承载能力，用其他整治补强手段难以保证结构稳定，或者衬砌严重侵入限界，采用其他整治措施有困难时，采用全拱更换方法，彻底根除病害。

⑥其他加固手段

当仅有墙脚内移而不下沉和隧底岩土隆起时，可在墙基处增设混凝土支撑以扩大基础。隧底围岩软弱下沉或隧底填充上鼓时，可以加设仰拱。

（二）衬砌侵蚀及整治措施

1. 混凝土侵蚀的整治措施

（1）防侵蚀原则

在各类侵蚀病害中，除了烟的机械侵蚀外，水是主要的致害媒介，因此，防蚀必先治水。环境水对混凝土和水泥砂浆的侵蚀作用主要可归纳为三种：溶出性侵蚀（即非结晶性侵蚀）、结晶性侵蚀和复合性侵蚀（溶出性和结晶性两种侵蚀同时作用或交替作用）。

（2）防侵蚀的方法

①采用抗侵蚀混凝土

a. 抗侵蚀水泥材料的选择；b. 采用外加剂。

②采用防蚀层

a. 防蚀层铺设面的确定；b. 制作防蚀层；c. 伸缩缝、变形缝防蚀；d. 已腐蚀衬砌的加固与翻修。

2. 冻害的整治措施

（1）综合治水。

（2）更换土壤。

（3）保温防冻：①在隧道内加筑保温层；②降低水的冰点；③供热防冻。

（4）防止融塌。

（5）结构加强：①加大侧向拱度，使拱轴线能更好地抵抗侧向冻胀；②拱部衬砌厚度增加，通常加厚10cm左右；③提高衬砌混凝土标号或采用钢筋混凝土；④隧底增设混凝土支撑。

第三节　交通安全设施养护技术

一、交通安全设施养护总体要求

（1）相关设施应保证完整、齐全和良好的工作状态，满足外观质量、安装质量、技术性能等各项质量要求。

（2）交通安全设施的养护质量参照现行《公路技术状况评定标准》进行评定。

（3）交通安全设施养护基本内容：

①对相关设施进行检查、保养维护和更新改造。

②各种设施应及时维修和更换损坏部件，设施不全或者设施设置不合理的，应根据公路性质、技术等级和使用要求，有计划、有步骤地补充和完善。

③因交通事故、自然灾害或其他原因引发的设施损坏应及时进行修复或更新改造。

（4）日常巡查内容：检查路侧各类设施有无缺少或损坏，各种交通标志标线有无残缺、变形、歪斜、污染，颜色版面是否清晰，可变信息板有无故障，里程碑（牌）、百米桩（牌）、轮廓标、防撞桶等设施有无缺损、褪色、剥落和污染等情况。

（5）日常巡查要求：县道每周不少于一次，乡、村道每月不少于两次；特殊路段或遇有恶劣天气、重大节日活动等特殊情况应适当加大巡查频率。

（6）日常巡查处置：发现病害、缺陷的应及时修复，不可及时修复的，应及时上报上级管理机构处理。

二、交通标志养护

（一）标志类型

1. 警告标志

警告车辆、行人注意道路交通的标志。

2. 禁令标志

禁止或限制车辆、行人交通行为的标志。

3. 指示标志

指示车辆、行人应遵循的标志。

4. 指路标志

传递道路方向、地点、距离信息的标志。

5. 旅游区标志

提供旅游景点方向、距离的标志。

6. 作业区标志

告知道路作业区通行的标志。

7. 告示标志

告知路外设施、安全行驶信息以及其他信息的标志。

（二）标志养护目标要求

交通标志设置合理、结构安全、版面内容整洁、清晰；标志板、支柱、连接件、基础等标志应完整、无缺损并且功能正常；标志应无明显歪斜、变形，钢构件无明显剥落、锈蚀；标志面应平整，无明显褪色、污损、起泡、起皱、裂纹、剥落等病害；标志的图案、字体、颜色等应符合相关标准要求；反光交通标志应保护良好的夜间视认性。

（三）标志日常养护

①清洁标志板面，去除黏附在其上的灰尘、污秽，保证标志版面内容整洁、清晰。
②清理标志周围的杂草杂物；清除影响标志视认的树木等遮挡物，或在规定范围内挪动标志位置。
③防锈漆剥落后应给予补刷；构件防腐层剥落严重，应重新进行防腐处理。
④修复变形、弯曲、倾斜的标志板和支柱。
⑤基础受损时应及时进行加固。
⑥标志件缺损时应该进行及时增补，严重受损时应进行更换。

三、交通标线养护

（一）标线类型

交通标线按功能划分可分为指示标线、禁止标线、警告标线；按设置方式划分可分为纵向标线、横向标线和其他标线；按形态划分可分为线条、字符、突起路标及轮廓标。

（二）标线日常养护

①标线污秽，影响美观及使用功能时，应及时进行清洁或补画。
②标线反光不均匀或者反光效果差，应铲除后重新画线。
③标线磨损严重或脱落，影响使用功能时应重新画线或修复。
④标线表面不得出现网状裂缝、断裂裂缝及起泡、露黑现象，标线局部缺损或被覆盖，应在路面修复完工后予以重新画线。

四、护栏类型及养护要求

（一）护栏类型

护栏包含波形梁护栏、水泥混凝土护栏、缆索护栏等。

（二）养护要求

①表面整洁干净。

②护栏线形顺畅，无明显变形、扭转、倾斜，无明显裂缝、掉角、破损等缺陷。

③护栏结构性能正常。

（三）护栏日常养护

①清洁防护栏表面，维持防护栏可视性。

②材料不符合要求的护栏进行修复。

③对有缺陷或部件受损的防护栏进行修补或更换。

④对结构性能发生变化或达不到防护目的的护栏进行更换或重新安装。

五、示警柱、道口标柱养护

（1）经常检查标柱无歪斜、变形、缺少、损坏及油漆褪色、剥落等现象。及时扶正歪斜的标柱，及时修复、更换已变形或者损坏的标柱。

（2）保证标柱位置准确，对标柱缺损的路段应及时补设。

（3）及时修补油漆褪色、剥落的标柱，保持其颜色鲜明、醒目。

（4）反光镜日常养护

①及时清除反光镜周围树枝、杂草等遮蔽物，保持镜面的清洁和反射能力。

②定期检查反光镜方向和角度是否正确。

③支柱有无倾斜和损坏。

④镜面有无污垢和损坏，已损坏的应该及时维修或更换。

参考文献

[1] 罗春德，尹雪云，李文兴．公路桥梁工程施工技术与养护管理 [M].长春：吉林科学技术出版社，2022.

[2] 王晶，姜琴，李双祥．路桥工程建设与公路施工管理 [M].汕头：汕头大学出版社，2022.

[3] 杨光耀，杨新，郑胜利.公路桥梁施工与维修养护研究 [M].长春：吉林科学技术出版社，2022.

[4] 吴大勇，赵战丰，王栋，陈现立，鲍远君，杨志威，罗朋军.公路隧道施工与安全技术研究 [M].北京：北京工业大学出版社，2022.

[5] 王修山，王波，王思长．道路与桥梁施工技术 [M].第 2 版．北京：机械工业出版社，2022.

[6] 史建峰，陆总兵，李诚．公路工程与项目管理 [M].北京：九州出版社，2018.

[7] 马波，陈大学，黄裕群．公路工程施工技术与管理研究 [M].北京：文化发展出版社，2021.

[8] 刘壮志．公路工程施工管理与应用探究 [M].北京：北京工业大学出版社，2021.

[9] 王磊．公路工程施工与建设 [M].长春：吉林科学技术出版社，2021.

[10] 李海贤，杨兴志，赵永钢.公路工程施工与项目管理 [M].长春：吉林科学技术出版社，2021.

[11] 林立宽．公路工程施工技术研究 [M].长春：吉林科学技术出版社，2021.

[12] 孙永军，林学礼，曲明.公路桥梁工程与施工管理 [M].长春：吉林科学技术出版社，2021.

[13] 王展望，张涛锋，张林．公路与桥梁工程施工及质量控制研究 [M].西安：西安交通大学出版社，2021.

[14] 陈春玲，刘明，李冬子．公路工程建设与路桥隧道施工管理 [M].汕头：汕头大学出版社，2021.

[15] 冯少杰，高辉，孙成银．公路桥梁隧道施工与工程管理 [M].长春：吉林科学技术出版社，2021.

[16] 李燕鹰，张爱梅，钱晓明．公路桥梁工程施工与养护技术 [M].长春：吉林科学技术出版社，2021.

[17] 费月英，任小艳．公路工程检测技术 [M].成都：西南交通大学出版社，2019.

[18] 武彦芳．公路工程施工组织设计 [M].重庆：重庆大学出版社，2020.

[19] 徐静涛．公路工程施工监理 [M].第 2 版．北京：北京理工大学出版社，2020.

[20] 卢利群，高翔．公路工程文明施工指南 [M].成都：西南交通大学出版社，2020.

[21] 刘勇，郑鹏，王庆．水利工程与公路桥梁施工管理 [M].长春：吉林科学技术出版社，2020.

[22] 范炳娟，米秋东，李书艳，王东博．道路工程施工 [M].北京：北京理工大学出版社，2019.

[23] 杨彦海．道路工程施工技术 [M].沈阳：东北大学出版社，2020.

[24] 徐国伟，贾万全，余明坤．公路工程施工与建筑工程施工质量检测研究 [M].北京：文化发展出版社，2019.

[25] 郝铭．公路工程施工技术与质量控制 [M].北京：北京工业大学出版社，2019.

[26] 王秀敏，葛宁．公路工程施工组织与管理 [M].天津：天津大学出版社，2018.

[27] 张少华．公路桥梁工程与项目管理 [M].北京：北京理工大学出版社，2019.

[28] 李涛，冯虎，王理民．公路施工与养护管理基础工作研究 [M].长春：吉林科学技术出版社，2019.

[29] 杨斌，马跃明，汪逵．公路高架桥梁与长隧道施工及研究 [M].北京：文化发展出版社，2019.

[30] 王奎生，罗鸿，武文婕．公路工程管理 [M].长春：吉林科学技术出版社，2019.